Dietmar Krämer
Neue Therapien mit
ätherischen Ölen und Edelsteinen

Dietmar Krämer

Neue Therapien mit ätherischen Ölen und Edelsteinen

in Verbindung mit Bach-Blüten-Hautzonen

Ansata

Der Ansata Verlag ist ein Unternehmen der Verlagsgruppe
Ullstein Heyne List GmbH & Co. KG

ISBN 3-7787-7220-1

© der Neuausgabe 2002 des ursprünglich
unter dem Titel «Esoterische Therapien 1» erschienenen Werks
by Ullstein Heyne List GmbH & Co. KG, München
© 1993 by Ansata Verlag
Alle Rechte sind vorbehalten. Printed in Germany.
Fotos: Aldona Meyer und Robert Serba
Edelsteine: Privatbesitz Dietmar Krämer
Einbandgestaltung: Ateet FranklDesign
unter Verwendung eines Bildes von Robert Wicki
Druck und Bindung: Kösel, Kempten

Inhalt

Dank 7

KAPITEL I
Grundlagen der Neuen Therapien

1. Einführung 13
2. Einfluß bestimmter Heilverfahren auf die unterschiedlichen Körper des Menschen 16
3. Entsprechungen von Bach-Blüten, ätherischen Ölen und Edelsteinen 23
4. Konsequenzen 27

KAPITEL II
Heilen mit Blütenessenzen nach Dr. Bach

1. Entdeckungsgeschichte der Bach-Blüten 33
2. Auswahl der in Frage kommenden Blütenessenzen . . . 36
3. Diagnose und Behandlung über die Bach-Blüten-Hautzonen 38
4. Zubereitung und Dosierung 40

KAPITEL III
Heilen mit ätherischen Ölen

1. Historisches 45
2. Herstellungsverfahren 48
3. Auswahl der in Frage kommenden Essenzen 52
4. Mischen von ätherischen Ölen 56
5. Behandlungsmethoden 58
   a) Verdampfen in der Aromalampe 58
   b) Einreibungen und Massagen 61
   c) Aromabäder 62
   d) Inhalationen 64

e) Kompressen 65
f) Innerliche Einnahme 67
6. Ätherische Öle von A–Z 68

KAPITEL IV
Heilen mit Edelsteinen

1. Arzneimittelbilder der Edelsteine 157
2. Auswahl der in Frage kommenden Heilsteine 163
3. Reinigung der Steine 165
4. Behandlungsmethoden 168
   a) Tragen der Steine am Körper 168
   b) Auflegen auf spezielle Körperstellen 170
   c) Edelstein-Elixiere 172
   d) Edelsteinwasser 172
5. Edelsteine von A–Z 174

ANHANG

Tabelle der Entsprechungen von Bach-Blüten, ätherischen
 Ölen und Edelsteinen 284
Tabelle der Edelsteingruppen 286
Anwendungsbeschränkungen und Nebenwirkungen
 ätherischer Öle 288
Anmerkungen 291
Literaturverzeichnis 312
Alphabetisches Verzeichnis der Bach-Blüten 316
Alphabetisches Verzeichnis der ätherischen Öle 317
Alphabetisches Verzeichnis der Edelsteine 318
Bezugsquellen für Bach-Blütenessenzen 319
Bezugsquellen für ätherische Öle und Edelsteine 320
Seminare 321

Dank

Ich danke allen, die an der Fertigstellung dieses Buches und an der umfangreichen Forschungsarbeit, die diesem zugrunde liegt, mitgewirkt haben. Ganz besonders danke ich meinen beiden Mitarbeiterinnen Martina Gräf und Petra Schempp für die beharrliche Mithilfe bei den sehr aufwendigen sensitiven Zuordnungstests zur Ermittlung der Entsprechungen von ätherischen Ölen und Edelsteinen mit den Bach-Blütenessenzen, und meinem Sohn Manuel für die unermüdliche Mitarbeit bei diesen Tests und den äußerst strapaziösen Arzneimittelprüfungen mit Edelsteinen. Ferner danke ich Detlef Hüsstege für die hilfreiche Beratung bei auftretenden Schwierigkeiten und die Mithilfe bei der sensitiven Überprüfung der ermittelten Zuordnungen, Ingrid Schwarz-Vasselay für den fruchtbaren Erfahrungsaustausch über die Anwendung der ätherischen Öle auf den Bach-Blüten-Hautzonen, Hans-Peter Lindemann für die fachliche Beratung und die Informationen über wenig bekannte Essenzen, Aldona Meyer und Robert Serba für die Aufnahme der eindrucksvollen Edelsteinfotos und dem Ansata-Verlag für die hervorragende Zusammenarbeit.

*Das **Krankenhaus der Zukunft** wird sich durch Schönheit und einen positiven Geist auszeichnen und dem Patienten ein willkommener Zufluchtsort sein, wo er nicht nur von seiner Krankheit befreit, sondern auch motiviert wird, fortan den Weisungen seiner Seele größere Bedeutung beizumessen als in der Vergangenheit...*

*Der **Arzt der Zukunft** ist sich bewußt, daß er nicht aus eigener Vollkommenheit dazu imstande ist zu heilen. Er wird begreifen, daß er bestenfalls ein ‹Medium› sein kann, durch das die Kranken angeleitet und geheilt werden, ... Er wird imstande sein müssen, aus der Lebensgeschichte des Patienten den Konflikt herzuleiten, der auf seiten des Kranken zu einem Konflikt zwischen Körper und Seele geführt hat. Erst dies wird ihn befähigen, den Leidenden angemessen zu beraten und zu behandeln....*

*Der **Patient von morgen** wird begreifen müssen, daß nur er, und er allein, sich von seinem Leiden befreien kann, auch wenn er vielleicht den Rat eines erfahrenen Mitmenschen in Anspruch nimmt, der ihn in seinen eigenen Bemühungen unterstützt....*

Edward Bach, Ihr leidet an euch selbst[1]

Kapitel 1

Grundlagen der Neuen Therapien

1.
Einführung

Mit dem Begriff «Neue Therapien» wird der Versuch unternommen, eine neue Form der Diagnose und Behandlung zu beschreiben, die in der sanften Medizin immer mehr an Bedeutung gewinnt. Sie unterscheidet sich von der bisherigen Naturheilkunde genauso stark wie diese von der sogenannten Schulmedizin.

Die herkömmliche Naturheilkunde behandelt mit sanften Methoden den physischen Körper oder versucht mittels energetischer Verfahren, wie z. B. der Akupunktur, die Störung der Lebenskraft, die zu den körperlichen Beschwerden geführt hat, zu beseitigen. Im Gegensatz dazu zielen die in diesem Buch vorgestellten Therapieverfahren darauf ab, die tieferen Ursachen, die diese energetischen Störungen hervorgerufen haben, zu erkennen und zu beseitigen. Die Neuen Therapien beinhalten die Bewußtwerdung der Eigenverantwortlichkeit und damit das Erkennen der Art und Weise, wie deer Kranke selbst die Fäden seines Schicksals in der Hand hält und sämtliche Schwierigkeiten, bis hin zu schweren Krankheiten, im Grunde selbst verursacht.

Bei der Behandlung steht nicht die Beseitigung der körperlichen Beschwerden im Vordergrund, sondern die Aufarbeitung der eingefahrenen emotionalen und mentalen Muster, die letztlich in die Krankheit geführt haben. Werden Probleme auf diese Weise an ihrem eigentlichen Ursprung behandelt, lösen sich die daraus resultierenden körperlichen Beschwerden ebenfalls auf, da sie nunmehr überflüssig geworden sind. Umgekehrt ist bei einer reinen Symptombehandlung die Heilung zwangsläufig unvollständig. Oftmals kehren die Beschwerden wieder, oder das ursprüngliche Problem macht sich in einer anderen Form oder als eine scheinbar neue Krankheit erneut bemerkbar. Selbst eine Therapie mit natürlichen Methoden wird zwangsläufig in gleicher Weise scheitern, wenn sie sich auf die geklagten Symptome beschränkt und die eigentlichen Krankheitsursachen, die in der Regel im seelisch-geistigen Bereich zu suchen sind, unberücksichtigt läßt.

Sogar bei krankmachenden äußeren Einwirkungen wie übergroße Hitze, extreme Kälte, starker Wind usw. spielt die psychische Verfassung des Betroffenen eine große Rolle und entscheidet letztendlich, inwieweit die Einflüsse von außen Schaden anrichten können. Nach der chinesischen Akupunkturlehre reagiert eine durch Angst «vorgeschädigte» Niere wesentlich empfindlicher auf Kälte als die eines angstfreien Menschen. Zorn schwächt danach die Leber und sensibilisiert gegen Wind. Aber auch bei anderen Krankheitsursachen, die nach dieser Lehre nicht spezifisch auf ein besonderes Organ einwirken, z. B. Ernährungsfehlern, Verletzungen, Vergiftungen oder Parasiten, gilt in der Akupunktur, daß ein durch negative Emotionen vorgeschädigter Organismus wesentlich leichter erkrankt als ein «gesunder».*

Auch in der Klassischen Homöopathie ist die Gemütslage des Patienten von zentraler Bedeutung. Selbst bei Infektionen und Erkrankungen, die auf den ersten Blick keine psychischen Ursachen erkennen lassen, ist die seelische Verfassung vielfach ausschlaggebend für die Wahl des geeigneten Heilmittels.**

---

* Vgl. Dietmar Krämer, *Neue Therapien mit Bach-Blüten 3*, Ansata-Verlag, München, S. 34 ff.
** Vgl. Dietmar Krämer, *Homöopathie,* Eigenverlag der Deutschen Paracelsus-Schulen GmbH, München, S. 63 ff.

Die Neuen Therapien behandeln seelische Krankheitsursachen direkt, anstatt sie nur mit zu beeinflussen. Sie wirken primär auf der emotionalen oder mentalen Ebene und besitzen teilweise (wie. z.B. die Bach-Blüten) keinerlei körperliche Wirkungen. Durch innerliche Einnahme von Blütenessenzen, die exakt die seelischen Ursachen der zu behandelnden Probleme abdecken, oder durch deren gezielte Anwendung auf speziellen Hautzonen, lassen sich dennoch körperliche Beschwerden beseitigen. Dieselbe Wirkung zeigen auch andere Heilverfahren, die in meinem die Thematik weiterführenden Buch beschrieben werden.*

---

* *Neue Therapien mit Farben, Klängen und Metallen – Diagnose und Behandlung der Chakren*, Ansata-Verlag, München.

2.
Einfluß bestimmter Heilverfahren auf die unterschiedlichen Körper des Menschen

Um die neuen Therapieverfahren gezielt anwenden und deren Wirkung abschätzen zu können ist es unerläßlich zu wissen, auf welcher Ebene diese wirksam werden.

Nach esoterischer Sicht besteht der Mensch aus sieben Körpern, wobei drei den unsterblichen Teil des Menschen bilden und daher mit therapeutischen Mitteln nicht zu beeinflussen sind.

Die grobstofflichste Hülle des Menschen ist der **physische Körper**. Er unterliegt dem Gesetz der Materie und steht in ständigem chemischem und physikalischem Austausch mit der Umgebung. Nahrung wird aufgenommen, verdaut, und die unbrauchbaren Substanzen werden ausgeschieden. Atemluft wird eingeatmet, der darin enthaltene Sauerstoff aufgenommen und Kohlendioxid, das Abfallprodukt der Oxidation, wieder ausgeatmet. Hitze, Kälte, Feuchtigkeit, Trockenheit und Wind beeinflussen den Körper und wirken sich auf die Stoffwechselleistung aus.

Heilmethoden, die primär auf den physischen Körper wirken, sind ebenso materiell greifbar. Hierzu gehören u. a. kalte und heiße äußerliche Anwendungen (beispielsweise Kneippgüsse und Fangopackungen), sämtliche synthetisch hergestellten Medikamente, Vitamine, Mineralstoffe und alle pflanzlichen Präparate, die als Tee, Preßsaft oder Pflanzenauszug verabreicht werden.

Bei diesen Arzneimitteln gilt die Regel: «viel hilft viel», da es sich um rein stofflich wirkende Substanzen handelt. Häufig läßt sich dabei eine Grenzdosis ermitteln, bei deren Überschreitung das Medikament giftig wirkt. Pflanzliche Fertigpräparate werden aus diesem Grund in zunehmendem Maße auf einen genau definierten Hauptwirkstoff standardisiert, um eine stets gleichbleibende Wirkung zu garantieren und Schwankungen je nach Ernte auszugleichen. Johanniskrautextrakte enthalten z. B. einen bestimmten Anteil an Hypericin, von dem man annimmt, daß es bei dieser Heilpflanze die Hauptrolle spielt.

Der **Ätherkörper,** auch Energiekörper genannt, durchdringt den physischen Körper und überragt diesen um ein bis zwei Zentimeter. Er ist Träger der sog. Lebenskraft, einer feinstofflichen Energie, die in nahezu allen Kulturen bekannt ist. Diese setzt sich aus mehreren Anteilen zusammen, die teilweise von außen aufgenommen werden, wie z. B. der Nahrungsenergie, einer feinstofflichen Komponente in Nahrungsmittel, die mittels Kirlianfotografie sichtbar gemacht werden kann, und der Atmungsenergie, einem ebenfalls feinstofflichen Anteil der Atemluft, der auch im indischen Yoga bekannt ist und dort Prana heißt. Nach der chinesischen Akupunkturlehre durchströmt diese Lebensenergie den physischen Körper in bestimmten Energiebahnen, die *Meridiane* genannt werden. Durch bestimmte Punkte auf der Körperoberfläche (Akupunkturpunkte) läßt sie sich beeinflussen und umleiten, wenn irgendwo ein Zuviel und an anderer Stelle ein Zuwenig besteht. Krankheit beruht – nach chinesischer Auffassung – auf einem Mißverhältnis der polaren Anteile, *Yin* und *Yang*,* dieser Energie, die dort *Chi* genannt wird.

---

* Yin versinnbildlicht das eher passive, weibliche Prinzip, während Yang das aktive, männliche Prinzip verkörpert. Vgl. *Neue Therapien mit Bach-Blüten 3*, S. 20 ff.

In der Homöopathie spielt die Lebenskraft, hier als Dynamis bezeichnet, ebenfalls die Hauptrolle. Nach Samuel Hahnemann, dem Entdecker dieser Heilmethode, ist die Ursache jeglicher Krankheit in deren Störung zu suchen. Er schreibt: «Im gesunden Zustand des Menschen waltet die geistartige, als Dynamis den materiellen Organismus belebende Lebenskraft unumschränkt. ... Die Lebenskraft ist aber bloß instinktartig und verstandlos; sie wurde dem Organismus nur anerschaffen, um unser Leben in harmonischem Gang fortzuführen, solange er gesund ist, nicht aber um Krankheiten selbst zu heilen. Denn besäße sie hierzu eine musterhafte Fähigkeit, so würde sie den Organismus gar nicht haben krank werden lassen.»[1]

Therapien, die auf den Ätherkörper einwirken, beruhen auf einer Stimulation dieser Lebensenergie. Man gibt einen Reiz und wartet die Reizantwort ab. In der Akupunktur wird dieser Reiz in der Regel mit Nadelstichen ausgeführt. Die Homöopathie verabreicht eine von Hahnemann als geistartig bezeichnete Arznei, eine sog. Hochpotenz, die nur noch die Information der ursprünglichen Substanz enthält und keinerlei materielle Anteile mehr. Nach der Regel «Ähnliches soll durch Ähnliches geheilt werden» muß diese das feinstoffliche Spiegelbild der gesamten energetischen Fehlregulation des Patienten beinhalten.

In beiden Fällen muß der Reiz wohl dosiert werden. Bei einer Überstimulation kann es zu massiven Überreaktionen bis hin zu extremen Verschlechterungen kommen. Eine homöopathische Hochpotenz wird daher zunächst nur einmal verabreicht. Paßt das Mittel, kommt es – gelegentlich nach einer anfänglichen Erstverschlimmerung – zu einer kontinuierlichen Besserung. Erst wenn die erste Gabe ausgewirkt hat und definitiv ein Stillstand eingetreten ist, darf die Dosis wiederholt werden. Eine C 200 wirkt beispielsweise vier bis sechs Wochen, in einigen Fällen sogar bis zu drei Monaten. Wird ein falsches Medikament verabreicht, kann es u. U. zu heftigen Reaktionen ähnlich einer Erstverschlimmerung kommen, denen aber keine Heilung folgt.

Ein großes Problem bei Therapien im Ätherkörper ist die Tatsache, daß der feinstoffliche therapeutische Reiz durch grobe äußere Einflüsse überlagert und empfindlich gestört werden kann. Akupunkturbehandlungen erweisen sich z. B. nach einer Röntgenbestrahlung als wirkungslos, wobei dieser störende Effekt noch bis zu sechs Monaten nach dem Röntgen anhalten kann. Starke ätherische Öle sowie Rosmarin, Pfefferminze, Kampfer und diverse andere Substanzen können die Wirkung homöopathischer Hochpotenzen teilweise neutralisieren. Manchmal genügt es dabei sogar, an dem betreffenden Stoff zu riechen. Um dies zu verhindern, gibt es Antidot-Tabellen, in denen bei jeder Arznei die jeweiligen Gegenmittel aufgeführt sind. Bei einigen Mitteln darf kein Kaffee getrunken werden, bei anderen ist Kamillentee verboten und bei wieder anderen der Genuß von Essig. Die gegenwärtige Entwicklung in der Kosmetikindustrie, statt chemischer Inhaltsstoffe zunehmend pflanzliche Wirkstoffe und ätherische Öle zu verwenden, ist zwar insgesamt als positiv zu werten, erschwert aber die homöopathische Praxis, da bereits eine biologische Zahncreme den Heilungserfolg vereiteln kann.

Der **Astralkörper** ist Träger unserer Emotionen und überragt den physischen Körper in der Regel um fünf bis zehn Zentimeter. In ihm haben positive wie negative Gefühle ihren Ursprung. Für Hellsichtige sind diese als astrale Aura in Form von Farben sichtbar. Zorn zeigt sich beispielsweise als Scharlachrot, das in immer dunklere Töne bis hin zu Schwarz übergeht, wenn sich dieser bis zum Haß steigert. Liebe ist als Rosa zu sehen, wobei selbstsüchtige Tendenzen dunklere Farbtöne bewirken, während sich reine selbstlose Liebe als helle Pastelltöne zeigt. Starke Intellektualität erscheint als Gelb, Religiosität als Blau.

Gleichzeitig mit der Farbe ändert sich bei heftigen Emotionen auch die Form der Aura: es entstehen Ausbeulungen und Eindellungen bis hin zu Löchern. Durch intensive Forschung gelang es mir vor einigen Jahren nachzuweisen, daß bei speziellen Emotionen Löcher stets an denselben Stellen auftreten. Hierauf basiert die Topographie der Bach-Blüten-Hautzonen, die mit Hilfe von sensitiven Tests in der Aura erforscht wurde.*

Behandlungsmethoden, die auf den Astralkörper einwirken, führen die Schwingung zu, die dem Betroffenen fehlt. Da Gefühle letztendlich nichts als Schwingung sind, kann auf dieser Ebene weder stimuliert noch reguliert werden. Nach Edward Bach entstehen negative Emotionen, wenn sich die Persönlichkeit nicht in Einklang mit ihrem Höheren Selbst befindet. Bach fand 38 Pflanzen, die 38 positive archetypische Seelenkonzepte verkörpern und genau *die* Schwingung besitzen, die uns fehlt, wenn wir uns in einem negativen Zustand befinden. Nehmen wir die entsprechende Bach-Blütenessenz ein, wird durch die zugeführte Pflanzenschwingung der unterbrochene Kontakt mit dem Höheren Selbst wieder hergestellt, und die negative Emotion löst sich auf. Da nur Schwingung zugeführt wird, passiert überhaupt nichts, wenn die Blütenessenz auch dann weitergenommen wird, wenn das Problem längst gelöst ist. Dasselbe gilt für die Einnahme einer falschen Blüte.**

Überreaktionen und Erstverschlimmerungen sind bei einer Therapie im Astralkörper jenseits von Yin und Yang grundsätzlich nicht möglich, höchstens eine schmerzhafte Bewußtwerdung verdrängter Aspekte der eigenen Psyche, die sich u. U. körperlich in den entsprechenden Hautzonen bemerkbar macht, wenn der Betroffene trotz Einnahme der Blüten versucht, diese wegzudrängen.

Ebenfalls auf den Astralkörper wirkt die Aromatherapie, vorausgesetzt, die ätherischen Öle werden in der Aromalampe ver-

---

* Vgl. *Neue Therapien mit Bach-Blüten 2*, Diagnose und Behandlung über die Bach-Blüten-Hautzonen.

** Die langfristige Einnahme einer *passenden* Blüte, die einen tiefer liegenden Konflikt abdeckt, verstärkt oft ein darüberliegendes, mehr oberflächliches Problem, das dadurch vermehrt an die Oberfläche des Bewußtseins gelangt. Dies hat jedoch nichts mit Nebenwirkungen, Überreaktionen oder Erstverschlimmerungen zu tun. Auf dieser Reaktionsweise basiert das im ersten Band der *Neuen Therapien mit Bach-Blüten* beschriebene Konzept der Schienen.

dampft oder im geschlossenen Fläschchen auf bestimmte Hautzonen aufgelegt. Bei der innerlichen Einnahme wirken sie ausschließlich auf den physischen Körper, zumal die in ihnen enthaltenen Wirkstoffe so hoch konzentriert sind, wie sie in der Natur nie vorkommen. Einreibungen und Umschläge mit ätherischen Ölen beeinflussen sowohl den physischen Körper (aufgrund der stofflich existierenden Wirkstoffe) als auch den Astralkörper (infolge ihrer Schwingung).

Der **Mentalkörper** ist Träger der Gedanken, die in Form von Energien ohne Verbindung zu irgendwelchen Gefühlen hervorgebracht werden. Er überragt den physischen Körper im Durchschnitt um fünfzehn bis fünfundzwanzig Zentimeter. Sämtliche Denkmuster und abstrakten Gedankenkonzepte, aus denen sich unser bewußtes Denken zusammensetzt, haben hier ihren Sitz.

Die mentale Aura ist wesentlich feinstofflicher als die astrale und kann selbst unter Hellsichtigen nur von einigen wenigen wahrgenommen werden. Sie verändert ihr Aussehen nicht so rasch wie die astrale Aura. Momentane Stimmungsschwankungen und kurzfristige Launen wirken sich z. B. kaum auf deren Farbe aus, wogegen Gedankeninhalte, mit denen wir uns ständig beschäftigen, nachhaltige Veränderungen in der mentalen Aura hervorrufen.

Edelsteine wirken auf den Mentalkörper ein, indem sie negative mentale Prägungen und eingefahrene Denkmuster auflösen. Von ihnen geht eine Art Kraft aus, die jedoch keine Attribute besitzt wie z. B. das Yin und Yang der Lebenskraft Chi im Ätherkörper. Durch zu lange Anwendung oder gezielten Mißbrauch kann es hier zu einer Überstimulation und damit zu sehr unangenehmen Reaktionen kommen.

Die nachfolgende Übersicht soll die Zusammenhänge zwischen den genannten Heilverfahren und den unterschiedlichen Körpern des Menschen noch einmal veranschaulichen.

Die unterschiedlichen Körper des Menschen und die darauf wirkenden Heilverfahren

Mentalkörper　　　　Edelsteintherapie
(Mentale Ebene)

Astralkörper　　　　Bach-Blütentherapie
(Emotionale Ebene)　　　Aromatherapie

Ätherkörper　　　　Homöopathie
(Energetische Ebene)　　Akupunktur

Physischer Körper　　Kräuterheilkunde
(Grobstoffliche Ebene)　Physikalische
　　　　　　　　　　　　Therapien

3.
Entsprechungen von Bach-Blüten, ätherischen Ölen und Edelsteinen

Aus der Beobachtung heraus, daß es für jede Hautzone eine einzige Bach-Blütenessenz gibt, die beim Auflegen charakteristische Veränderungen in der Aura hervorruft und bei Anwendung am Kranken körperliche Beschwerden an dieser Stelle lindert oder gar heilt, begann ich auch mit ätherischen Ölen und Edelsteinen zu experimentieren. Hierbei stellte sich heraus, daß auch bei ätherischen Ölen jeweils nur ein einziges Öl existiert, das auf einer bestimmten Zone stets die gleiche Wirkung zeigt wie die für diese Zone passende Bach-Blüte. Für Edelsteine gilt entsprechend dasselbe.

Als ich vor Jahren mit meinen ersten Versuchen auf diesem Gebiet begann, ahnte ich noch nicht, daß kurze Zeit später ein regelrechter Zuordnungsboom ausbrechen würde. Über Nacht erschien eine Fülle von Veröffentlichungen, in denen Entsprechungen der verschiedensten Heilmittel mit Chakren, Planeten und Tierkreiszeichen beschrieben wurden, aber auch Zuordnungen von ätherischen Ölen zu Edelsteinen, die teilweise nach sehr oberflächlichen Kriterien erfolgten (z. B. Rosenöl zu Rosenquarz, Moosöl zu Moosachat).

Um meine eigenen aufgrund von übereinstimmenden Indikationen von Bach-Blüten und Aromaessenzen postulierten Zuordnungen zu überprüfen, kaufte ich damals alle üblicherweise im Handel erhältlichen Essenzen und testete sie in der Praxis zusammen mit meinen Mitarbeiterinnen und noch einmal zu Hause mit meinem Sohn. Hierbei mußte ich feststellen, daß viele dieser Zuordnungen schlichtweg falsch waren, und scheinbar objektive Kriterien, wie z. B. die bei den ätherischen Ölen bislang bekannten seelischen Indikationen, hier nicht angewendet werden konnten. Die in der Literatur angeführten Hinweise sind meist sehr vage und beziehen sich auf relativ ungenaue Definitionen psychischer Probleme (z. B. Depressionen, Erregung, emotionaler Streß, Zorn, Angst, nervliche Erschöpfung u. a.). Bei einigen Ölen meinte ich in den Ausführungen einzelner Autoren zuweilen deutlich eine bestimmte Bach-Blüte zu erkennen, was sich aber im nachhinein vielfach als Irrtum herausstellte.

Damals schien es, als gäbe es keinerlei logische Hinweise auf derartige Entsprechungen. Anhaltspunkte aufgrund spezieller «Duftserien», die den Beziehungen der Schienen zueinander* folgen, erhielt ich erst viel später, als ein Großteil der Tests bereits abgeschlossen war. Einige der populären Essenzen wie Citronella, Melisse, Neroli, Pfefferminze, Rosmarin, Ylang Ylang u. a. wiesen seltsamerweise keine Übereinstimmung mit irgendeiner Bach-Blüte auf, wogegen andere Öle, bei denen bislang kaum Heilwirkungen bekannt waren, eine große Rolle spielten. Ähnliches zeigte sich auch bei den Edelsteinen. Eine ganze Reihe bekannter Heilsteine wie z. B. Amethyst, Aventurin, Bernstein, Sugilith, Tigerauge und Turmalin fielen bei den Tests durch.

---

* Vgl. *Neue Therapien mit Bach-Blüten 3*, S. 175 ff. und Tabelle S. 304. Jeweils die Kommunikations- und Dekompensationsblüte einer Schiene besitzen eine relativ ähnliche Duftentsprechung wie die Kompensationsblüte der in dieser Tabelle gegenüberliegenden Schiene. Die zugehörige äußere Blüte folgt in ihrem Pendant stets der Kommunikationsblüte der oberen Schiene. Eine dieser Duftserien lautet beispielsweise: Zitrone, Grapefruit, Lemongras, Clementine. Für Qualitätsvergleiche von Ölen kann das Harmonieren mit den übrigen Ölen der entsprechenden Duftserie u. U. als Kriterium dienen.

Als ich unter den gängigen Ölen nicht alle Entsprechungen zu den 38 Bach-Blüten fand, probierte ich nach und nach auch die weniger bekannten und teilweise exotischen Öle. Insgesamt prüfte ich in Tausenden von Einzeltests über 200 verschiedene Essenzen auf den Zonen sämtlicher Bach-Blüten an unterschiedlichen Versuchspersonen. Da es bei ätherischen Ölen erhebliche Qualitätsunterschiede gibt, die das Ergebnis beträchtlich verfälschen können, testete ich nach anfänglichen Mißerfolgen die Öle mehrerer Hersteller. Außerdem mußte ich Schwankungen zwischen den verschiedenen Anbauländern und die Verwendung teilweise unterschiedlicher Sorten bei der Herstellung der jeweiligen Essenz berücksichtigen.

Bei der weiteren Arbeit an diesem Buch erlebte ich ohne mein Zutun und letztlich auch gegen meinen Willen die Arzneimittelbilder der zu beschreibenden Edelsteine und ätherischen Öle. Die jeweiligen Phänomene traten vor dem Schreiben der einzelnen Kapitel und auch vor jeder Arzneimittelprüfung an Edelsteinen auf. Dabei geriet ich ohne jeden äußeren Anlaß teilweise schlagartig in eine seltsame Verfassung und litt dann sowohl unter negativen Gemütszuständen als auch unter körperlichen Symptomen. Nach einer Reihe schmerzhafter Erfahrungen entdeckte ich, daß sich daran nur dann etwas änderte, wenn es mir gelang, das Öl bzw. den Stein herauszufinden, dessen Indikationen den über mich gekommenen Beschwerden entsprachen, und daraufhin das betreffende Kapitel schrieb. War ich damit fertig, verlor sich der unangenehme Zustand wieder. Hatte ich mich bei der Zuordnung geirrt, so blieb dieser nach Fertigstellung des Kapitels weiter bestehen. Hierzu ein Beispiel:

Einen Tag vor der Arbeit am Kapitel Nardenöl, das ich damals der Bach-Blüte Mustard zugeordnet hatte, begann bei mir eine tiefe Niedergeschlagenheit, die sich nach Fertigstellung des Kapitels nicht auflöste, sondern bis hin zu schweren Depressionen steigerte. Ich konnte plötzlich keinen Sinn mehr in meiner Arbeit sehen, war extrem müde und wollte eigentlich nur noch schlafen. Einige Tage später erwachte ich morgens aus schweren Alpträumen, die die Narde zum Inhalt hatten. Eine erneute

Testung des Nardenöls ergab, daß dieses beim Auflegen auf die Mustard-Zone meines Sohnes dessen Aura zum Pulsieren brachte, ein Hinweis, daß das Öl auf einer falschen Zone lag, die jedoch zu einer relativ ähnlichen Blüte gehört. Daraufhin prüfte ich das Nardenöl auf anderen Zonen, die mit depressiven Verstimmungen zu tun haben. Beim Auflegen auf eine Wild-Oat-Zone wurde ich augenblicklich wach und fühlte mich sofort klarer im Kopf. Nahm ich das Öl weg, kehrte nach kurzer Zeit die vorherige Dumpfheit wieder zurück. Nach Änderung des Kapitels Nardenöl verschwand diese endgültig.

In Zusammenhang mit anderen Kapiteln erlebte ich ähnliche Überraschungen. So war ich z. B. gezwungen, die Arbeit am Kapitel Eukalyptus wegen einer Erkältung zu unterbrechen. Bei der Beschäftigung mit dem Kapitel Tabaköl (es entspricht der Bach-Blüte Olive) mußte ich mich infolge völliger Erschöpfung nachmittags ins Bett legen, da ich unfähig war, weiterzuarbeiten.

Konnte ich aufgrund äußerer Umstände (z. B. wegen abzuhaltender Seminare) das jeweils anstehende Kapitel nicht zu Ende schreiben, steigerten sich die Zustände ganz extrem, in einigen Fällen fast bis zur Arbeitsunfähigkeit, so daß ich mich mühsam durch die Seiten quälen mußte. War ich endlich fertig, hörten die Symptome z. T. schlagartig auf, spätestens aber über Nacht. Glücklicherweise hatte ich die Praxis für die Dauer der Arbeit an diesem Buch an meine Mitarbeiterinnen abgegeben; ich wäre nicht in der Lage gewesen, in dieser Zeit Patienten zu behandeln.

So schmerzhaft diese Phase für mich auch war – schließlich fiel ich fast eineinhalb Jahre lang von einem Krankheitszustand in den anderen –, so hilfreich war sie für meine Arbeit, erlebte ich doch die Richtigkeit meiner Zuordnungen, wurde auf Fehler aufmerksam und lernte die zu beschreibenden negativen Gemütszustände und teilweise auch deren körperliche Auswirkungen durch eigene Erfahrung kennen.

4.
Konsequenzen

Aus den im vorangegangenen Kapitel beschriebenen Entsprechungen und der Tatsache, daß die zu den Bach-Blütenessenzen gehörenden ätherischen Öle und Edelsteine auf den Bach-Blüten-Hautzonen dieselben Reaktionen hervorrufen wie die Bach-Blüten selbst, folgt zwingend, daß die von Edward Bach gefundenen archetypischen negativen Seelenkonzepte auch für andere therapeutische Ebenen gelten. Dies bedeutet für die Praxis, daß sich ätherische Öle und Edelsteine nach den einfachen Indikationen der Bach-Blüten verordnen lassen. Auch die Bach-Blüten-Hautzonen gelten für Steine und Aromaöle gleichermaßen. Deren Anwendung vereinfacht sich dadurch enorm; jeder Bach-Blütentherapeut kann sie einsetzen, ohne jeweils neue Arzneimittelbilder erlernen zu müssen. Lediglich Zubereitung, Dosierung, Behandlungsmethoden und – bei den Aromaessenzen – Anwendungsbeschränkungen und mögliche Nebenwirkungen sollten studiert werden. Umgekehrt ergeben sich für Aromatherapeuten und Edelsteinbehandler völlig neue Anwendungsmöglichkeiten und – aufgrund der Entsprechungen zu den Bach-Blüten – zusätzliche Indikationen von Steinen und Ölen, die bislang unbekannt waren.

Aus dieser neuen Perspektive heraus entwickelte sich nach und nach ein einheitliches Therapiekonzept, bei dem die negativen Seelenkonzepte Bachs die Basis bilden. Verglichen mit einem Baum, stellen sie den Stamm dar, während die Bach-Blütenessenzen selbst, die ätherischen Öle, Edelsteine und homöopathischen Medikamente die Äste symbolisieren.* Zuvor war mir die Naturheilkunde als ein Konglomerat aus unterschiedlichen Behandlungsmethoden erschienen, die anscheinend nichts miteinander zu tun haben.

Aus diesem neuen Konzept folgt wiederum, daß für keine der genannten Methoden für sich allein ein Absolutheitsanspruch erhoben werden kann, im Gegenteil: Jede dieser Therapieformen vermag nur dann ihre volle Wirkung zu entfalten, wenn sich die zu behandelnde Blockade auf *der* Ebene befindet, auf der diese Methode wirkt.

Aus rein praktischen Gründen bietet sich an, in chronischen Fällen mit der Bach-Blütentherapie beim Patienten einzusteigen und – je nach Erfordernis – andere Ebenen mit Hilfe von ätherischen Ölen oder Edelsteinen mit einzubeziehen. Die Erfahrung zeigte, daß es in einigen Fällen sinnvoll ist, von vornherein die Blüteneinnahme zu ergänzen. Hierzu gehören stark mental geprägte Zustände, wie sie als Indikationen der Bachschen Essenzen Rock Water, White Chestnut, Oak und Gorse bekannt sind. Die zugehörigen Edelsteine können hier den Behandlungsverlauf beträchtlich abkürzen. Bei stark depressiven Zuständen vom Typus Sweet Chestnut, Wild Rose, Mustard und Star of Bethlehem sind die entsprechenden ätherischen Öle als Ergänzung hilfreich.

In akuten Fällen ist es eine Frage der persönlichen Vorliebe, welche der drei Behandlungsmethoden zur Anwendung kommen sollen. Es ist auch ohne weiteres möglich, alle drei Methoden miteinander zu kombinieren, um eine stärkere Wirkung zu erzielen. Bei ausgeprägter Prüfungsangst kann man z. B. eine

---

* Weitere Behandlungsmethoden, die ebenfalls Teil dieses einheitlichen Therapiekonzepts sind, sind Thema meines Buches *Neue Therapien mit Farben, Klängen und Metallen*.

Woche vor dem Examen mit der Einnahme der Bach-Blüte Larch beginnen. Unmittelbar vor der Prüfung steckt man sich einen Moosachat in die Hosentasche und träufelt einige Tropfen Bayfrüchteöl auf ein Taschentuch. Wird man in der Prüfung unruhig, kann man beim Nasenputzen unauffällig daran riechen. Die Einnahme von Bach-Blütentropfen könnte dagegen in dieser Situation bei anderen Befremden auslösen. Personen, die zwar keine Erwartungsängste bereits einige Wochen vor dem großen Ereignis haben, aber während der Prüfung zu Blackouts neigen, können auf die gleiche Weise Elm, Zitronenöl und einen Chalcedon-Stein anwenden.

Bei längerem Tragen von Edelsteinen kommt es gelegentlich vor, daß ein Stein *den* Zustand intensiviert oder gar aus einem Latenzzustand hervorbringt, den er eigentlich heilen sollte. Dies ist dann der Fall, wenn die eigentliche Blockade auf der emotionalen Ebene, d. h. im Astralkörper, liegt. Da der Stein auf einer wesentlich feinstofflicheren Ebene ansetzt, verstärkt er hier den darüberliegenden Zustand. Dieses Phänomen basiert auf demselben Effekt, der auch in Zusammenhang mit den Bach-Blütenschienen zu beobachten ist.* Gibt man eine Blüte, die ein tiefer liegendes Problem abdeckt, bevor dessen oberflächliche Seite verarbeitet ist, verstärkt die Einnahme dieser Blüte die Symptome der nicht eingesetzten oberflächlichen Blüte.** Negative Reaktionen, die nach demselben Mechanismus durch einen Edelstein ausgelöst werden, verschwinden nach Einnahme der zu diesem Stein korrespondierenden Bach-Blüte meist in kurzer Zeit.

Das gleiche Phänomen tritt gelegentlich auch in Zusammenhang mit der Homöopathie auf. Liegt die Hauptblockade im Ätherkörper, verstärkt die Einnahme der hierfür passenden Bach-Blüte die Symptome seines homöopathischen Pendants.

---

* Vgl. *Neue Therapien mit Bach-Blüten 1*, S. 18 ff.
** Vgl. *Neue Therapien mit Bach-Blüten 1*, S. 197.

Kapitel II

Heilen mit Blütenessenzen nach Dr. Bach

1.
Entdeckungsgeschichte der Bach-Blüten

Die Bach-Blütentherapie geht auf den englischen Arzt Dr. Edward Bach (1886–1936) zurück, der zu seiner Zeit ein bekannter Immunologe, Bakteriologe und Pathologe war. Bach stieß bei seiner Arbeit als Assistent am bakteriologischen Institut der Universitätsklinik auf sieben Gruppen von Darmbakterien, die seiner Beobachtung nach in einem engen Zusammenhang mit der Entstehung chronischer Krankheiten standen. Diese Bakterien fanden sich zwar auch im Darm gesunder Personen, bei chronisch Kranken traten sie jedoch deutlich vermehrt auf. Versuchsweise stellte er aus den aus dem Stuhl Erkrankter isolierten Bakterienstämmen Impfstoffe her und injizierte sie denselben Patienten, unabhängig von der Art ihrer Beschwerden. Die damit erreichten Heilerfolge waren überwältigend. Nicht nur das Allgemeinbefinden besserte sich nachhaltig, auch chronische Leiden wie Arthritis, Rheumatismus und Kopfschmerzen verschwanden aufgrund der Injektionen. Allerdings verursachten diese teilweise auch schmerzhafte Reaktionen, weshalb Bach sehr bald nach alternativen Anwendungsformen suchte.[1]

Später kam er mit der Homöopathie in Berührung und potenzierte daraufhin die Bakterienkulturen. Die auf diese Weise hergestellten Nosodenpräparate verabreichte er innerlich. Die dadurch erzielten Resultate übertrafen die der Injektionen bei weitem. Gleichzeitig vereinfachte sich die Anwendung.² Diese neue Methode fand großes Interesse in ärztlichen Kreisen und verbreitete sich auch in Amerika, Deutschland und zahlreichen anderen Ländern.³

Neben der Wirkung der von ihm entwickelten homöopathischen Präparate interessierte sich Bach auch für deren eventuelle Gemütssymptome. Hierbei stellte er fest, daß jede dieser Bakteriengruppen auf einen klar umrissenen Persönlichkeitstyp wirkte. Auf diese Weise konnte er mit der Zeit allein aufgrund der Beobachtung des Patienten, dessen Verhalten und der sich zeigenden Symptome auf die bei ihm vorherrschende Bakteriengruppe schließen⁴ und das entsprechende Nosodenpräparat verordnen.*

Trotz der immensen Heilerfolge war Bach noch immer mit seiner Arbeit unzufrieden. Zum einen wollte er nicht auf Dauer mit den von der Krankheit selbst erzeugten Substanzen, d. h. den als Impfstoff oder als homöopathische Arznei aufbereiteten Darmbakterien, arbeiten und suchte nach pflanzlichen Alternativen⁵; zum anderen sah er Krankheit als Folge einer Disharmonie zwischen Körper und Seele des Menschen an und forschte nach Möglichkeiten für eine Behandlung deren eigentlicher Ursachen im Gemütsbereich. Um sich ganz der Forschung widmen zu können, gab er schließlich seine gutgehende Praxis in London auf und zog aufs Land.

Aufgrund seiner ausgeprägten Sensitivität fand er im Verlauf von sechs Jahren 38 Pflanzen, die in ihren Schwingungen 38 archetypischen Seelenzuständen des Menschen entsprechen.** Gleichzeitig entwickelte er eine völlig neue Me-

---

* Bei der Injektion verwendete Bach eine Autovaccine, d. h. einen Impfstoff aus dem eigenen Körpersekret des Patienten. Seine Nosoden waren polyvalente Vaccine. Sie wurden aus denselben Bakteriengruppen von verschiedenen Patienten gemischt und als Fertigprodukt verordnet.

** Vgl. S. 20

thode, um aus diesen Pflanzen Heilmittel herzustellen.* Das in der Homöopathie übliche Potenzierungsverfahren erwies sich dazu als ungeeignet.

---

* Vgl. *Neue Therapien mit Bach-Blüten 1*, S. 13f.

2.
Auswahl der in Frage kommenden Blütenessenzen

Die Auswahl der in Frage kommenden Bach-Blüten ist aufgrund der Einfachheit ihrer Indikationen* wesentlich unproblematischer als die Arzneimittelwahl bei vergleichbaren anderen Methoden. Bei akuten Gemütsverstimmungen ist in der Regel unschwer zu erkennen, um welche negativen Emotionen es sich dabei handelt und welche Blüten hierfür passen. Bei der Behandlung körperlicher Beschwerden ist die augenblickliche psychische Verfassung des Betroffenen zu berücksichtigen. Klagt dieser beispielsweise über Magenschmerzen, so ist zu fragen, was ihm denn auf den Magen geschlagen ist und was er nicht verdauen kann. Hierbei kann es sich z. B. um Sorgen, Schuldgefühle, geschluckten Ärger oder auch um ein schockartiges Ereignis handeln, das er nicht verarbeitet hat. Die Blüte für das zugrundeliegende seelische Problem ist in diesem Fall gleichzeitig das Heilmittel für die körperlichen Schwierigkeiten.

Bei Kindern ist häufig zu beobachten, wie sich deren Verhalten kurz vor dem Ausbruch einer akuten fieberhaften Erkran-

---

* Die Indikationen der einzelnen Bach-Blüten sind in den Kapiteln über die ihnen entsprechenden ätherischen Öle jeweils am Schluß beschrieben. Ein alphabetisches Verzeichnis der einzelnen Blüten findet sich im Anhang.

kung ändert. Sie werden plötzlich weinerlich, anhänglich, ungeduldig oder gar aggressiv. Gibt man die hierfür passende Bach-Blüte, bessern sich meist auch sehr schnell die Krankheitssymptome.

Bei akuten Problemen genügt diese Verfahrensweise. In chronischen Fällen sollte man jedoch nach der im ersten Band der *Neuen Therapien mit Bach-Blüten* beschriebenen Methode vorgehen. Diese umfaßt u. a. eine gezielte Befragung und das Durchsprechen eines ausführlichen Fragebogens. Eine ganz spezielle Form der Auswertung und Hierarchisierung berücksichtigt die Aufeinanderfolge bestimmter negativer Gemütszustände und die daraus abgeleiteten Beziehungen der Blüten zueinander (Schienen).

Bei der Behandlung chronischer Probleme müssen negative Seelenkonzepte unbedingt in der umgekehrten Reihenfolge ihrer Entstehung behandelt werden, da es sonst bei der Einnahme einer Blüte, die einen tiefer liegenden seelischen Konflikt abdeckt, zu einer Verstärkung der Symptome *der* Blüte kommen kann, die die mehr oberflächliche Seite des betreffenden Problems verkörpert. Die oben erwähnte Methode schafft hierzu die Voraussetzungen und ermöglicht so ein systematisches Aufarbeiten seelischer Schwierigkeiten.

3.

Diagnose und Behandlung über die Bach-Blüten-Hautzonen

Die Diagnose und Behandlung über die Bach-Blüten-Hautzonen bieten die Möglichkeit einer wesentlichen Vereinfachung der Arbeit mit den Bach-Blüten. Die jeweils in Frage kommende Blüte kann bei körperlichen Problemen aufgrund der Lokalisation der Beschwerden direkt vom Körper abgelesen werden. Äußerliche Anwendungen an dieser Stelle in Form von Umschlägen oder Einreibungen erweisen sich fast ausnahmslos als wesentlich wirksamer als die alleinige innerliche Einnahme der entsprechenden Blüte. Der Heilungsverlauf läßt sich dadurch in der Regel erheblich abkürzen. Vielfach tritt überhaupt erst durch die lokale Behandlung der gestörten Zone eine Besserung ein.

Ich konnte eine ganze Reihe von Fällen beobachten, in denen die für die betroffene Stelle passende Blüte über einen längeren Zeitraum (teilweise sogar mehr als sechs Monate) innerlich eingenommen wurde, ohne daß sich auch nur der geringste Einfluß auf die bestehenden Beschwerden gezeigt hatte. Nach äußerlicher Anwendung derselben Blüte besserten sich diese in kürzester Zeit.

Umgekehrt lösen sich rein seelische Probleme gewöhnlich wesentlich schneller auf, wenn man zusätzlich zur innerlichen Einnahme die zu den hier wichtigsten Blüten gehörenden Hautzonen mitbehandelt, auch wenn dort keinerlei Beschwerden vorhanden sind. Meist genügen zu diesem Zweck die Zonen am Rumpf. Hier zeigen sich bereits längst vor dem Auftreten der ersten körperlichen Symptome Veränderungen in der Aura, die auf sensitive Weise diagnostizierbar sind.*

Die wesentlich stärkere Wirkung der Bach-Blüten bei ihrer Anwendung über die entsprechenden Hautzonen – insbesondere bei körperlichen Schwierigkeiten – wird verständlich, wenn man bedenkt, daß dadurch seelische Probleme genau dort behandelt werden, wo sie sich körperlich manifestieren. Erst wenn das negative Schwingungsmuster *an dieser Stelle* gelöscht ist, löst sich die Störung auch im körperlichen Bereich auf, vorausgesetzt, es bestehen hier nicht schon bereits unwiderrufliche Schäden.

Letztendlich handelt es sich bei den Bach-Blüten-Hautzonen um **archetypische Hautzonen.** Sämtliche feinstofflichen Arzneisubstanzen, die auf die von Edward Bach erstmals genau klassifizierten archetypischen negativen Seelenkonzepte einwirken, zeigen bei ihrer Anwendung auf diesen Zonen eine heilende Wirkung, unabhängig von der Art und dem Charakter der dort bestehenden Beschwerden. Hierzu gehören, wie bereits erwähnt, auch bestimmte ätherische Öle und Edelsteine. Sie lassen sich analog zu den Bach-Blüten auf diesen Hautzonen einsetzen.

---

* Vgl. *Neue Therapien mit Bach-Blüten 2*, S. 45 ff. Die dort beschriebenen sensitiven Diagnosemethoden werden von meinen Mitarbeitern und mir auf entsprechenden Seminaren gelehrt. Informationen darüber sind erhältlich bei: Internationales Zentrum für Neue Therapien, Postfach 1712, D-63407 Hanau. Internet: www.dietmar-kraemer.de

4.
Zubereitung und Dosierung

Bei *akuten Schwierigkeiten* gibt man 2 Tropfen je Blüte auf ein Glas Wasser und trinkt davon in gewissen Abständen jeweils einen Schluck. Die Häufigkeit richtet sich danach, wie akut das zu behandelnde Problem ist. Nach einem seelischen Schock beispielsweise sollte man von einer solchen Wasserauflösung aus Star of Bethlehem* jede Minute einen Schluck nehmen, bis eine deutliche Besserung des Befindens eingetreten ist. Anschließend trinkt man alle 5–10 Minuten davon, später alle viertel bis halbe Stunde. In weniger dramatischen Situationen genügt es, von einem Glas Wasser mit den entsprechenden Bach-Blüten halbstündlich bis stündlich einen Schluck zu nehmen. Diese Anwendung ist über mehrere Tage fortzusetzen, bis sich die aktuellen Schwierigkeiten aufgelöst haben.

Zur Behandlung *chronischer Probleme* gibt man die Blüten in eine Arzneiflasche, die eine Mischung aus ca. 3/4 stillem Mineralwasser und 1/4 vierzigprozentigem medizinischem Alkohol

---

* Für Notfallsituationen aller Art gibt es eine Fertigmischung (Rescue Remedy), bestehend aus Star of Bethlehem, Rock Rose, Cherry Plum, Clematis und Impatiens. Hiervon ist jeweils die doppelte der üblichen Tropfenzahl zu verwenden. Bei akuten Notfällen ist es sinnvoll, zunächst einige Tropfen Rescue pur auf die Zunge zu geben und erst danach eine Wasserauflösung zuzubereiten.

(zur Haltbarmachung) enthält. Pro Blüte verwendet man dabei je 1 Tropfen auf 10 ml Lösung. Von dieser Bach-Blütenmischung werden 4mal täglich 2–4 Tropfen eingenommen.

Für *äußerliche Anwendungen,* z. B. auf den Bach-Blüten-Hautzonen, gibt man in akuten Fällen 2 Tropfen der in Frage kommenden Blüte auf 1/4 Glas Wasser, tränkt darin ein Tuch und legt dieses 10–15 Minuten lang auf die betroffene Stelle. Je nach Intensität der zu behandelnden Beschwerden sind 1–3 Behandlungen täglich erforderlich.

Bei chronischen Beschwerden ist die Herstellung einer Bach-Blütencreme sinnvoll. Hierbei kann man mehrere Blüten in einer einzigen Creme kombinieren und diese an verschiedenen Stellen des Körpers auftragen. Auf je 10 g Cremegrundlage kommen 2 Tropfen pro Blüte. Diese Bach-Blütencreme ist in der Regel 2–3mal täglich anzuwenden. Bei massiven Beschwerden sind häufigere Einreibungen sinnvoll.

Kapitel III

Heilen mit ätherischen Ölen

1.
Historisches

Der Gebrauch aromatisch duftender Pflanzenstoffe zu Heilzwecken ist uralt. Räucherungen mit getrockneten Pflanzen, Gräsern, Harzen, Früchten und Rinden wurden in fast allen Kulturen des Altertums zur Reinigung, als Opfer für die Götter und auch zur Behandlung von Krankheiten durchgeführt. Duftende Salben aus zerstampften Blüten dienten kosmetischen Zwecken und der Linderung diverser Beschwerden. Teilweise wurden bereits Essenzen hergestellt, die man aus Harzen, Blüten und Heilpflanzen mit Hilfe spezieller Auszugsverfahren erhielt und die u. a. zur Bereitung von Parfümölen dienten. Die Destillation wurde nach bisheriger Auffassung erst um 1000 n. Chr. von dem persischen Arzt und Alchemisten Ibn Sina, auch unter dem Namen Avicenna bekannt, erfunden.[1] Inzwischen entdeckte man jedoch in einem 5000 Jahre alten pakistanischen Grab ein Destillationsgerät aus Ton, das zur Herstellung aromatischer Kräuterauszüge diente.[2]

Die Destillation von Terpentin, Zedern und Zimt war bereits im alten Ägypten bekannt. Ab dem 14. Jh. v. Chr. wurde dort auch das ätherische Öl von Blüten in fetten Ölen gelöst.[3] Ägyptische Priester stellten u. a. Räucherkerzen, Salben, Pflaster, Zäpfchen und Pulver her.[4] Zur Einbalsamierung der Toten verwendeten sie ebenfalls ätherische Öle.

Räucherungen und der Einsatz duftender Pflanzenessenzen zu Heilzwecken sind auch von den alten Hebräern, Sumerern, Assyrern und Chinesen bekannt. Im altindischen Ayurveda sind bereits medizinische Anwendungen mit ätherischen Ölen – vor allem Sandelholzöl – angeführt, hauptsächlich in Form von Massagen.

Zur Zeit der Antike erlebte der Gebrauch aromatischer Stoffe bei Arabern, Griechen und Römern einen enormen Aufschwung. Neben beinahe verschwendungssüchtiger Anwendung in Form von Parfüms, duftenden Körperölen und diversen Kosmetika wurden ätherische Öle bereits sehr gezielt in der Medizin eingesetzt. Es existieren eine ganze Reihe von Abhandlungen aus dieser Epoche, in der verschiedenen Duftstoffen spezifische Heilwirkungen zugesprochen werden, unter anderem Werke von Dioscurides, die fast 1000 Jahre lang Allgemeingültigkeit in der westlichen Medizin besaßen. Selbst Hippokrates wies in seinen Schriften ausdrücklich auf den medizinischen Wert von Räucherungen und Kräuterdämpfen hin.[5]

Der bereits erwähnte persische Arzt Avicenna (980–1037) entwickelte das damals bekannte Herstellungsverfahren für Pflanzenessenzen weiter und ermöglichte dadurch die Gewinnung des reinen ätherischen Öls. Die Destillation selbst wurde nicht von ihm allein erfunden, sondern entwickelte sich in einem Zeitraum von rund 100 Jahren.[6] Avicenna schrieb ausführlich über die Heilwirkungen verschiedener ätherischer Öle und verfaßte annähernd 100 Bücher, darunter den «Kanon der Medizin» und das «Kleinere Lehrgedicht der Medizin». Beide blieben über 500 Jahre lang die führenden Werke der Medizin.[7]

Einer derer, die der Anwendung duftender Pflanzenstoffe zu Heilzwecken zu großer Popularität verhalfen, war der englische Arzt und Astrologe Nicholas Culpeper (1614–1654). Mit seinen Veröffentlichungen über die heilenden und stimulierenden Eigenschaften von Kräutern und Pflanzenessenzen beeinflußte er viele Alchemisten, Heiler und Ärzte Europas.[8]

Anfang dieses Jahrhunderts begann der französische Chemiker René-Maurice Gattefossé mit Parfüms und Kosmetika zu experimentieren. Er beschäftigte sich dabei intensiv mit den Pflanzenessenzen und nannte seine Erkenntnisse der Heilwirkungen «Aromatherapie».[9] Mit diesem Begriff, den er 1936 als Titel für ein Buch verwendete, gab er der Behandlung mit duftenden Pflanzenstoffen die heute übliche Bezeichnung.[10]

Inspiriert durch Gattefossés Veröffentlichungen kurierte der Militärchirurg Jean Valnet Kriegsverletzungen während des zweiten Weltkrieges mit ätherischen Ölen. Nach Kriegsende fing er an, in seiner Arztpraxis Patienten nur noch mit ätherischen Ölen und Kräutern zu behandeln. Seine Heilerfolge gaben ihm recht. Nach der Veröffentlichung seines Werkes *Aromathérapie: Traitement des Maladies par les Essences des Plantes*, das ihm weltweite Anerkennung brachte, begann er Kollegen in der Aromatherapie auszubilden.[11]

Inzwischen hat sich Frankreich zu einem Hauptproduzenten und der kleine südfranzösische Ort Grasse, in dem Gattefossé lebte, zu einer Art Welthandelszentrum für ätherische Öle entwickelt.

2.
Herstellungsverfahren

Ätherische Öle sind flüssige Bestandteile duftender Pflanzen, die zwar als Öle eingestuft werden, jedoch eine völlig andere Konsistenz besitzen als gewöhnliche Pflanzenöle wie z. B. Sonnenblumen- oder Mandelöl. Sie sind hochgradig flüchtig und hinterlassen auf Fließpapier im Gegensatz zu anderen Ölen in der Regel keinen Fettfleck. Mit Wasser vermischen sie sich schlecht, lösen sich aber hervorragend in fettem Öl oder hochprozentigem Alkohol.

In den Pflanzen kommen sie als winzige Öltröpfchen vor, die in oder auch auf dem Pflanzengewebe sitzen. Häufig sind sie in einem bestimmten Teil der Pflanze besonders konzentriert eingelagert. Manche Pflanzen produzieren verschiedene Öle in unterschiedlichen Pflanzenteilen. Aus dem Orangenbaum lassen sich z. B. drei Essenzen herstellen: Orangenschalenöl, Orangenblätteröl (Petitgrain) und Orangenblütenöl (Neroli).

Zur Gewinnung ätherischer Öle werden – je nach deren Löslichkeit und dem zu verarbeitenden Pflanzenteil – unterschiedliche Methoden angewandt. Die wichtigsten davon sollen im folgenden dargestellt werden.

Das gebräuchlichste Herstellungsverfahren ist die *Wasserdampf-*

destillation. Hierbei wird zerkleinertes Pflanzenmaterial im Destillierkolben auf einen Rost gelegt. Von unten wird nun Wasserdampf zugeführt, der das ätherische Öl herauslöst und mit sich nimmt. Im anschließenden Kondensator, einem sich verengenden, wassergekühlten Rohr, wird der essenzhaltige Dampf aufgefangen und in ein Auffanggefäß geleitet, das Wasser enthält. Das erhaltene ätherische Öl ist in der Regel leichter als Wasser und schwimmt an dessen Oberfläche. Es muß nur noch abgeschöpft oder in einer venetianischen Flasche getrennt werden.

Um eine gute Qualität zu erhalten, sollte die Destillation langsam durchgeführt werden, damit auch aromatische Bestandteile der Pflanze, die nur schwer verdunsten, in die Essenz übergehen. Hoher Druck und zu große Hitze können einzelne Inhaltsstoffe zerstören und dadurch zu einer deutlichen Qualitätsminderung führen. Allerdings kommt es hierbei zu einer höheren Ausbeute, was sich Billigproduzenten zunutze machen.

Enfleurage ist eine Methode, um sehr feine und schwer isolierbare Blütenöle zu gewinnen, die sich nicht durch Wasserdampfdestillation herstellen lassen. Hierbei werden die empfindlichen, frisch gepflückten Blüten einzeln nebeneinander auf Butter oder Schweinefett gelegt, das auf eine Glasplatte aufgetragen wurde. Darauf legt man eine zweite, beidseitig mit Fett beschichtete Glasplatte. Auf diese werden erneut Blüten ausgelegt und mit der nächsten Platte bedeckt. Insgesamt kommen fünf bis zehn solcher Schichten übereinander. Die Blüten werden teilweise täglich gewechselt, wobei sich dieser Prozeß oft über mehrere Wochen hinzieht, bis das Fett mit dem ätherischen Öl der Blüten gesättigt ist. Mit Hilfe von Alkohol wird dieses nun aus dem Fett extrahiert. Den Alkohol entfernt man anschließend wieder durch Verdampfen.

Dieses Verfahren ist extrem aufwendig und wird heute nur noch bei sehr wertvollen Blüten wie Jasmin- oder teilweise auch Rosenblüten eingesetzt. Die auf diese Weise hergestellten Essenzen sind entsprechend teuer.

Wesentlich einfacher und preisgünstiger ist die *Gewinnung durch chemische Lösungsmittel,* die mittlerweile die Enfleurage weitgehend ersetzt hat. Die Pflanzenbestandteile werden mit dem Lösungsmittel versetzt und erwärmt. Hat sich das ätherische Öl vollständig gelöst, wird das Lösungsmittel unter Vakuum abdestilliert. Wie bei der Enfleurage erhält man zunächst eine salbenartige Masse, **Concrete** genannt. Durch Abtrennung der Pflanzenwachse mittels Alkohol bekommt man schließlich das **Absolue**.

Diese Methode ist nicht ganz unproblematisch, da es sich bei den verwendeten Lösungsmitteln z. T. um hochgiftige Substanzen wie Hexan, Petroläther oder den Chlorkohlenwasserstoff Tetrachlormethan handelt,[12] die leider nicht vollständig entfernt werden können. Auf diese Weise hergestellte Öle dürfen keinesfalls innerlich eingenommen werden, da selbst geringe Spuren von Lösungsmittelrückständen Allergien verursachen und das Immunsystem schwächen können.[13] Allerdings sind nicht alle Absolues mit Hilfe derartig toxischer Substanzen hergestellt. Vielfach läßt sich auch Alkohol als Lösungsmittel verwenden.

Absolues sind häufig zähflüssige Substanzen, die nur schwer aus der Flasche tropfen. Durch vorsichtiges Erwärmen im Wasserbad werden sie etwas dünnflüssiger. Notfalls muß man sie mit einem kleinen Spatel oder Stäbchen (z. B. Streichholz) entnehmen.

Ätherische Öle aus Fruchtschalen wie z. B. Orangen-, Clementinen-, Zitronen- und Grapefruitöl werden mittels **Kaltpressung** gewonnen. Bei dieser Methode darf keine Hitze zu Hilfe genommen werden, da dadurch wichtige Bestandteile der Essenz zerstört würden.[14] Leider gelangen bei der Pressung auch eventuell vorhandene Spritzmittelrückstände in die Essenz. Aus diesem Grund ist es ratsam, bei Zitrusölen nur Produkte aus kontrolliert biologischem Anbau zu verwenden.

Sämtliche im Handel erhältlichen Essenzen werden aufgrund

ihrer Lichtempfindlichkeit in dunklen Flaschen geliefert. Extreme Temperaturen schaden ihnen ebenfalls, wobei Zitrusöle am empfindlichsten reagieren. Sie sollten bei längerer Lagerung im Kühlschrank aufbewahrt werden.

3.

Auswahl der in Frage kommenden Essenzen

Da die ätherischen Öle auf der emotionalen Ebene, d. h. im Astralkörper, wirken, ist die psychische Verfassung des Patienten ausschlaggebend für die Diagnose. Handelt es sich um rein seelische Probleme, genügt es daher, die Aromaessenzen nach den bei den Bach-Blüten bekannten und relativ einfachen archetypischen negativen Seelenkonzepten zu verordnen. Durch die in der einschlägigen Literatur angegebenen seelischen Indikationen der ätherischen Öle sollte man sich dabei nicht irritieren lassen, da diese in der Regel viel zu allgemein gehalten sind und teilweise für Symptome stehen, für die mehrere Bach-Blüten in Frage kommen. So wird z. B. Angst in der Aromatherapie nicht weiter differenziert, während es in der Bach-Blütentherapie hierfür mehrere Heilmittel gibt: Aspen für vage, nicht benennbare Ängste, Mimulus für konkrete Ängste, Red Chestnut für die Angst um andere, Rock Rose für Panikzustände und Cherry Plum für die Angst, durchzudrehen.

Bei einer ganzen Reihe von seelischen Indikationen, die bei den ätherischen Ölen angeführt werden, handelt es sich bereits um Folgezustände und nicht um deren eigentliche Ursachen. Konzentrationsstörungen können beispielsweise auf Tagträumerei (Clematis), Müdigkeit (Hornbeam), starker körperlicher Erschöpfung (Olive) und Resignation (Wild Rose) beruhen.

Auch Personen, die in Gedanken oft zwei Schritte voraus sind und bereits überlegen, was sie als nächstes tun könnten (Chestnut Bud), leiden infolge mangelnder Aufmerksamkeit häufig unter diesem Problem. Schlafstörungen entstehen u. a. durch quälende Schuldgefühle (Pine), Grübelei (Gentian), Gedankenjagen (White Chestnut), Überdrehtheit infolge Überbegeisterung (Vervain), Pläneschmieden im Bett (Chestnut Bud), hektische Unruhe (Impatiens), völlige Verkrampfung aufgrund von Überarbeitung (Oak), Angst vor Gespenstern (Aspen), innere Unruhe, die hauptsächlich beim Einschlafen und verstärkt bei Vollmond auftritt (Agrimony) sowie durch die Unfähigkeit, innerlich loszulassen (Cherry Plum).

Die psychische Verfassung des Betroffenen ist auch bei der Behandlung körperlicher Beschwerden zu berücksichtigen. Zu diesem Zweck ist eine genaue Beobachtung des Patienten und ein gezieltes Gespräch erforderlich. Die Bach-Blüten-Hautzonen bieten hierbei eine wesentliche Vereinfachung. Allein aufgrund der Lokalisation der Beschwerden läßt sich anhand der Übersichtstopographie direkt vom Körper ablesen, welches seelische Problem sich hinter den Beschwerden verbirgt und welche Bach-Blüte bzw. welches ätherische Öl zu dessen Behandlung erforderlich ist. Mit Hilfe der Nummern in der Tabelle der Entsprechungen im Anhang kann dieses sehr leicht in der Übersichtstopographie im Band 2 der *Neuen Therapien mit Bach-Blüten** aufgesucht werden.

Eine Ausnahme bilden jedoch Verletzungen. Da es sich um Folgen äußerer Einflüsse handelt, kommen dafür die Blüten in Frage, die ich als «Äußere Blüten» bezeichne.** Sie werden in diesem Fall ausschließlich aufgrund ihrer Indikation eingesetzt, wobei der Ort der Verletzung keine Rolle spielt. Anstelle der Bach-Blüten lassen sich auch die ihnen entsprechenden ätherischen Öle einsetzen. Bei Prellungen, Quetschungen und Wun-

---

* Vgl. *Neue Therapien mit Bach-Blüten 2*, S. 290ff.
** Vgl. *Neue Therapien mit Bach-Blüten 2*, S. 59ff.

den aller Art nimmt man Patchouliöl (Star of Bethlehem). Verletzungsfolgen, die längere Zeit vergeblich behandelt wurden, und Wunden, die nicht heilen wollen, lassen sich mit Orangenöl (Gorse) behandeln. Muskelkater, Rücken- und Schulterschmerzen nach zu schwerem Heben sowie Muskel- und Gelenkbeschwerden nach Überanstrengung sprechen sehr gut auf Zitronenöl (Elm) an, das deshalb bei Sportlern als Massageöl beliebt ist. Für Narbenstörfelder eignet sich Narzissenöl (Walnut).*

Ätherische Öle bieten die Möglichkeit, die Seelenkonzepte, für die sie stehen, über die Sinne zu erleben. Vorliebe für bzw. Abneigung gegen bestimmte Düfte geben daher wertvolle Hinweise auf die in Frage kommenden Aromaessenzen. Ätherische Öle, die der Patient besonders mag,** deuten darauf hin, daß er sie braucht und sich deshalb von ihnen angezogen fühlt. Öle, die der Patient vehement ablehnt** – meist sind es nur ein oder zwei –, deuten auf ein massives Problem hin, denn das, was der Patient in sich selbst negiert, lehnt er auch in der Außenwelt ab. Das heißt, daß z. B. eine Person mit ziemlicher Sicherheit Schwierigkeiten mit Aggressionen hat (Holly), solange sie den Duft der Rose ablehnt, auch wenn ihr das nicht unbedingt bewußt ist. Entweder unterdrückt sie solche Gefühle prinzipiell, beispielsweise aus moralischen Gründen (Rock Water), aus Harmoniebedürftigkeit (Agrimony) oder Arroganz, da sie sich über derartige, als primitiv erachtete, Emotionen erhaben fühlt (Water Violet), oder sie will ihre Aggressionen einfach nicht wahrhaben und verdrängt die Kenntnis davon nach jedem Wutausbruch aufs neue.

Die Empfehlung, abgelehnte Düfte in der Therapie durch andere, ähnlich wirkende, aber als angenehm empfundene zu ersetzen, kann ich nicht unterstützen, da dies am eigentlichen Problem

---

* Vgl. S. 115
** Dies ist nur dann aussagekräftig, wenn die verwendeten Essenzen nahezu völlig schwingungsgleich mit den entsprechenden Bach-Blüten sind, was u. a. an einer ganz speziellen Duftnote erkennbar ist. Bereits geringfügige Abweichungen davon können zu unzutreffenden Angaben und dadurch zu falschen diagnostischen Schlußfolgerungen führen. Vgl. Bezugsquellen im Anhang.

vorbeiführt. Außerdem sind Heilmittel, die auf archetypische negative Seelenkonzepte einwirken, nicht untereinander austauschbar. Eine Bach-Blüte läßt sich auch nicht einfach durch eine andere ersetzen, weil sich der Patient nicht mit ihr identifizieren möchte.

Abgelehnte Düfte spielen bei der Behandlung eine zentrale Rolle. Am sinnvollsten setzt man sie in Form von Ganzkörpermassagen oder auch Ganzkörpereinreibungen ein. Ideal ist es, wenn diese vom Partner des Patienten in einer ruhigen, entspannten Atmosphäre durchgeführt werden.

4.
Mischen von ätherischen Ölen

In der Aromatherapie wird vielfach die Anfertigung individueller Mischungen aus ätherischen Ölen empfohlen. Dies geschieht mit der Begründung, eine Duftmischung sei effektiver als jeder einzelne Duft allein.[15] Gleichzeitig könne man mehrere Komponenten für verschiedene Probleme zusammenfügen und Düfte, die als weniger angenehm empfunden werden, durch andere übertönen.

Im Rahmen der hier beschriebenen Behandlungsmethoden ist das Mischen von Essenzen jedoch nicht sinnvoll, da hierbei «das einzelne ätherische Öl seine Molekülkette löst und sich mit anderen Ölen zu etwas Neuem verbindet»[16]. Mit anderen Worten: Es kommt zu chemischen Veränderungen, wobei der erhaltene Duftcocktail nicht mehr die Summe der Einzelessenzen darstellt. Infolgedessen weist keine der einzelnen Komponenten mehr eine Entsprechung zu irgendeiner Bach-Blüte auf. Sicherlich besitzen derartige Mischungen eine entspannende, beruhigende oder auch anregende Wirkung. Sie lassen sich aber nicht mehr als Ergänzung oder gar als Alternative zu Bach-Blüten einsetzen.

In der Regel zeigt das Verdampfen einer Essenz in der Aromalampe annähernd dieselbe Wirkung wie die innerliche Einnahme der ihr entsprechenden Bach-Blüte in Form einer Wasserauflösung. Bei Duftmischungen ist dies nicht mehr der Fall. Daher ist es ratsam, bei Patienten, bei denen mehrere ätherische Öle in Frage kommen, diese in der Aromalampe im täglichen Wechsel einzusetzen. Bei Anwendungen auf den Bach-Blüten-Hautzonen kann man jedoch problemlos mehrere Stellen mit verschiedenen Ölen behandeln. Viel einfacher ist es hier jedoch, statt dessen eine Bach-Blütencreme einzusetzen, bei der ohne weiteres mehrere Blütenessenzen zusammengemischt werden können. Zusätzlich fügt man das ätherische Öl bei, das derjenigen Bach-Blüte entspricht, die am dringendsten benötigt wird.

5.
Behandlungsmethoden

Ätherische Öle bieten äußerst vielfältige Anwendungsmöglichkeiten. Es ist jedoch zu beachten, daß es – im Gegensatz zu Bach-Blüten und Edelsteinen – gewisse Öle gibt, bei deren Anwendung gelegentliche Nebenwirkungen* nicht ausgeschlossen sind und daß für eine Reihe von Ölen in bestimmten Situationen Anwendungsbeschränkungen* bestehen, die unbedingt berücksichtigt werden müssen. Bei der Behandlung von Kindern ist jeweils nur die Hälfte der für Erwachsene angegebenen Tropfenzahl zu verwenden.

a) Verdampfen in der Aromalampe

Das Verdampfen in der Aromalampe ist die einfachste und auch beliebteste Art ätherische Öle einzusetzen. Hierbei gibt man einige Tropfen der Essenz in die mit Wasser gefüllte Schale der Aromalampe und entzündet die darunter stehende Kerze. Die Flamme erwärmt das Wasser und läßt die Flüssigkeit verdunsten. Der Duft verbreitet sich im Raum und gelangt

---

* Eine ausführliche Liste der Anwendungsbeschränkungen und Nebenwirkungen findet sich im Anhang.

über die Nase zu den Riechzellen, die direkt mit dem limbischen System in Verbindung stehen, das als Sitz der Gefühle, Motivationen und Triebe angesehen wird. Von dort aus werden die aufgenommenen Reize zur Großhirnrinde weitergeleitet.

Der Geruchssinn ist der einzige unserer Sinne, dessen Informationen direkt zur Großhirnrinde gelangen, ohne vom Thalamus, der die Funktion eines Filters («Tor zum Bewußtsein») ausübt, kontrolliert zu werden. Das Verdampfen ätherischer Öle in der Aromalampe löst daher vorwiegend seelische Reaktionen aus, abgesehen von der Verwendung spezieller Öle wie Eukalyptus und Thymian bei Erkältungskrankheiten, Husten und Schnupfen, die auf eine Behandlung der Atmungsorgane abzielt. Gleichzeitig reinigt das Verdampfen die Atmosphäre des Raumes, vertreibt unangenehme Gerüche und tötet – je nach benütztem Öl – schädliche Bakterien ab.

Einige der Essenzen sind mehr flüchtig (z. B. Zitrusöle) und müssen höher dosiert werden, andere wiederum sind sehr konzentriert und erzeugen bei zu massiver Anwendung u. U. Kopfschmerzen oder Übelkeit. Dementsprechend hängt die genaue Anzahl der Tropfen, die man in die Wasserschale gibt, von der Duftintensität der verwendeten Essenz, aber auch von der Größe des Raumes ab. In der Regel nimmt man 5–10 Tropfen. Bei sehr stark konzentrierten ätherischen Ölen wie Cistrose, Narde, Patchouli, Schafgarbe oder Vetiver genügen bereits 1–2 Tropfen. Einige Essenzen riechen so intensiv, daß man sie vor der Anwendung verdünnen kann. Hierzu gehören glücklicherweise die besonders teuren wie Rose, Hyazinthe, Jasmin, Magnolie und Narzisse. Sie werden meist in 5-ml-Fläschchen geliefert, die nur zu 1/5 gefüllt sind. Diese kann man mit Jojobaöl auffüllen und erhält so eine Verdünnung von 1:5.

Zuletzt noch ein Hinweis: Selbst wenn wir den Duft nach einiger Zeit nicht mehr riechen, ist er dennoch im Raum vorhanden und entfaltet seine Wirkung auch weiterhin. Unser Geruchssinn reagiert nämlich nur auf Veränderungen. Bei gleichbleibenden

Reizen (z. B. einer konstanten Duftkonzentration) senden die Sinneszellen immer weniger Impulse zum Gehirn, und wir nehmen nicht mehr viel wahr. Dies sollte uns jedoch nicht dazu verführen, fortwährend ätherisches Öl «nachzufüllen». Eine übermäßige Stimulation mit Düften ist nicht unbedingt förderlich und kann Übelkeit, Benommenheit, Kopfdruck und Nervosität nach sich ziehen. Aus diesem Grund sollte die Aromalampe auch nicht ständig benutzt werden.

Verdampft man sehr zähflüssige Essenzen, so bildet sich in der Aromalampe mit der Zeit ein klebriger Niederschlag, der sich nur sehr schwer wieder entfernen läßt. Fleckenlöser für Öl- und Fettflecken in Textilien, die überall im Handel erhältlich sind, können hier eine große Hilfe sein. Vorsorglich sollte man jedoch die Aromalampe nach jedem Gebrauch gründlich ausspülen. Dies ist ohnehin erforderlich, damit sich nicht alte Ölreste mit neu hinzugefügten Essenzen vermischen.

Zur raschen Reinigung der Atmosphäre von Räumen (z. B. bei unangenehmen Gerüchen oder negativen Schwingungen) sind Raumsprays sehr praktisch. Zu deren Zubereitung muß das ätherische Öl zunächst in hochprozentigem medizinischem Alkohol (am besten mit 96 %) gelöst werden. Anschließend läßt sich das Ganze mit destilliertem Wasser verdünnen, wodurch der etwas strenge Alkoholgeruch verschwindet und außerdem der Preis gesenkt wird. Die Lösung wird dadurch manchmal milchig-trüb, was deren Wirkung oder Haltbarkeit jedoch nicht beeinflußt.

Schwere und hochkonzentrierte Öle sind für Raumsprays weniger geeignet. Meist verwendet man eines der Zitrusöle, Lemongras, Rosenholz, Lavendel, Meerkiefer oder Eukalyptus. Die Dosierung beträgt hier 10–15 Tropfen auf 100 ml fertiges Spray. Der Anteil an Alkohol sollte bei 20–30 % liegen.

b) Einreibungen und Massagen

Ganzkörpereinreibungen und Massagen mit ätherischen Ölen sind wohl die angenehmste Form der Aromatherapie und bieten die Möglichkeit, sich von anderen einmal so richtig verwöhnen zu lassen. Der wunderbare Duft und die körperliche Berührung führen außerdem zu einer allgemeinen Entspannung und helfen, die heilende Wirkung der verwendeten Essenzen aufzunehmen. Ganz nebenbei hat die Anwendung auch einen hautpflegenden Effekt und dient so der Schönheit. Eine sanfte Musik im Hintergrund kann während der Massage durchaus förderlich sein, vorausgesetzt, sie wird als angenehm empfunden.

Eine weitere Möglichkeit sind lokale Einreibungen schmerzhafter Stellen, bestimmter Körpersegmente oder spezieller *Bach-Blüten-Hautzonen*.

Als Trägeröl ist grundsätzlich jedes fette, kaltgepreßte und unraffinierte Öl möglich, d. h. auch Sonnenblumenöl und Olivenöl. Am häufigsten verwendet man in der Aromatherapie jedoch süßes Mandelöl und Jojobaöl, da beide vorzügliche kosmetische Eigenschaften und keinen Eigengeruch besitzen. *Mandelöl* eignet sich für jeden Hauttyp, besonders aber für empfindliche Haut. Es wird leicht von der Haut aufgenommen und erleichtert das Eindringen ätherischer Öle.[17] Dazu ist es relativ preisgünstig. *Jojobaöl*, aus den Nüssen eines in der mexikanischen Wüste beheimateten, bis zu drei Meter hohen Strauchs gewonnen, ist eigentlich gar kein Öl, sondern ein flüssiges Wachs. Es wird daher nie ranzig und ist unbegrenzt haltbar. Jojobaöl dringt sehr schnell in die Haut ein, reguliert die Hautfeuchtigkeit und macht die Haut geschmeidig.[18] Es eignet sich ebenfalls für jeden Hauttyp, ist entzündungshemmend, pflegend für trockene und schuppige Haut und hat in naturreiner Form den Lichtschutzfaktor vier.[19]

Zur Herstellung eines Massageöls gibt man in der Regel 6–8 Tropfen ätherisches Öl (bei hochkonzentrierten Essenzen entsprechend weniger) auf 100 ml Trägeröl und bewahrt das Ganze lichtgeschützt in einer dunklen Flasche auf. Bei Rose,

Hyazinthe, Jasmin, Magnolie und Narzisse genügen bereits 4 Tropfen der *unverdünnten* Essenz, um 100 ml Massageöl ihren unverkennbaren Duft zu verleihen. Alle ätherischen Öle, die Nebenwirkungen hervorrufen können und deshalb im Anhang aufgeführt sind, sollten sicherheitshalber geringer dosiert werden.

Für lokale Anwendungen auf einzelnen Körperstellen verrührt man einen Tropfen ätherisches Öl (außer bei Tabak) mit einem Eßlöffel Trägeröl. Bei hochkonzentrierten Essenzen empfiehlt es sich, entweder die o. g. Verdünnungen zu verwenden oder gleich eine größere Menge Massageöl herzustellen. Zum leichteren Verrühren kann man das Einreibeöl in einer Tasse mischen. Im Handel werden für diesen Zweck sehr praktische Schälchen angeboten.

Eine andere Möglichkeit besteht, wie bereits erwähnt, darin, ätherische Öle Bach-Blütencremes beizufügen. Die Dosierung hängt auch hier von der Konzentration der verwendeten Essenz ab. In der Regel benötigt man je 10 g Creme 1–2 Tropfen ätherisches Öl.

Bei äußerlicher Anwendung wirken die Öle nicht allein aufgrund ihrer feinstofflichen Schwingungen. Sie dringen auch stofflich in die Haut ein und gelangen in Bindegewebe, Muskulatur, Lymphsystem, Blutkreislauf und teilweise auch in Organe. Bereits 15 Minuten nach dem Auftragen sind sie im Blut nachweisbar.[20]

c) Aromabäder

Aromabäder sind ebenfalls eine sehr angenehme und ausgesprochen intensive Form der Anwendung ätherischer Öle. Das Ruhen im wohlig warmen Wasser und das Einatmen des angenehmen Dufts bewirken in besonderem Maße Entspannung, Erholung von den Strapazen des Alltags, allmähliches Abschalten von belastenden Gedanken und Genießen der augenblicklichen Situation. Hierbei ist der Patient besonders offen für die heilende Wirkung der aromatischen Essenzen.

Da sich ätherische Öle nicht im Wasser auflösen, sondern auf dessen Oberfläche einen Ölfilm bilden, ist es erforderlich, für Duftbäder einen Emulgator zu verwenden. Hierzu eignen sich neben käuflichen Emulgatoren (z. B. Palmölemulgator*) vor allem Sahne, Milch und Honig. Die zu verwendende Menge hängt ab von den persönlichen Bedürfnissen des Anwenders. Im Prinzip genügt jeweils ein Teelöffel, um das ätherische Öl darin zu emulgieren, d. h. in feinste Tröpfchen zu zerteilen. Will man sich jedoch etwas gönnen – die angegebenen Substanzen besitzen immerhin einen ausgeprägten hautpflegenden Effekt – nimmt man entsprechend mehr. Die in der Literatur empfohlenen Mengen schwanken bei Sahne zwischen drei Eßlöffeln und einem Viertelliter, bei Honig zwischen ein und vier Eßlöffeln. Bei Palmölemulgator reicht ein Teelöffel. Er ist eigentlich nur bei schwer löslichen Stoffen wie z. B. Perubalsam zu empfehlen.

Die Dosierung des ätherischen Öls beträgt je nach dessen Duftintensität 2-6 Tropfen.** Von Essenzen, die haut- und schleimhautreizend wirken können, dürfen nicht mehr als 3 Tropfen verwendet werden. Hierzu gehören sämtliche Zitrusöle sowie Ingwer, Lemongras, Thymian und Tulsi.***

Das mit dem Emulgator verrührte ätherische Öl ist erst dann in die Wanne zu geben, wenn diese voll ist, da sich die Duftstoffe durch das einlaufende Wasser sonst vorzeitig verflüchtigen. Auf Seife sollte verzichtet werden, weil sie die Aufnahme der Öle durch die Haut behindert.[21] Damit die Duftstoffe auch eingeatmet werden, ist es sinnvoll, das Wasser öfters zu bewegen oder mit einem Schöpfgefäß über die Schultern zu gießen.

---

* Erhältlich u. a. bei den im Anhang angegebenen Bezugsquellen für ätherische Öle.
** Für Kinder gilt grundsätzlich die Hälfte. Bei Babys und Kleinkindern sollte man grundsätzlich auf die Anwendung ätherischer Öle verzichten.
*** Vgl. Liste der Nebenwirkungen im Anhang.

d) Inhalationen

Inhalationen sind ein uraltes Hausmittel bei akuten Erkältungskrankheiten, Husten, Bronchitis und Nebenhöhlenentzündungen. Hierfür gibt man 3–5 Tropfen des ätherischen Öls (bei Thymian nur 1 Tropfen!) auf eine große Schale mit heißem Wasser, beugt sich darüber und bedeckt Kopf und Schüssel mit einem großen Handtuch, damit der Dampf nicht entweichen kann. Anschließend wird bei geschlossenen Augen 5–10 Minuten lang tief eingeatmet. Der Vorgang ist 2–3mal täglich zu wiederholen.

Asthmatiker sollten auf diese Anwendungsform verzichten, da feuchte Inhalationen u. U. Asthmaanfälle auslösen können. Bei Kleinkindern kann man statt der Dampfinhalation die Essenz in die Aromalampe geben oder ein mit dem ätherischen Öl getränktes Tuch über das Bett hängen.

Eine andere Möglichkeit sind Trockeninhalationen. Hierzu gibt man 5–10 Tropfen der Essenz auf ein Taschentuch, hält dieses vor die Nase und atmet tief durch. Diese Methode ist auch für Asthmatiker geeignet.[22]

Ich persönlich habe zu Inhalationen ein eher distanziertes Verhältnis, da bei der Auswahl der in Frage kommenden Essenzen meist nach rein körperlichen Indikationen vorgegangen wird und seelische Hintergründe völlig unberücksichtigt bleiben. Die Therapie selbst verläuft dabei lediglich auf der stofflichen Ebene. Im Gegensatz dazu kann man akute Erkältungskrankheiten ausgezeichnet mit Bach-Blüten behandeln, obwohl diese selbst keinerlei körperliche Wirkung besitzen.* Durch Beseitigung der eigentlichen Krankheitsursachen im seelischen Bereich lösen sich hierbei dennoch körperliche Beschwerden auf.

Bedauerlicherweise kann man sich bei der Aromatherapie dazu verleiten lassen, mit den Essenzen auf der rein körperlichen

---

* Dies gilt vor allem für die im dritten Band der *Neuen Therapien mit Bach-Blüten* vorgestellte Methode mit ganzen Schienen.

Ebene zu arbeiten, da diese *auch* stofflich wirken. Eine für die psychische Verfassung des Patienten nicht passende Bach-Blüte hat keinerlei Einfluß auf dessen Husten, ebensowenig der dieser Blüte entsprechende Stein. Das dazugehörige ätherische Öl aber ist in der Lage, den Hustenreiz zu lindern, wenn es auswurffördernde und bakterientötende Eigenschaften besitzt. Die Besserung der Beschwerden ist daher bei einigen Anwendungsformen ätherischer Öle – im Gegensatz zur Bach-Blüten- und Edelsteintherapie – kein Anzeichen dafür, daß die eigentliche seelische Ursache der bestehenden Krankheit behoben wurde. Hierzu gehören beispielsweise Inhalationen bei Erkältungskrankheiten und Einreibungen bei Hauterkrankungen.

Bei Erkältungskrankheiten und grippalen Infekten setze ich die Aromatherapie allenfalls unterstützend ein, indem ich zusätzlich zur innerlichen Einnahme der Bach-Blüten die wichtigsten dazu passenden ätherischen Öle äußerlich auf den entsprechenden Hautzonen anwende. Meist genügt als Ergänzung zu einer Bach-Blütenmischung ein einziges Öl.

e) Kompressen

Kalte Kompressen sind angezeigt bei Verletzungen, Prellungen, Zerrungen, schlecht heilenden, infizierten oder eiternden Wunden, entzündeter Haut, Ekzemen, Akne, Geschwüren, Furunkeln, Insektenstichen, Krampfadern u. a. m. Zu diesem Zweck gibt man 2–4 Tropfen ätherisches Öl auf einen Liter kaltes Wasser, tränkt damit ein kleines Handtuch oder ein Baumwollläppchen, legt dieses auf die betroffene Stelle und deckt das Ganze mit einem trockenen Tuch ab. Sobald die Kompresse Körpertemperatur angenommen hat, kann sie wieder abgenommen werden.

Statt reinem Wasser kann man auch Heilerde verwenden und damit Auflagen oder Umschläge machen. Hierzu verrührt man 2–3 Eßlöffel Heilerde mit etwas Wasser und fügt 4–8 Tropfen ätherisches Öl hinzu. Bei Heilerdeauflagen wird der Brei direkt auf die Haut aufgetragen. Für Umschläge streicht man diesen auf eine breite Mullbinde, legt diese auf die Haut, fixiert sie mit anderen Binden und beläßt sie dort für mehrere Stunden.

Heiße Kompressen werden eingesetzt bei Durchblutungsstörungen, hartnäckigen Schmerzen aller Art, Krämpfen und Koliken im Bauch, Verdauungs- und Unterleibsproblemen, rheumatischen Beschwerden u. a. m. Hierbei geht man in derselben Weise wie oben vor, verwendet aber statt kaltem Wasser heißes. Sobald sich die Kompresse auf Körpertemperatur abgekühlt hat, kann man sie abnehmen. Diese Art der Anwendung ist in der Kosmetik sehr beliebt. Bei geplatzten Äderchen im Gesicht darf sie jedoch nicht eingesetzt werden.

Zum Schluß noch eine kritische Anmerkung: Die äußerliche Behandlung von Hautausschlägen mit pflanzlichen oder chemischen Substanzen stellt in homöopathischem Sinne eine Unterdrückung dar und kann u. U. schwere körperliche Schäden nach sich ziehen, die nicht unbedingt mit der «erfolgreichen» Beseitigung lokaler Hauterscheinungen in Verbindung gebracht werden.* Bei einigen weiteren Indikationen für Kompressen besteht ebenfalls der Verdacht, daß die Anwendung hochkonzentrierter Pflanzenstoffe im homöopathischen und esoterischen Sinne nicht immer heilend wirkt, sondern gelegentlich auch unterdrückend. Ich empfehle daher, die im vorangegangenen Abschnitt ausgesprochenen Bedenken gegen die Anwendung ätherischer Öle auf der rein grobstofflichen Ebene zu berücksichtigen und in zweifelhaften Fällen stattdessen Bach-Blüten oder auch Edelsteine einzusetzen.

---

* Vgl. Dietmar Krämer, *Homöopathie*, Eigenverlag der Deutschen Paracelsus-Schulen GmbH, München, S. 201.

f) Innerliche Einnahme

Die Anwendung ätherischer Öle in Form der innerlichen Einnahme* ist nicht ungefährlich und sollte grundsätzlich dem erfahrenen Therapeuten überlassen werden. Einige Essenzen können hierbei teilweise erhebliche Nebenwirkungen verursachen (z. B. Meerkiefer und Thymian schwere Leberschäden). Das Risiko, das dabei eingegangen wird, steht in keinem Verhältnis zum Ergebnis. René A. Strassmann schreibt dazu: «Die orale Einnahme der Essenzen hat sicher ihre guten Seiten und auch ihre Berechtigung. Ich persönlich bin aber der Meinung, daß eine direkte Einnahme der Essenzen *nur in Ausnahmen* wirklich notwendig ist.... Ist die Einnahme wirklich notwendig, so sollten wir uns stets vor Augen halten, **daß 1 Tropfen Essenz zwischen 50 und 100 Tassen Tee entspricht,** wenn man sie unter Berücksichtigung des Wirkstoffverlustes durch die schlechte Löslichkeit der ätherischen Öle im Wasser aus der Frischpflanze auszöge.»[23]

Die extrem hohe Konzentration der Wirkstoffe, die in der Natur niemals vorkommt, verbietet meines Erachtens die Einstufung dieser Anwendungsmethode als Naturheilverfahren. Nach synthetisch hergestellten Medikamenten sind innerlich eingenommene ätherische Öle die grobstofflichste und materiellste Form arzneilicher Anwendung. Bei therapieresistenten Fällen stellt diese Methode daher keine Alternative dar, zumal *vor allem hier* die Gefahr der Unterdrückung besteht.

---

* Zitrusöle und Vanilleextrakt sind als Zusatz zu Süßspeisen harmlos. Sie werden hierfür bereits seit langem von der Lebensmittelindustrie benutzt.

6.
Ätherische Öle von A – Z

Anis

Pimpinella anisum

Der in ganz Mittel- und Südeuropa sowie Indien und Mexiko vorkommende Anis ist eine altbekannte Heilpflanze. Er wird bereits in den altindischen Veden und auf babylonischen Tontäfelchen, die in der Bibliothek von Ninive gefunden wurden, erwähnt. Die alten Römer aßen zum Abschluß ihrer Gelage kleine Aniskuchen, um ihre oft überstrapazierten Verdauungsorgane zu entlasten. Der römische Schriftsteller Plinius empfiehlt gegen schlechte Träume das Aufhängen von Mullsäckchen über dem Bett, die mit Anis gefüllt wurden. Die heilige Hildegard von Bingen erwähnt Anis in Zusammenhang mit Frauenleiden. In einem Kräuterbuch des 16. Jahrhunderts werden als Indikationen Appetitmangel, Blähungen, schlechter Atem, mangelnde Milchbildung bei Frauen und geringes sexuelles Interesse angegeben. Anis «mehret» danach «die Lust zur Unkeuschheit».[24] Seine verdauungsanregende Wirkung wird bei vielen Likören und Schnäpsen genutzt. Am bekanntesten ist der griechische Ouzo.

Ätherisches Anisöl wird aus den zerkleinerten Samen hergestellt. Es ist farblos und riecht angenehm würzig-süß. Bei niedrigen Temperaturen erstarrt es, läßt sich aber im heißen Wasserbad wieder verflüssigen. Sein besonderer Wirkungsbereich umfaßt den Verdauungstrakt und die Atmungsorgane. Es wirkt anregend und wärmend, krampflösend, blähungswidrig, appetitanregend, schleim- und auswurffördernd und außerdem harntreibend. Da das hochkonzentrierte Anisöl nicht frei von Nebenwirkungen ist – es kann bei innerlicher Anwendung Benommenheit, Magenreizungen und Nierenstörungen verursachen* –, sollte es nur äußerlich bzw. in der Aromalampe angewandt werden (nicht in zu hoher Dosierung und nicht über einen längeren Zeitraum!). Immerhin sind zur Gewinnung von 1 kg ätherischen Öls 35–50 kg Anissamen erforderlich. Will man Anis dennoch innerlich verwenden, kann man auf den harmlosen Tee oder die im Handel befindlichen Hustensirupe zurückgreifen. Die Essenz zeigt aber in Form von Einreibe- oder Massageöl ebenfalls eine ausgezeichnete Wirkung, insbesondere bei Magen-Darmkrämpfen nervösen Ursprungs[25], Menstruationsbeschwerden, Kopfschmerzen, Migräne und Schwindel, wenn sie durch Verdauungsstörungen entstanden sind[26], und kindlichem Bauchweh (nur anwenden, wenn eine akute Blinddarmentzündung diagnostisch ausgeschlossen ist!). Solarplexusmassagen sind aufgrund ihres entspannenden Effekts hier besonders zu empfehlen. Bei Husten und Atemwegerkrankungen sind Inhalationen mit Anisöl hilfreich. Niesanfälle verschwinden oft durch Einreibung der Halswirbelsäule mit der verdünnten Essenz.

Seelisch wirkt Anisöl anregend, ohne jedoch aufzuregen. Sein Duft «stimmt optimistisch, macht uns diplomatisch und fördert unser Verständnis und unsere Anpassungsfähigkeit.»[27] Desweiteren entspannt es, fördert einen angenehmen Schlaf und löst angestaute Ängste. «Es lindert und tröstet, wenn seelisch alles ins Stocken gerät und hilft, unbewältigte Gefühle zu verarbeiten, in einer aufnehmenden, geborgenen Atmosphäre, wie wenn man

---

* Massiver Mißbrauch kann u. U. sogar die Gehirnzellen schädigen.

zurück zur Mutter kommt, Trost und Liebe erfährt und gestärkt wieder ins Leben zurückkehrt.»[28]

Anis ist das Pendant zur Bach-Blüte **Chicory**. Personen, die dieser Wesensart entsprechen, besitzen eine übertriebene Fürsorglichkeit und neigen dazu, andere zu bemuttern. Sie sind äußerst hilfsbereit und stecken häufig ihre eigenen Bedürfnisse zurück, um ihren Lieben einen Gefallen zu tun. Dabei scheint es sie reichlich wenig zu interessieren, ob diese ihre Unterstützung wünschen oder nicht, im Gegenteil, oft drängen sie ihre Wohltaten regelrecht auf und erteilen ungefragt Ratschläge. Werden diese abgelehnt, reagieren sie sofort beleidigt. Vielfach brechen sie auch ob des vermeintlichen Undanks in Selbstmitleid aus und versuchen – z. T. unter Tränen – den anderen moralisch unter Druck zu setzen. Gelingt ihnen das nicht, klagen sie über irgendwelche Beschwerden, mit deren Hilfe sie Aufmerksamkeit und Zuwendung zu erpressen suchen. Oftmals werden sie sogar tatsächlich krank. Typisch hierfür sind spontane Migräneanfälle, Herzbeschwerden oder Asthmaanfälle bzw. alle Arten von Erkrankungen, die andere in Angst versetzen. Dieses Verhalten läßt sich bereits bei Kindern beobachten, die beispielsweise über Bauchschmerzen klagen, wenn sie ihren Willen nicht bekommen. Neben permanenten Vorwürfen bestrafen Menschen des Chicory-Typs ihre Kinder mit Liebesentzug; ihrem Partner verweigern sie sich aus demselben Grund sexuell.

Was sie sehr schlecht können ist, alleine zu sein. Sie möchten die Menschen, die sie lieben, ständig in ihrer Nähe haben und fürchten sich fortwährend davor, daß diese sie eines Tages verlassen könnten. Um das zu verhindern, versuchen sie diese durch Liebenswürdigkeiten an sich zu binden und dadurch ihrer Zuneigung und Verpflichtung zum Dank sicher zu sein. Geradezu klassisch ist die Angst von Chicory-Eltern vor dem Augenblick, an dem ihre erwachsenen Kinder aus dem Haus gehen. Die Angst, sie könnten im Alter allein gelassen werden, hängt wie ein Damokles-Schwert über ihrem Leben.

Bayfrüchte

Pimenta racemosa

Bayfrüchteöl wird aus den Früchten eines tropischen Baumes gewonnen, der in Mittel- und Südamerika, Ostafrika und den Westindischen Inseln heimisch ist. Es ist dünnflüssig, leicht gelblich und besitzt einen warmen, würzigen Geruch, der an Gewürznelken erinnert. Leider ist es ziemlich unbekannt und im Handel nur schwer erhältlich. Ätherisches Öl aus den Blättern des Baybaumes dagegen wird gebrauchsfertigen Rheuma- und Durchwärmungsbädern zugesetzt und ist Bestandteil von verschiedenen Shampoos, Haarwässern und Haarwuchsmitteln. Um die Jahrhundertwende war dieses das meistverwendete Mittel zur Kopfhautpflege.[29] In der Aromatherapie wird es kaum verwendet.

In der mir vorliegenden Literatur ist nur das aus Blättern gewonnene Bayöl beschrieben. Dieses wirkt beruhigend, entspannend, nervenstärkend, durchwärmend, durchblutungsfördernd, stoffwechselanregend, schmerzlindernd, appetitanregend, magenstärkend und keimtötend bei Erkältungen. Es wird empfohlen bei Magen- und Darmerkrankungen, Kältegefühl, Durchblutungsstörungen, Infektionen der Atemwege und Erschöpfungszuständen.[30] Bei Erkältungskrankheiten soll es zusammen mit Eukalyptus in der Aromalampe, als Inhalation und Badezusatz gute Dienste leisten.[31]

Über die seelischen Indikationen dieser Essenz schreibt Michael Kraus: «Wenn die Antriebskräfte nachlassen und man sich immer weiter zurückzieht und isoliert, gibt Bayöl Hilfe und Unterstützung, nach außen zu gehen und sich dem Leben wieder zu stellen.»[32] Als Pflanzenbotschaft gibt er an: «Komm, trau dich und spring wieder in den Fluß des Lebens.»[33]

Kosmetisch läßt sich das Öl für Parfüms, Aftershaves und sinnlich wirkende Duftbäder einsetzen.[34]

Bayfrüchteöl* entspricht der von mir als Basisblüte bezeichneten Bach-Blüte **Larch**. Personen dieser Wesensart zweifeln aufgrund ihres mangelnden Selbstvertrauens laufend an ihren eigenen Fähigkeiten. Anderen gegenüber fühlen sie sich unterlegen, weil sie diese für wesentlich tüchtiger ansehen. Insbesondere vor Autoritäten haben sie großen Respekt und ordnen sich diesen willig unter. Sie sind schüchtern und gehemmt und leiden unter der ständigen Angst, zu versagen. Aus diesem Grund fürchten sie sich vor allem Neuen, was sich in Form von Lampenfieber, Erwartungs- und Prüfungsängsten bemerkbar macht.

Bei auftretenden Schwierigkeiten geben sie leicht auf, da sie es sich nicht zutrauen, die Sache zu Ende zu führen. Vieles versuchen sie deshalb erst gar nicht und werden daher von anderen für ausgesprochen feige gehalten. Das Gefühl, ein Versager zu sein, belastet sie jedoch sehr stark und führt auf Dauer zu einer tiefen Traurigkeit. Aufgrund ihres derart geschwächten Selbstwertgefühls lassen sie sich teilweise völlig treiben und finden oft nicht einmal mehr den Antrieb, ihrem Hobby nachzugehen oder sich zur Aufmunterung irgend etwas Angenehmes zu gönnen.

Birkenholz

Betula lenta

Birkenholzöl wird durch Wasserdampfdestillation von belaubten Ästen und frischer Rinde einer speziellen Birkenart gewonnen. Die reine Essenz ist nur schwer zu bekommen, da beim Destillieren oft Wintergrünzweige zum Strecken beigefügt werden. Die trockene Destillation der Birkenteile ergibt eine zähe, schwarze Masse mit einem penetranten teerartigen Geruch, den sogenannten Birkenholzteer. Birkenholzöl, auch unter der Bezeichnung Birkenrindenöl im Handel, ist dagegen

---

* Ätherisches Öl aus Bayblättern zeigt auf Larch-Zonen nur eine sehr geringe Wirkung.

eine klare Flüssigkeit mit einem angenehmen Duft, der etwas an Kaugummi erinnert, weswegen es oft Zahncremes zur Verbesserung des Geschmacks zugesetzt wird. Aufgrund seiner haarwuchsfördernden Eigenschaften findet es jedoch vorwiegend in Shampoos und Haarwässern Verwendung.

In der Aromatherapie wird es kaum benutzt und ist daher auch nur schwer erhältlich. In der einschlägigen Literatur wird es sehr selten beschrieben. Nach den mir zur Verfügung stehenden Unterlagen besitzt es blutreinigende, harnsäurelösende, wassertreibende, entschlackende, aufbauende und kräftigende Eigenschaften.[35] Wegen seines hohen Salicylsäuregehaltes (98,5 %) und seiner hormonell anregenden Wirkung wird aber von einer innerlichen Einnahme abgeraten.

Als Indikationen für eine äußerliche Anwendung werden zwar rheumatische Beschwerden, Muskelschmerzen und -verhärtungen, Sehnenscheidenentzündung, Hautausschläge und Cellulitis angegeben. Es scheint jedoch niemand dieses ausgezeichnete Öl dazu zu verwenden.

An seelischen Indikationen sind lediglich psychische Anspannung und nervliche Erschöpfung[36] zu finden. Doch gerade hierbei leistet Birkenholzöl Hervorragendes. In der Aromalampe verdampft, regt es sanft die Lebensgeister wieder an und nimmt gleichzeitig die Anspannung. Zusätzliche Einreibungen mit Massageöl, dem diese Essenz zugegeben wurde, wirken auch körperlich entspannend, ausgleichend und verhelfen zu einem tiefen, erfrischenden Schlaf. Aufschlußreich ist, daß das Öl früher als Lebenselixier galt.

Birkenholz entspricht der Bach-Blüte **Hornbeam**. Personen im Hornbeam-Zustand fühlen sich überfordert und glauben, den Anforderungen des Alltags nicht mehr gewachsen zu sein. Sie leiden infolge einer völligen mentalen Verausgabung unter einer ausgeprägten nervösen Erschöpfung, sind ständig müde, abgespannt, energielos, antriebsschwach und besitzen ein übergroßes Schlafbedürfnis. Wenn möglich bleiben sie morgens lange im Bett, um gründlich auszuschlafen und sich dadurch zu erholen. Doch je länger sie liegenbleiben, desto entkräfteter fühlen sie sich hinterher. Häufig sind sie morgens nach dem Erwachen erschöpfter, als sie sich abends hingelegt haben. Es kostet sie eine enorme Überwindung, mit ihren Pflichten zu beginnen. Allein schon der Gedanke daran scheint sie zu schwächen. Oft hängen sie deswegen stundenlang herum. Doch haben sie erst einmal begonnen, geht ihre Arbeit in der Regel gut voran.

Cascarilla

Croton eluteria

Cascarilla ist in ihren Ursprungsländern Indien, Haiti, Kuba und den Bahamas eine altbekannte Heilpflanze. Bereits im altindischen Ayurveda wird sie erwähnt. Bei uns ist sie als Naturheilmittel relativ unbekannt. Lediglich in der Kosmetikindustrie findet sie als Grundstoff Verwendung.

Ätherisches Cascarillaöl wird aus der Rinde hergestellt. Es ist dünnflüssig, leicht gelblich und riecht intensiv fruchtig-würzig. Seine körperliche Wirkung erstreckt sich vor allem auf den Verdauungstrakt und die Haut. Es wirkt verdauungsfördernd, blähungswidrig, abführend, durchwärmend, schweißtreibend und wundheilend.[37] In Form von Kompressen oder Waschungen eignet es sich zur Behandlung von schlecht heilenden Wunden, entzündeter Haut und zur lokalen Anregung der Durchblutung. Bei Verdauungsbeschwerden sind Einreibungen möglich.

Seelische Indikationen sind nach der mir vorliegenden Literatur bei dieser Essenz bislang nicht bekannt. Den einzigen Hinweis konnte ich bei Michael Kraus finden. Er schreibt: «Wenn der Mensch, aus mangelndem Selbstwertgefühl, Auseinandersetzungen und Konfrontationen gemieden hat, kann Cascarillaöl ihm helfen, konstruktiv mit anstehenden Problemen umzugehen.»[38]

Cascarilla paßt für **Chestnut-Bud**-Typen, die tausend Ideen im Kopf haben, vieles beginnen und letztendlich doch nichts zu Ende führen. Sie sind in Gedanken meist zwei Schritt voraus und planen bereits, was sie als nächstes tun werden, obwohl sie die vor ihnen liegende Arbeit noch nicht einmal begonnen haben. Da ihr anfängliches Interesse an einer Sache sehr schnell verfliegt, lassen sie diese bereits im Ansatz liegen und wenden sich etwas Neuem zu. Auf diese Weise verwandeln sie jede bestehende Ordnung ziemlich schnell in ein einziges Chaos, zumal sie nur ungern aufräumen und unangenehme Dinge bis zuletzt vor sich herschieben. Obwohl sie deswegen häufig unter Zeitdruck geraten, kommen sie trotzdem immer wieder ins Trödeln. Überall liegen bei ihnen angelesene Bücher und aufgeschlagene Zeitungen herum; auf ihrem Schreibtisch stapeln sich unerledigte Arbeiten, und die Papierkörbe sind verstopft. Da sie sehr unaufmerksam und äußerst oberflächlich arbeiten, entgeht ihnen auch vieles, so daß ihnen immer wieder die gleichen Fehler unterlaufen. In ihrer unsteten Art fällt es ihnen schwer, ihre Konzentration auf einen Punkt zu richten. Aus diesem Grund sind sie meist sehr vergeßlich und zerstreut. Oft entschwinden ihnen urplötzlich die Gedanken, und sie wissen auf einmal nicht mehr, was sie gerade eben sagen wollten.

Cistrose

Cistus creticus

Die Cistrose ist ein im Mittelmeerraum wachsender Strauch, der bis zu 2,50 m hoch wird und dunkelgrüne, klebrige Blätter besitzt. Ihre zartrosa bis weißlichen Blüten ähneln denen der Heckenrose. Diesem Umstand verdankt die Pflanze ihren Namen. Ansonsten hat sie nichts mit der Rose zu tun und gehört auch einer völlig anderen Pflanzenklasse an.

Das Harz dieses Strauches (Labdanumharz) wurde bereits im Altertum als Räuchermittel benutzt und sowohl für rituelle

Zwecke als auch zur Vorbeugung gegen Krankheiten eingesetzt. Es ist heute noch Bestandteil des Kardinalsweihrauchs.

Ätherisches Cistrosenöl wird überwiegend aus den Zweigen und Blättern der Art Cistus labdaniferus destilliert. Das der Bach-Blüte Mimulus entsprechende Öl stammt aus den Blütenständen und Blättern von Cistus creticus, einer auf Kreta heimischen Cistrosenart. Es ist dickflüssig, von gelblich-brauner Farbe und verströmt einen schweren, warmen, würzigen Duft mit einem etwas holzigen Touch. Ihre herbe, etwas strenge Note verliert die Essenz durch starkes Verdünnen, wodurch auch ihre erotisierende Komponente besser zur Geltung kommt. Aufgrund dieser Eigenschaft dient Cistrosenöl in vielen bekannten Parfüms als Basisstoff und als Fixierungsmittel.[39]

Cistrosenöl wirkt stark antiseptisch, tonisierend, zusammenziehend, lymphentstauend sowie durchwärmend, krampflösend und menstruationsfördernd. Es eignet sich gut für Salben und Auflagen zur Behandlung von eitrigen, verschmutzten Wunden, Geschwüren, chronischen Hauterkrankungen, Akne, Ekzemen und Schuppenflechte. Als Massageöl verstärkt es die Wirkung einer Lymphdrainage.[40] Heiße Cistrosenkompressen sollen sich außerdem bei geschwollenen Halslymphknoten bewähren. In Form von Sitzbädern ist das Öl nützlich bei Unterleibserkrankungen infolge von Kälte, Blasenentzündung und krampfartiger Menstruation. Während der Schwangerschaft darf es jedoch nicht angewandt werden.

Der balsamische Duft des Cistrosenöls hilft jenen, die sich aufgrund von traumatischen Erlebnissen innerlich abgeschlossen haben und unter Gefühlskälte leiden. Er dringt tief in die Seele ein, vermittelt innere Wärme und löst die Verkrampfung. Mit der Aufarbeitung der unbewältigten Erlebnisse im Gefühlsbereich schmilzt nach und nach die innere Schutzmauer, und das Gefühl des Abgestorbenseins verschwindet allmählich.[41] Gleichzeitig öffnet sich der Blick für die innere Schönheit, und die verlorengegangene Selbstliebe wird wieder geweckt.[42]

Ätherisches Cistrosenöl aus der Art Cistus creticus entspricht, wie bereits angedeutet, der Bach-Blüte **Mimulus**. Personen, die diesen Typus verkörpern, sind überaus ängstlich, äußerst sensibel und reagieren überempfindlich auf äußere Reize. Hitze, Kälte, Lärm, grelles Licht oder auch Aggressionen anderer können sie nur sehr schlecht vertragen. Dazu leiden sie unter konkreten Ängsten (z. B. Angst vor Wasser, Gewittern, Einbrechern, Tieren, Schmerzen, Unfällen u. a.). In der Regel sind diese Menschen verschlossen und sprechen nicht über ihre Furcht. Im Zusammensein mit anderen lassen sich jedoch ihre damit verbundenen Schwierigkeiten nicht verbergen, so z. B., wenn sie in einen Aufzug oder in ein Flugzeug steigen sollen. Es fällt auch auf, wenn sie aus einer Menschenmenge regelrecht flüchten oder sich beim Arzt mehr oder weniger mit Händen und Füßen gegen eine Spritze wehren.

Oft genug müssen andere auf ihre Empfindlichkeiten und Befürchtungen Rücksicht nehmen und werden auf diese Weise regelrecht tyrannisiert. Dies geschieht jedoch völlig unabsichtlich. Die Betroffenen handeln aus einem inneren Leidensdruck heraus, der keine andere Möglichkeit zuläßt.

Clementine

Citrus clementina Monreal

Die Clementine ist eine Zitrusfrucht, die in Aussehen und Geschmack der wesentlich bekannteren Mandarine ähnelt. Das ätherische Öl wird durch Auspressen der Fruchtschalen gewonnen. Es ist goldgelb und besitzt einen warmen, süßen, fruchtig-frischen Geruch mit einem leicht bitteren Touch. Wie alle Zitrusöle sollte es bei längerer Aufbewahrung kühl gelagert werden.

Clementinenöl wird in der Aromatherapie kaum verwendet und ist auch in der einschlägigen Literatur nur spärlich beschrieben. Körperliche Indikationen werden überhaupt nicht genannt. Da es die gleiche Wirkung wie das ähnlich riechende und sehr beliebte Mandarinenöl besitzen soll,[43] werde ich analog auf die von diesem bekannten Eigenschaften zurückgreifen.

Es gilt als typisches Kindermittel und wird in Frankreich zur Behandlung von Bauchweh, Aufstoßen und Schluckauf in Form von Massageöl eingesetzt, das in kreisenden Bewegungen im Uhrzeigersinn sanft in den Bauch einmassiert wird.[44] Es soll entspannend und krampflösend auf die Muskulatur wirken und gleichzeitig einen positiven Einfluß auf die Verdauung ausüben. Dabei sollen Magen und Leber in ihrer Funktion angeregt und die Darmtätigkeit harmonisiert werden. Einreibungen werden bei Schmerzen während der Menstruation und in der Schwangerschaft empfohlen, wobei diese Behandlung gleichzeitig gegen Schwangerschaftsstreifen vorbeugen soll. Allerdings wird in diesem Zusammenhang vor einer möglichen Zitrus-Allergie gewarnt, die auch beim Clementinenöl gegeben ist. Eine vorherige Allergieprobe mit einem Tropfen unverdünntem Öl in der Armbeuge ist aus diesem Grunde anzuraten.[45] Zu beachten ist auch die haut- und schleimhautreizende sowie die photosensibilisierende Wirkung, die alle Zitrusöle besitzen. Diese sollten deshalb bei äußerlicher Anwendung vorsichtig dosiert und keinesfalls pur auf die Haut aufgetragen werden, da es bei empfindlicher Haut sonst zu Reizungen oder unangenehmen Flecken infolge ungleichen Bräunens kommen kann.

Vom Mandarinenöl ist ferner bekannt, daß es belebend, aufmunternd, heiter stimmend und harmonisierend wirkt. Es wird eingesetzt bei nervlicher Anspannung, Übererregung, leichter Ermüdbarkeit, nervösen Erschöpfungszuständen, Lustlosigkeit und depressiven Verstimmungen.

Das Clementinenöl selbst bezeichnet Susanne Fischer-Rizzi als einen «Duft, der uns beschwingt und erheitert, der einen kindlichen, heiteren Charakter unterstreicht.» Es soll stark ausgleichend wirken und sich besonders für Menschen eignen, «die zuviel grübeln und alles zu ernst nehmen.»[46] Es soll außerdem Vorsichtige dazu verleiten, ein bißchen Leichtsinn zu schnuppern.[47]

Für die Aromalampe und zur Herstellung von Parfüm, insbesondere Kinderparfüm, fruchtigen Badezusätzen oder Massageöl ist es bestens geeignet. Es läßt sich aber auch zum Aromatisieren von Gebäck, Süßspeisen, Limonaden und Eis benutzen. Da die Clementinenschalen jedoch hohe Konzentrationen von Spritzmittelrückständen enthalten können, die sich auch in der Essenz wiederfinden, sollten für diese Zwecke nur Produkte aus biologischem Anbau verwendet werden.

Der etwas aufdringliche Duft des Clementinenöls paßt für **Heather**-Typen*, die stets im Mittelpunkt stehen wollen und ständig Publikum brauchen. In ihrem übertriebenen Mitteilungsbedürfnis erzählen sie jedem, der ihnen gerade über den Weg läuft, was sie im Augenblick beschäftigt. Dabei handelt es sich vielfach um völlig belanglose Dinge, die eigentlich niemanden interessieren. Mit unaufhörlichem Redeschwall überschütten sie den anderen förmlich mit Worten und lassen ihn selbst überhaupt nicht zu Wort kommen. Versucht dieser, sich höflich zu verabschieden, um der Zudringlichkeit zu entfliehen, halten sie ihn oft noch am Ärmel fest und bedeuten ihm, auszuharren, da sie mit ihrer Schilderung längst nicht zu Ende seien. Ihre Gespräche kreisen fast ausschließlich um die eigene Person, wobei Krankheiten und Beschwerden aller Art bis hin zu Bagatellsymptomen ihr Lieblingsthema darstellen. In hypochondrischer Manier beobachten sie ihren eigenen Körper ununterbrochen und registrieren jede noch so kleine Veränderung, die sie anderen sofort mitteilen müssen. Ihr Hang zur Übertreibung und ihr Selbstmitleid scheinen keine Grenzen zu kennen. Werden sie dann tatsächlich einmal krank, sind sie äußerst wehleidig und verlangen sehr viel äußere Zuwendung.

---

* Mandarinenöl besitzt zwar laut einschlägiger Literatur dieselben Eigenschaften wie das Clementinenöl, es zeigt jedoch auf Heather-Zonen kaum eine Wirkung.

Eukalyptus

Eucalyptus citriodora

Zur Familie der Eukalyptusbäume gehören die höchsten Laubbäume der Erde. Einige der über 600 Arten erreichen stolze 150 Meter. Da diese Riesenbäume außergewöhnlich schnell wachsen (4 – 6 m pro Jahr), verbrauchen sie auch sehr viel Wasser. Aufgrund dieser Eigenschaft werden sie oft gezielt zur Entwässerung von Sümpfen in Malariagebieten gepflanzt.
Ihre ursprüngliche Heimat ist Australien. Mittlerweile werden sie auch im Mittelmeerraum kultiviert, wo inzwischen etwa 50 verschiedene Eukalyptus-Arten gedeihen. Zur Herstellung des ätherischen Eukalyptusöls werden hauptsächlich die Blätter der Art Eucalyptus globulus verwendet. Dieses besitzt den typischen Eukalyptusduft, der aufgrund seiner häufigen Verwendung in Erkältungsmitteln sofort die Assoziation zu Husten, Schnupfen und Heiserkeit weckt.
Das der Bach-Blüte Clematis entsprechende Öl aus der Art Eucalyptus citriodora riecht wesentlich lieblicher und hat einen leicht süßlichen Unterton. Es erinnert eher an Citronella als an den strengen medizinischen Geruch des allgemein bekannten Eukalyptus. Seine Wirkung wird der des Öls aus Eucalyptus globulus mit Ausnahme des bakteriziden Effekts, der bei ihm aufgrund des hohen Gehalts an Citronellal stärker ausgeprägt ist, gleichgesetzt.[48] In der einschlägigen Literatur wird meist nur das populäre Öl aus Eucalyptus globulus beschrieben, obwohl die angegebenen Indikationen auch für die andere Sorte gelten. Meine Ausführungen beziehen sich daher auf beide Essenzen.

Eukalyptusöl aus Eucalyptus globulus ist eines der bekanntesten und am meisten verwendeten ätherischen Öle. Als Hauptbestandteil von Hustenbonbons, Inhalations- und Einreibemitteln ist es in fast jeder Hausapotheke zu finden. Aufgrund seiner stark keimtötenden, schleimlösenden, auswurffördernden, fiebersenkenden, blutreinigenden, schmerzstillenden und krampflösenden Wirkung wird es bei Husten, Schnupfen, Heiserkeit, Infektionen der Atemwege, Stirnhöhlenentzündungen, Bronchitis und sogar bei Asthma angewandt. Bei beginnenden grippalen Infekten leistet es oft als Erkältungsbad gute Dienste. Auch Einreibungen bei Muskel- und Nervenschmerzen und bei rheumatischen Beschwerden sind üblich. Schlecht heilende Wunden werden gelegentlich mittels Waschungen und Kompressen behandelt. Bei Infektionen der ableitenden Harnwege, Verdauungsstörungen, Durchfall, Kopfschmerzen und Migräne wird Eukalyptusöl teilweise auch zur inneren Einnahme empfohlen. Aus den bereits erwähnten Gründen kann ich diese nicht empfehlen. Wer trotzdem nicht auf die innerliche Anwendung verzichten will, sollte auf den harmlosen Tee ausweichen.

Eukalyptus besitzt eine stark belebende Wirkung auf die psychische Verfassung. Es hilft bei Antriebslosigkeit, Trägheit, Lustlosigkeit bei geistiger Arbeit,[49] Konzentrationsstörungen und unterstützt das logische Denken.[50] «Wenn die Seele von starken Nebeln umgeben ist, der Mensch keinen klaren Gedanken mehr fassen kann und das Gefühl entsteht, vom Ganzen abgetrennt zu sein, schenkt Eukalyptusöl klare Sicht und das Erkennen der Zusammenhänge und Lebensgesetze.»[51] Es regt müde und gleichgültige Personen an und besänftigt überhitzte Gemüter. Zur Verdunstung in Büroräumen und im Arbeitszimmer ist es deshalb ideal geeignet. Außerdem desinfiziert es gleichzeitig die Raumluft und vertreibt lästige Insekten.

Der aufmunternde Duft des Eucalyptus-citriodora-Öls paßt, wie bereits erwähnt, für den **Clematis**-Typ, der sich lieber seinen Tagträumen widmet, als sich mit der Realität auseinanderzusetzen. Er ist häufig geistig abwesend und scheint von seiner Umgebung wenig Notiz zu nehmen. Sein Gesicht ist oft blaß und ausdruckslos, seine Hände und Füße meist kalt. Er wirkt verschlafen und scheint nicht ganz da zu sein. Bei Unterhaltungen hört er zu, «ohne wirklich hinzuhören, sieht die Menschen und Dinge an, ohne sie tatsächlich wahrzunehmen, und vergißt sogleich, was um ihn herum gesprochen wird.[52]» Seine Antriebslosigkeit und Konzentrationsschwäche lähmen ihn in seiner Arbeit. Dies scheint ihn jedoch aufgrund seines generellen Desinteresses am Leben überhaupt kaum zu stören. Er würde lieber im Bett bleiben und träumen.

Galbanum

Ferula galbaniflua

Galbanum ist eine Fenchelart, die im gesamten vorderen Orient, vor allem aber in Persien vorkommt. Das aus der angeschnittenen Wurzel austretende Harz zählte im Altertum zu den wichtigsten Räucherharzen und wird im Alten Testament, auf ägyptischen Papyri und in den Schriften von Plinius und Virgil erwähnt. Verwendet wurde es nicht nur zu religiös-rituellen Zwecken, sondern auch medizinisch. Nach den Berichten von Dioscurides und anderen frühen medizinischen Autoren galt es als schmerzstillend, krampflösend, harntreibend und menstruationsfördernd.[53]

Ätherisches Galbanumöl wird durch Destillation aus dem Harz gewonnen. Es ist dünnflüssig, meist farblos und besitzt einen intensiven, balsamisch-würzigen Geruch, der an Waldboden erinnert. In der Kosmetikindustrie ist es eines der wichtigsten Fixierungsmittel für Parfüms. Dagegen findet es in der Aromatherapie kaum Verwendung, obwohl es bei einigen chronischen Krankheiten, insbesondere bei Rheuma, hervorragende Wirkungen zeigt. In Form von heißen Kompressen angewandt, verschafft es hier bei hartnäckigen Schmerzen große Erleichterung.[54] Kalte Kompressen oder Waschungen erweisen sich bei Hautinfektionen, langsam heilenden Entzündungen, Akne, Abszessen, Furunkeln und schlecht heilenden Geschwüren als nützlich. Einreibungen im Solarplexus-Bereich wirken krampflösend auf Magen- und Darmtrakt sowie Leber und Gallenblase.[55] Äußerliche Anwendungen auf dem Unterbauch wirken menstruationsfördernd und sollen auch bei Schmerzen im

Zusammenhang mit der Menstruation hilfreich sein. Aufgrund seines positiven Einflusses auf die weiblichen Unterleibsorgane wurde das Harz früher auch «Mutterharz» genannt.

Seelisch besitzt Galbanum eine sehr tiefgehende Wirkung. Es entspannt, entkrampft, beruhigt und gleicht bei Ärger, Reizbarkeit, Anspannung, Hysterie und Paranoia aus.[56] Es «läßt uns zu unseren eigenen Wurzeln hinabsinken, erdet, stabilisiert»[57] und vermag seelische Verhärtungen aufzuweichen und tief Verborgenes zu lösen.[58]

Galbanum kann Personen im **Willow**-Zustand helfen, das erlebte Unglück innerlich loszulassen und denjenigen zu verzeihen, von denen sie glauben, sie hätten ihr Leid verursacht. Sie fühlen sich von anderen oder gar vom Leben selbst ungerecht behandelt und gefallen sich in der Rolle des Opfers. Für ihr eigenes Pech finden sie stets einen Schuldigen, den sie dafür verantwortlich machen können. Sie sind verbittert, mißtrauisch, nachtragend und egoistisch und mißgönnen anderen ihr Glück oder ihre Gesundheit. Ihr Denken kreist ständig um die Frage: «Warum gerade ich?» Aus der Überzeugung heraus, vom Schicksal grundsätzlich benachteiligt zu sein, fordern sie unentwegt von anderen, ohne bereit zu sein, auch zu geben. Hilfe nehmen sie als vollkommen selbstverständlich an, sind jedoch zu keiner Gegenleistung bereit, ja, sie kennen nicht einmal Dankbarkeit. In Haß und Bitterkeit ziehen sie sich innerlich vom Leben zurück und sind unfähig zu genießen, da sie in allem nur Negatives sehen. Anstatt sich mit ihrer Umgebung und ihrem Schicksal auseinanderzusetzen, fressen sie ihre Wut in sich hinein und zerstören sich damit selbst.

Geranium

Pelargonium graveolens

Geranium ist eine Sammelbezeichnung für etwa 700 Pelargonienarten, die größtenteils durch Kreuzung entstanden sind. Die in der Aromatherapie verwendete Sorte ist nicht mit einer der bei uns wildwachsenden Arten identisch, auch nicht mit der gemeinhin bekannten «Geranie», die als Zierpflanze häufig die Balkonkästen schmückt. Die Duftgeranie gedeiht in Algerien, Südafrika, Südfrankreich, auf Guinea, Madagaskar und der nahegelegenen Insel Réunion. Die von dort stammende Essenz wird «Geranium Bourbon» genannt und gilt als besonders hochwertig. Das ätherische Öl wird aus den Blättern und Blüten destilliert und verfügt über einen lieblichen, honigsüßen, rosenähnlichen Geruch, der von Insekten außergewöhnlich gemieden wird. Die Rosengeranie, eine Pelargonienart, deren Duft dem der Rose noch näher kommt, wird oft benutzt, um das erheblich teurere Rosenöl zu strecken.[59]

Geraniumöl besitzt allgemein stärkende, blutstillende, zusammenziehende, wundheilende und schwach antiseptische Eigenschaften. Es wird in der Aromatherapie zur äußerlichen Behandlung von Wunden, leichten Verbrennungen, Geschwüren, trockenen Ekzemen, Flechten, Entzündungen der Mundschleimhaut und der Zunge sowie bei Aphten eingesetzt. Aufgrund seiner schmerzstillenden Wirkung verwendet man es auch bei Gesichtsneuralgien, Kreuzschmerzen und Gürtelrose. Als Massageöl oder -creme wirkt es entwässernd und beseitigt Flüssigkeitsansammlungen im Körper, z. B. bei geschwollenen Gelenken, Cellulitis und Schwellungen der Brüste. Ferner gleicht es hormonelle Schwankungen aus und hilft bei Spannungszuständen vor der Menstruation und bei Wechseljahrsbeschwerden. Günstig erweist sich hierbei eine regelmäßige Einreibung des Unterleibsbereichs, der Kreuzbeinzone und der Innenseite der Oberschenkel.

Geraniumöl eignet sich hervorragend zur Hautpflege. Es normalisiert die Talgabsonderung und hilft sowohl bei zu trockener als auch zu fetter Haut.[60] Desweiteren läßt es sich zur Behandlung von unreiner, entzündeter, gereizter und alternder Haut einsetzen. Es regt die Zellerneuerung an und soll – kurmäßig angewandt – sogar hautverjüngend wirken.

Als Balsam für überbeanspruchte Nerven wirkt Geranium beruhigend und ausgleichend. Es verringert die psychische Anspannung und löst auf sehr sanfte Art seelische Verhärtungen. Als Massageöl oder Badezusatz wirkt es besänftigend, öffnend und sinnlich anregend. In der Aromalampe vertreibt es «schlechte Gedanken und unfreundliche Stimmungen und öffnet die Augen für die schönen Seiten des Lebens.»[61] Es ist ein Duft, der einlädt zum Entspannen, Wohlfühlen und Verwöhnen.[62] Er verscheucht depressive Gefühle und feindselige Gedanken, stimmt kontaktfreudig, erleichtert die Hinwendung zum «Du»[63] und ist zur Schaffung einer harmonischen Atmosphäre und Vermeidung von Kommunikationsproblemen in Büros und bei Geschäftsbesprechungen bestens zu empfehlen.[64] Allerdings fühlt sich nicht jeder dadurch entspannt und angenehm angeregt. Manche drehen regelrecht auf, schlafen abends schlecht ein oder sind plötzlich so beschäftigt, daß sie nicht mehr ins Bett wollen. Deswegen sollte diese Essenz gegen Abend und in den Schlafräumen vorsichtshalber nicht verdampft werden.

Geranium ist das Pendant zur Bach-Blüte **White Chestnut**. Sie paßt für Personen, die nicht abschalten können und so zu Gefangenen ihrer eigenen Gedanken[65] werden, die unaufhörlich in ihrem Kopf kreisen und sich ständig wiederholen, ähnlich einer Schallplatte, bei der die Nadel hängengeblieben ist. Ihr Denken hat sich völlig verselbständigt und ist selbst mit der größten Anstrengung nicht mehr unter Kontrolle zu bringen. Häufig wälzen die Betroffenen sinnlos Probleme, ohne zu einer Lösung zu gelangen, oder führen endlose innere Dialoge. Manchmal fangen sie irgendwo eine Melodie auf, die sich in ihrem Kopf verselbständigt und sie tagelang verfolgt. Abends liegen sie oft lange schlaflos im Bett, da es ihnen nicht gelingt, gedanklich zur Ruhe zu kommen. Edward Bach schreibt über diesen beklagenswerten Zustand: «Wenn diese unerwünschten, unangenehmen Gedanken da sind, nehmen sie einem den Frieden und machen es unmöglich, nur an die Arbeit, die Freude oder das Vergnügen des Tages zu denken.»[66]

Ätherisches Öl aus Pelargonium graveolens kann als begleitende Maßnahme eine Bach-Blütentherapie hervorragend ergänzen und sogar voranbringen, wenn der Patient aufgrund des oben beschriebenen Denkzwangs unter nervösen Spannungszuständen leidet. Es vermittelt mit seinem lieblichen Duft Entspannung und körperliches Wohlgefühl. Die zur Herstellung von Geraniumöl häufig verwendete Art Pelargonium odorantissimum steht jedoch in keiner Beziehung zur Bach-Blüte White Chestnut.

Grapefruit

Citrus paradisi, Citrus decumana

Grapefruitöl wird aus den Schalen der beliebten Zitrusfrucht ausgepreßt. Es besitzt einen besonders spritzigen, fruchtig-frischen Duft mit einem leicht bitteren Touch. In der Aromatherapie ist es relativ neu und wird in der Literatur kaum erwähnt. Es soll jedoch nahezu die gleichen Wirkungen wie das ähnlich riechende und ebenfalls sehr junge Öl der Pampelmuse (Citrus maxima) besitzen, über das mittlerweile etwas mehr bekannt ist. In Ermangelung von detaillierten Grapefruit-Indikationen werde ich im folgenden auch auf dieses Bezug nehmen.

Grapefruitöl wirkt antibakteriell und eignet sich daher zur Behandlung von Hautstörungen.[67] Beim Pampelmusenöl werden zusätzlich durchblutungsfördernde, blutreinigende, lymphflußanregende und hautstraffende Eigenschaften beschrieben. Es wird zur allgemeinen Hautpflege und Behandlung von fettiger, unreiner Haut, fettigen Haaren und Cellulitis empfohlen. Sowohl Grapefruit- als auch Pampelmusenöl lassen sich Duschgels, Duftbädern, Körperölen und Parfüms zusetzen, um diesen eine erfrischende Note zu verleihen. Wegen ihrer haut- und schleimhautreizenden und mitunter auch allergisierenden Wirkung sollten diese Essenzen dabei jedoch sehr vorsichtig dosiert werden. Die Verwendung grapefruit- oder pampelmusenölhaltiger Massageöle unmittelbar vor dem Sonnenbaden ist nicht zu empfehlen, da – wie bei allen Zitrusölen – eine Photosensibilisierung möglich ist.

Daneben sollen beide Öle den Appetit anregen und bei Gallenschwäche hilfreich sein. Aus den bereits erwähnten Gründen ist statt der innerlichen Einnahme der hochkonzentrierten Essenz die äußerliche Anwendung im Oberbauchbereich oder der Genuß des Fruchtsaftes anzuraten.

An seelischen Indikationen werden beim Grapefruitöl Depressionen, negative Stimmung und Angst angeführt. Pampelmusenöl wird als stimmungsaufhellend, erfrischend und stärkend beschrieben. Es soll lebensbejahend und euphorisch stimmen[68] und bei Müdigkeit, Erschöpfung, Niedergeschlagenheit, Kummer, Pessimismus und Lethargie sehr wirksam sein. Bei einem Gefühl der Schwere und Unbeweglichkeit regt es an, «wieder in Kontakt mit der eigenen Lebensfreude zu kommen. Es hilft uns dabei, uns wieder leichter, beschwingter zu fühlen und läßt uns erneut Mut, ja sogar Über-mut spüren.»[69]

Der aufmunternde Duft der Grapefruit hilft Personen im **Wild-Rose**-Zustand, ihre Resignation zu überwinden und sich den Widerwärtigkeiten des Lebens zu stellen. Diese Menschen haben – meist aufgrund äußerer Schwierigkeiten oder infolge von Schicksalsschlägen – innerlich kapituliert und unternehmen keinerlei Anstrengung mehr, an ihrer Situation noch irgend etwas zu ändern, da ihnen ohnehin alles sinnlos erscheint. Ohne jeden Antrieb lassen sie sich völlig treiben und fügen sich fatalistisch in ihr Schicksal.

Oft ist dieser Zustand chronisch und den Betroffenen gar

nicht bewußt, da sie ihn inzwischen für normal halten. Sie zeigen wenig Initiative, sind für nichts zu begeistern, reagieren auf vieles gleichgültig und finden sich mit allem ab, was auf sie zukommt. Ihr Leben verläuft ziemlich gleichförmig, ohne Höhen und Tiefen.

Abschließend möchte ich noch darauf hinweisen, daß das bereits erwähnte Pampelmusenöl nicht die Entsprechung der Bach-Blüte Wild Rose ist, auch wenn es relativ ähnlich duftet und wirkt. Auf den entsprechenden Bach-Blüten Hautzonen zeigt es nicht dieselben Resultate wie Grapefruitöl.

Hyazinthe

Hyacinthus orientalis

Die Blüten der ursprünglich aus dem Orient stammenden, mittlerweile in Mitteleuropa kultivierten Hyazinthe liefern eine der kostbarsten Essenzen. Für die Herstellung von 1 kg ätherischen Öls sind 5000 kg frische Blüten erforderlich.

Der schwere, süße, sinnenbetörende Duft wirkt entspannend, beruhigend, fast sogar narkotisierend. Er «stimmt sinnlich, macht weich und empfänglich für alle erdenklichen Sinneseindrücke.»[70] Die Verwendung des Öls als Zugabe zu aphrodisischen Körper- und Badeölen ist daher verständlich. Da es hochkonzentriert ist, genügen hierzu bereits geringe Mengen (z. B. 2–4 Tropfen für 100 ml Massageöl). Vor der Anwendung in der Aromalampe kann es noch mit Jojobaöl verdünnt werden.

In der Aromatherapie findet Hyazinthenöl bislang nur sehr wenig Beachtung und wird in der Fachliteratur meist überhaupt nicht erwähnt, obwohl es oft eine große Hilfe bei Nervosität, Abgespanntheit und Depressionen sein kann. Ich selbst halte es für eines der besten ätherischen Öle zum Lösen körperlicher Verkrampfungen, insbesondere bei verhärmten Personen, die ihre Gefühle vernachlässigen oder gar verdrängen. Michael Kraus empfiehlt Hyazinthenöl «für alle Menschen, die sich zu wenig gönnen, die seelisch verkümmern und immer zu kurz kommen.»[71] Er betrachtet diese Essenz als «eine Einladung zum Sinnengenuß, zu Fülle und Reichtum»[72] mit der Botschaft: «Gib dich hin, laß dich verführen.»[73]

Der betörende Duft der Hyazinthe kann **Rock-Water**-Typen helfen, sich aus ihrem inneren Gefängnis zu befreien, in das sie sich durch ihr krampfhaftes Festhalten an allzu starren Prinzipien und enggefaßten Moralvorstellungen selbst eingemauert haben. In dem Bestreben, bestimmte Ideale zu verwirklichen und dabei anderen ein Vorbild zu sein, unterwerfen sie ihr Leben festen Regeln, die sie konsequent einhalten. Das Spektrum reicht von Diätvorschriften, strengem Antialkoholismus oder Vegetarismus bis hin zu religiösem Sektierertum. Vielfach sind es auch nur völlig überzogene Interpretationen allgemeiner Prinzipien wie Gerechtigkeit, Nächstenliebe, Arbeitsmoral, religiöser Ethik oder Sexualmoral.

Um ihren Prinzipien treu zu bleiben, müssen sie sich vieles versagen, was sich nicht mit ihren eisernen Grundsätzen vereinbaren läßt. Die ständige Unterdrückung des Lustprinzips führt jedoch auf Dauer zu einer starken Kopflastigkeit und einem Zustand emotionaler Erstarrung, der gekennzeichnet ist durch die Unfähigkeit, wirklich tiefe Freude zu empfinden. Tägliche Ganzkörpermassagen mit Hyazinthen-Massageöl, liebevoll von ihrem Partner durchgeführt, und zweimal wöchentlich ein Hyazinthen-Duftbad helfen ihnen, sich ihres Körpers auf sinnliche Weise bewußt zu werden.

Immortelle

Helichrysum italicum var. serotinum

Diese angenehm würzige Essenz mit ihrem unverwechselbaren, leicht süßlichen Touch stammt von einer sonnenhungrigen, ansonsten völlig anspruchslosen Pflanze, die auf unwirtlichem Gelände im gesamten Mittelmeerraum gedeiht. Sie wird dort sehr gerne für Kränze oder Trockensträuße verwendet, da ihre goldgelben, kugelförmigen Blüten beim Trocknen nichts von ihrer Schönheit verlieren. Dieser Eigenschaft verdankt sie auch ihren Namen: Immortelle – die «Unsterbliche».[74] Daneben ist sie auch unter der Bezeichnung Italienische Strohblume oder Sonnengold bekannt. Zur Herstellung der Essenz wird die ganze Pflanze verwendet.

Immortellenöl wird vorwiegend als Massageöl angewandt. Es regt sehr stark den Lymphfluß an, fördert die Ausscheidung von Schlacken und verstärkt so die Entgiftung des Körpers. Des weiteren wirkt es krampflösend, verdauungsfördernd, schleimlösend, antiviral und antibakteriell. Stirnhöhlenentzündungen, Husten, Bronchitis, Störungen der Bauchorgane und Menstruationsbeschwerden werden in der einschlägigen Literatur als Indikationen für Einreibungen der betroffenen Körperpartien angegeben. Aufgrund seiner blutreinigenden Wirkung eignet sich Immortellenöl auch zur Therapie chronischer Hautausschläge und Ekzeme, selbst dann, wenn sie allergisch bedingt sind. Es wirkt entzündungshemmend, beruhigend und juckreizstillend. Bei leichten Verbrennungen und Sonnenbrand verschafft es sehr schnell Linderung, weswegen es oft auch vorbeugend als Sonnenschutzmittel verwendet wird. In der Kosmetik läßt es sich zur Pflege unreiner, entzündeter Haut und zur Behandlung von Akne einsetzen. Es macht außerdem die Haut sanft und geschmeidig.[75]

Immortellenöl wirkt psychisch sehr stark in die Tiefe, weshalb besonders vorsichtige Aromatherapeuten Anfängern davon abraten, es in der Aromalampe anzuwenden. Als «Schwellenöl» hilft es, «veränderte Situationen eher zu akzeptieren und mit Ernsthaftigkeit und Gewissenhaftigkeit durchzustehen.»[76] Es paßt für «Menschen, die in den Wolken schweben und zu wenig Kontakt zur Erde, zu ihren Wurzeln haben.»[77] Statt sich der Realität zu stellen und die anstehenden Probleme anzugehen, leben sie mehr in ihren Gedanken. Da sie keinen Boden unter den Füßen haben, leiden sie oft auch unter kalten Füßen. Die Immortelle erdet und lenkt den Blick nach innen. «Sie begleitet uns auf dem Weg dorthin, wo wir mit inneren Realitäten konfrontiert werden, denen wir häufig gerne ausweichen möchten. Sie hilft uns, Tore zu durchschreiten, die uns zu tieferen Schichten unserer Seele gelangen lassen.»[78] Immortelle vermittelt ein Gefühl der Wärme, in dem sich emotionale Kälte und Einsamkeit allmählich auflösen und einem konzentrierten Gewahrsein im Hier und Jetzt weichen.

Immortelle paßt für Personen im **Honeysuckle**-Zustand, die in ihren Gedanken und Gefühlen mehr in der Vergangenheit leben als in der Gegenwart. Sie schwelgen häufig in Erinnerungen und sprechen immer wieder von der «guten alten Zeit», in der ihrer Ansicht nach alles viel besser und schöner war als heute. Da ihnen die gegenwärtige Realität scheinbar nicht viel zu bieten hat, flüchten sie in die vermeintlich heile Welt von früher und glauben, nie wieder so glücklich werden zu können wie damals. Deshalb geben sie sich auch kaum Mühe, ihre jetzige Situation in irgendeiner Weise zu verbessern. Bei ihrer Arbeit sind sie aufgrund der ständig abschweifenden Gedanken häufig unkonzentriert, hängen lieber in ihren Tagträumen ihren Lieblingserlebnissen nach und stellen sich vor, wie die Geschichte hätte weitergehen können, wenn...

Es gibt jedoch auch einige wenige Fälle, in denen das wehmütige Gefühl scheinbar isoliert auftritt und nicht mit konkreten Erinnerungen verknüpft ist. Die Betroffenen berichten lediglich von einer überwältigenden Sehnsucht, die sie aber nicht näher definieren können. Sie wissen nicht, wonach sie sich sehnen, doch scheint sie dieses Gefühl innerlich fast zu verzehren. Ihr

Leben kommt ihnen öde und leer vor, und sie fühlen tief in ihrer Seele, daß irgend etwas fehlt, doch sie können nicht angeben, was es ist. Indes gibt es Hinweise, daß sich dieses unbestimmte Sehnen auf reale Ereignisse bezieht, die der Betroffene in der Vergangenheit tatsächlich erlebt hat. Er kann sich jedoch nicht mehr daran erinnern, weil diese in der frühesten Kindheit oder *davor* stattgefunden haben. Hier existiert meiner Ansicht nach ein direkter Zusammenhang mit der Reinkarnation*. Allerdings ist Honeysuckle in diesen undurchsichtigen Fällen sehr leicht mit Wild Oat, Clematis oder Mustard zu verwechseln. Die genaue Diagnose ist in der Regel nur durch versuchsweise Einnahme zu stellen, es sei denn, in einer der diesen Blüten zugeordneten Hautzonen bestehen massive körperliche Beschwerden**.

Interessant ist in diesem Zusammenhang die Beobachtung von Beate Rieder und Fred Wollner, nach der das Pendant zu Honeysuckle – Immortelle – an sehr viele Angst- und Todeserlebnisse heranführen kann.[79] Die obige Deutung wäre hierfür eine einleuchtende Erklärung.

Ingwer

Zingiber officinale

Die Ingwerstaude ist eine in China, Indien und Java beheimatete Gewürzpflanze, deren kartoffelähnliche Wurzelknollen seit Jahrtausenden zu Heilzwecken verwendet werden. In der traditionellen chinesischen Medizin gilt Ingwer wegen seiner stärkenden und erwärmenden Eigenschaften als Yang-Spender und wird bei Erkrankungen eingesetzt, die durch Feuchtigkeit und Kälte entstanden sind, wie z. B. Katarrh, Erkältung, Grippe, Rheuma, bestimmte Formen von Kopfschmerzen und Muskel-

---

* Vgl. *Neue Therapien mit Bach-Blüten 1*, S. 101
** Vgl. *Neue Therapien mit Bach-Blüten 2*, S. 67

verspannungen.⁸⁰ Im altindischen Ayurveda wird Ingwer einer speziellen Kategorie von Heildrogen der scharfen Geschmacksrichtung zugeordnet, die Pitta (inneres Feuer) vermehren und somit die Funktion der Verbrennung, Verdauung und Reinigung anregen.⁸¹ Da er u. a. die Bekömmlichkeit von Speisen erhöht, findet er in der indischen Küche als Gewürz reichlich Verwendung. Er dient dort auch zum Verfeinern von Schwarztee und ist Bestandteil des bekannten Yogi-Tees. Hier im Westen wird er vor allem als Wurstgewürz und zur Likörherstellung gebraucht, zuweilen auch zum Veredeln von Kuchen und Gebäck. Das berühmte Ginger-Ale enthält ebenfalls Ingwer.

Zur Herstellung von 1 kg ätherischem Öl sind 25 kg Wurzeln erforderlich. Dieses ist von schwach gelblich-grüner Farbe und besitzt einen besonders würzigen, leicht süßlichen Duft, der dem der frischen Knollen ähnelt. Im Gegensatz dazu hat das als Küchengewürz bekannte Ingwerpulver einen scharfen, eher stechenden Geruch.

Ingweröl wirkt stark anregend, vitalisierend und erwärmend. Es eignet sich hervorragend für Kompressen und Massagen bei rheumatischen Beschwerden und Durchblutungsstörungen und soll auch als Aphrodisiakum für Männer brauchbar sein, insbesondere als Badezusatz. Da es jedoch Haut und Schleimhäute reizen kann, sollte es sehr vorsichtig dosiert werden.

Das Öl ist außerdem antiseptisch, schleimlösend und fiebersenkend. Verdampfen in der Aromalampe schützt in der kalten Jahreszeit vor ansteckenden Krankheiten. Grippe, Erkältungen, Halsentzündungen und Hustenreiz* lassen sich mit Einreibung und Gurgellösung behandeln. Statt der in der Literatur häufig empfohlenen innerlichen Einnahme rate ich aus den bereits erörterten Gründen als Alternative zu Ingwertee, der auch bei Durchfall und verdauungs- oder menstruationsbedingten Magenkrämpfen anzuraten ist.⁸² Hierzu werden von einer frischen Wurzel sechs dünne Scheiben abgeschnitten und in einer Tasse

---

* Behandlung der Oak-Zone im oberen Brustbereich. Vgl. *Neue Therapien mit Bach-Blüten 2*, S. 197

Wasser 10 Minuten auf kleiner Flamme gekocht.[83] Ingwergewürz eignet sich meiner Erfahrung nach dazu ebenfalls, wegen seiner Schärfe ist es jedoch nicht jedermanns Geschmack. Ich selbst bereite den Tee zusammen mit Zitronensaft und Honig extrem feurig zu, so daß er im Rachen bis zur Nase hoch brennt. Diese Roßkur vertreibt Halsschmerzen im Nu. Bei akuten Problemen und zur Appetitanregung ist der Genuß von kandiertem Ingwer die einfachste Anwendungsform.*

Seine ganz besondere Stärke zeigt Ingweröl bei der Behandlung von Muskelverspannungen und seelischer Verkrampfung. Es «löst ganz massiv und direkt Erstarrungen und Verhärtungen auf. Es hilft unserer Energie, die bestehenden Blockaden zu überwinden und wieder frei zu fließen. Für alle Menschen, die allzu hart mit sich selbst und anderen umgehen, die zu diszipliniert leben.»[84]

Ingwer ist das Pendant zu **Oak**. Der Zustand, den diese Bach-Blüte verkörpert, ist gekennzeichnet durch ein übertriebenes Pflichtbewußtsein, das die Betroffenen selbst in größten Schwierigkeiten verbissen weiterkämpfen läßt. Nach außen hin erscheinen diese Menschen verantwortungsbewußt und zuverlässig, da sie sehr viel leisten, nie aufgeben und oft sogar noch die Last anderer mittragen. Daß sie sich jedoch fast ständig zuviel zumuten und dabei Raubbau an ihrer Gesundheit betreiben, scheint kaum jemand zu bemerken, da sie nie klagen und offensichtlich über eine robuste Konstitution zu verfügen scheinen. In Wirklichkeit übergehen sie sämtliche Tiefpunkte und ignorieren Müdigkeit, Kopfschmerzen und Schwächezustände. Sie weigern sich einzugestehen, daß auch ihrer Leistungsfähigkeit Grenzen gesetzt sind, und zwingen sich mit eisernem Willen zum Durchhalten. Bagatellbeschwerden unterdrücken sie konsequent. Krankheiten versuchen sie möglichst rasch zu überwinden, um ihren scheinbaren Verpflichtungen nachzukom-

---

* Bei chronischen Schwierigkeiten wegen des hohen Anteils an raffiniertem Zucker nicht zu empfehlen.

men, die längst zum Alibi für den Leistungsdruck geworden sind, unter den sie sich selbst ständig setzen. Das Opfer, das sie für diese extreme Lebens- und Arbeitsweise erbringen, ist ein mehr oder minder großer Anteil ihrer Lebensfreude; und der Preis, den sie hierfür bezahlen, ist ein hochgradiger körperlicher und seelischer Spannungs- und Verkrampfungszustand, der sich vor allem in einer brettharten Rückenmuskulatur äußert.

Jasmin

Jasminum grandiflorum

Jasminöl wird aus den Blüten des Jasminstrauches gewonnen, einer in Indien beheimateten zierlichen Kletterpflanze, die im Wildwuchs eine Höhe bis zu zehn Metern erreichen kann. Diese wird heute, zusammen mit ihrer großblütigen Abart Jasminum grandiflorum, auch in Frankreich, Marokko, Algerien, Ägypten und China angebaut. In ihrem Ursprungsland wird die Jasminpflanze «Königin der Nacht» oder auch «Mondlicht im Hain» genannt, da sie vorwiegend nachts ihren betörenden Duft verbreitet. Die Blüten müssen infolgedessen auch in der Nacht geerntet werden, wenn der Anteil der ätherischen Öle am höchsten ist. Für einen Liter Jasminöl werden etwa acht Millionen frische Blüten benötigt. Das Extraktionsverfahren ist sehr aufwendig. Dies alles macht Jasmin zu einer der kostbarsten und teuersten Essenzen überhaupt. Seine Anwendung ist dennoch erschwinglich, da das Öl hochkonzentriert ist und nur kleine Mengen erforderlich sind. Zur Parfümierung von 100 ml Massageöl genügen 2–3 Tropfen. Vor dem Verdampfen in der Aromalampe kann man es mit Jojobaöl verdünnen. Es sollte ohnehin nicht zu stark dosiert werden, da es sonst Kopfschmerzen erzeugen kann.

Das dunkelbraune, leicht rötliche Jasminöl verströmt einen schweren, honigsüßen, verführerischen Duft. Dieser wirkt anregend und ausgleichend zugleich, euphorisierend und harmonisierend. Vor allem aber erregt er die Sinne, erotisiert und fördert die sexuelle Lust. Jasmin ist eines der ältesten Aphrodisiaka und gilt in Asien als Symbol der sinnlichen Liebe schlechthin. Sein Duft fördert auf sinnliche Weise die Zuwendung zum anderen, vertreibt Ablehnung und innere Kälte und schafft Hingabe und Vertrauen. Er löst seelische Verkrampfungen, unterstützt die Bewältigung emotionaler Traumas[85], lindert Ängste, Traurigkeit und Depressionen, «stimmt leicht und beschwingt» und «gibt ein Gefühl innerer Weite.»[86]

In der Aromatherapie wird Jasminöl vorwiegend äußerlich verwendet. Als Kompresse wirkt es krampflösend und schmerzlindernd und mildert in vielen Fällen Menstruationsbeschwerden. Es hilft bei Muskelverspannungen, erleichtert Kreuzschmerzen während der Schwangerschaft und wird als Massageöl gerne bei der Geburtsvorbereitung benutzt. In dieser Anwendungsform soll es nicht nur auf den weiblichen Uterus, sondern auch auf die männlichen Geschlechtsorgane kräftigend wirken und Prostataprobleme mildern.[87] Ein weiteres Anwendungsgebiet sind Hautprobleme aufgrund emotionaler Schwierigkeiten.[88] Die Haut ist der Spiegel unserer Seele. Sie ist unsere Berührungsstelle mit der Außenwelt und zeigt, wie offen wir für eine Kommunikation mit dem, was uns umgibt, sind. Fehlt ihr die Feuchtigkeit – Wasser gilt seit Urzeiten als Sinnbild für Gefühle –, so deutet das auf emotionale Kälte und eine innere Abschottung gegenüber der Umgebung hin. Jasminöl ist feuchtigkeitsspendend und läßt sich daher zur Pflege trockener, gereizter und empfindlicher Haut einsetzen.

Der betörende Duft des Jasmins eignet sich für Personen im **Sweet-Chestnut-**Zustand, die aufgrund eines unerwarteten Schicksalsschlags, wie z. B. der Tod eines Angehörigen, beruflicher Mißerfolg, finanzieller Ruin, eine schwere Krankheit oder plötzliche Invalidität, völlig verzweifelt sind und keinen Ausweg mehr sehen. Da im Augenblick alles sinnlos zu sein scheint, verspüren sie in sich eine tiefe Leere. Sie wähnen sich ihrem Schicksal hilflos ausgeliefert und mit ihrem Schmerz vollkommen allein. Ihre Seelenqual ist so groß, daß sie ihnen unerträglich vorkommt. Ohne jede Hoffnung glauben sie sich selbst von Gott verlassen und fürchten, an ihrem Los zu zerbrechen. Sie können nicht mehr beten, sogar nicht einmal mehr weinen und «fühlen sich wie abgeschnitten von der Welt mit ihrem Licht und ihrer Wärme.»[89]

Lavendel

Lavandula stoechas

Der Lavendel ist eine der bekanntesten, vielseitigsten und ältesten Heilpflanzen der Erde. Bereits die alten Ägypter benutzten ihn zur Mumifizierung ihrer Toten. Griechen, Perser und Römer räucherten damit ihre Krankenzimmer, um diese zu reinigen. Während der Pestzeiten wurde diese Form der Desinfektion auch in Europa praktiziert. Im Mittelalter wurde Lavendel vor allem von Mönchen zu Heilzwecken verwendet und fand großes Lob, weil er «unkeusche Gelüste» vertreiben sollte.[90] Im 16. Jahrhundert kam die Destillation und damit auch die Parfümierung in Mode. Insbesondere in England wurden Toilettenwässer, Seifen und Talkumpuder vorwiegend mit Lavendelöl beduftet. Feine Damen übergossen sich förmlich mit Lavendelwasser zum Schutz vor üblen Gerüchen und Ohnmacht.[91]

Im florentinischen Kloster Santa Maria Novella wurde 1508 ein «Heilmittel» entwickelt, das nicht nur äußerlich zu kosmetischen und hygienischen Zwecken angewandt, sondern auch innerlich als «Medikament» eingenommen wurde. Im Jahre 1710 erlangte das ursprünglich als Desinfektionslösung entwickelte Duftwasser in der Kölner Glockengasse Nr. 4711 unter dem Namen *Eau de Cologne* Berühmtheit.[92] Es enthielt (und enthält auch heute noch) als Hauptduftstoff Lavendel- und Bergamotteöl.

Wilder Lavendel gedeiht in Höhen zwischen 1000 und 2000 Metern in den Bergregionen rund um das Mittelmeer, insbesondere in Südfrankreich, außerdem in Indien, Australien und den GUS-Staaten. Er erreicht eine Höhe von 30–60 cm und besitzt die bekannten «lavendelblauen» Blüten. Dieser Lavendel wird seit Jahrhunderten in England angebaut, wohin er vermutlich von den Römern gebracht worden war und denen er auch seinen Namen verdankt, der sich von lat. *lavare* (waschen) ableitet. Sie benutzten Lavendel zum Auswaschen von Wunden, setzten ihn dem Badewasser zu und legten Lavendelsträuße zwischen ihre frischgewaschenen Kleider, um diesen einen erfrischend-sauberen Duft zu verleihen und um Motten fernzuhalten.[93]

Lavendel kommt in verschiedenen Arten vor. Außer dem in der Aromatherapie bevorzugten wilden Lavendel (Lavandula officinalis, L. vera und L. angustifolia) gibt es noch den Berg- oder Speiklavendel (L. latifolia oder L. spica). Dieser spielt mit Ausnahme der Behandlung von Bronchialleiden medizinisch keine große Rolle. Lavandin (L. intermedia oder L. hybrida), eine Kreuzung aus den beiden oben genannten Arten, liefert wesentlich höhere Erträge und wird – wie der Speiklavendel – zu minderwertigem Öl verarbeitet, das vor allem in der Kosmetikindustrie zur Herstellung von Seifen und Parfüms benutzt wird. Es wird leider auch dazu mißbraucht, um «echtes» Lavendelöl zu strecken. Schopflavendel (L. stoechas), der im Altertum bekannte Urahn der heutigen Lavendelarten, findet in der Aromatherapie kaum Beachtung, ist jedoch für die in diesem Band beschriebenen Zwecke wesentlich besser geeignet als der üblicherweise verwendete wilde Lavendel.

Ätherisches Lavendelöl wird aus den Blütenrispen und frischen Stengeln von kultiviertem Lavendel gewonnen. Diese werden bei der größten Hitze geerntet, wenn ihr Ölgehalt am höchsten ist und müssen innerhalb von 48 Stunden destilliert werden. Das Öl besitzt einen erfrischenden, leicht süßlichen, blumigen Duft*, der noch heute mit «Sauberkeit» auf jeder

---

* Anmerkung: Das aus Schopflavendel hergestellte ätherische Öl hat eine etwas würzigere Note.

Ebene in Verbindung gebracht wird, eine Assoziation, die mittelalterliche Sittenstrenge und viktorianische Prüderie überdauert hat. Martin Henglein schreibt dazu: «Lavendel besitzt einen ‹moralischen› Geruch, der eine Atmosphäre von Reinheit, Frische und Abgeklärtheit entstehen läßt.»[94] Susanne Fischer-Rizzi meint gar: «Er hat etwas Unschuldiges und Unberührtes und kann Unreinheiten des Körpers als auch der Seele abwaschen.»[95] Zur «Förderung eines reinen Charakters»[96] wird er bereits von der hl. Hildegard von Bingen empfohlen.

Die körperlich reinigende Wirkung des Lavendels gilt indes als nachgewiesen. Die aus ihm gewonnene Essenz wirkt antiseptisch, pilztötend, wundreinigend und -heilend, entgiftend, harn- und schweißtreibend sowie schleimlösend. Sie eignet sich zur Behandlung von Wunden aller Art, insbesondere schlecht heilender, infizierter, eiternder und wuchernder Wunden. Neben der Anwendung in Form von Waschungen und Kompressen kann hierbei im Gegensatz zu anderen ätherischen Ölen auch die unverdünnte Essenz verwendet werden. Vor allem bei der Blutstillung und der Versorgung von Insektenstichen und -bissen ist diese Vorgehensweise zweckmäßig. Lavendelöl ist hier meist in der Lage, das eingedrungene Gift zu neutralisieren und lindert so das unangenehme Brennen in relativ kurzer Zeit. Schutz vor Insektenstichen, wie z.B. Geranium- oder Nelkenöl bietet es dagegen nicht. Es vertreibt lediglich Motten und Hundeflöhe und verjagt Katzen, die auf diesen Geruch besonders empfindlich reagieren.

Ebenfalls pur anwenden läßt sich Lavendelöl bei Fußpilz und Herpesbläschen an den Lippen. Bei Verbrennungen und Sonnenbrand verschaffen kalte Lavendelkompressen oder ein Kaltbad schnell Linderung und beschleunigen die Heilung. Heiße Kompressen und Gesichtsdampfbäder sind bei entzündlicher Akne hilfreich, indem sie die Haut reinigen, die Vermehrung der die Infektion verursachenden Bakterien hemmen und die Talgproduktion normalisieren.[97] Letztere Eigenschaft des Lavendelöls läßt sich außerdem in Haarwässern und Shampoos für fettiges Haar nutzen. Zu kosmetischen Zwecken kann man es

Cremes für unreine, empfindliche und leicht irritierte Haut beifügen.

Bei Erkältungen, Erkrankungen der Atemwege und Grippe wirken Dampfinhalationen beruhigend und reizlindernd. Kopfschmerzen bessern sich oft durch Auflegen von kalten Kompressen auf Stirn und Nacken oder durch sanfte Massage der Schläfen mit Lavendel-Massageöl. Auch bei Muskelschmerzen, Neuralgien und Verspannungen wirken derartige Einreibungen schmerzstillend. Menstruationsbeschwerden lassen sich in vielen Fällen mit Hilfe von heißen Lavendelkompressen auf den Unterbauch abmildern.

Lavendel übt auch auf das Nervensystem einen beruhigenden und entkrampfenden Einfluß aus. Er wirkt bei nervlicher und gedanklicher Anspannung lösend[98] und gilt deshalb als hervorragendes Einschlafmittel. Zu diesem Zweck wurden bereits im Mittelalter kleine Leinensäckchen mit Blüten dieser universellen Heilpflanze gefüllt und neben das Kopfkissen gelegt. Beliebt sind heute noch Lavendelbäder vor dem Einschlafen. Der entspannende Duft «hilft, verbissene Gedanken loszuwerden und kühlt den heißen Kopf. Gedanken werden freier und klarer, Entscheidungen können aus einem Gefühl der Balance gefällt werden. Die Essenz hilft, endlose, verkrampfende ‹Gedankenwürmer› abzuschalten, um endlich einzuschlafen.»[99] Ihre ausgeprägte harmonisierende Wirkung entfaltet sie vor allem bei Zuständen nervlicher Überspanntheit «bei Menschen, die unter allzu starken Gefühlen leiden und nach Ausgleich suchen.»[100] Diese besondere Eigenschaft erklärt möglicherweise auch das ungewöhnlich breite Anwendungsgebiet dieser Essenz auf körperlicher Ebene. Maggie Tisserand und Monika Jünemann erläutern diese wie folgt: «Wenn zu viel Erregung Schmerz erzeugt, nicht nur seelisch, sondern auch körperlich, dann bringt der Duft des Lavendelöls die Information ‹Entspannung!› und trägt sie in alle Bereiche.»[101]

Schopflavendel ist das Pendant zur Bach-Blüte **Crab Apple**. Diese steht für ein übertriebenes Reinheitsbedürfnis, sowohl im körperlichen Sinne als auch im seelisch-geistigen. Bei Personen, die diesen Typ verkörpern, kreist das gesamte Denken hauptsächlich um Dinge, die sie in irgendeiner Form als unrein, schmutzig oder gar abstoßend empfinden und von denen sie glauben, sich reinwaschen zu müssen. Auf der körperlichen Ebene zeigt sich dies als Ekel vor Schmutz, Bakterien, Spinnen, körperlichen Ausscheidungen, Schweiß, Hautausschlägen und Lebensmitteln, die auf sie keinen besonders frischen Eindruck mehr machen. Fremde Toiletten meiden sie, teils aus Ekel, teils aus der stetigen Angst, sich zu infizieren. Mit der Sexualität haben sie zumeist Schwierigkeiten, da sie diese als etwas Unanständiges und Schmutziges empfinden. Sie neigen dazu, sich übertrieben oft zu waschen oder zu duschen, insbesondere dann, wenn sie geschwitzt haben.

Seelisch fühlen sie sich unrein, wenn sie ihre eigenen Erwartungen nicht erfüllen können. Sie arbeiten mit fast krankhafter Pedanterie und verlieren dadurch häufig den Überblick. Ihre Gedanken kreisen dann um völlig nebensächliche Dinge, von denen sie sich regelrecht tyrannisieren lassen. Innerlich finden sie keine Ruhe, bis die Angelegenheit in Ordnung gebracht ist. Ungeklärte Situationen und Unordnung in jeder Form belasten sie schwer. Gelingt es ihnen in ihrem Perfektionszwang nicht, Probleme in der Außenwelt zu bereinigen, versuchen sie diese in endlosen inneren Dialogen wenigstens *für sich selbst* zu klären. Ihr verbissener Kampf gegen das Unreine an sich erzeugt eine extreme innere Unruhe. Daß sie sich dabei in ihrer Haut nicht wohlfühlen und manchmal am liebsten aus der Haut fahren möchten, zeigt sich äußerlich in Form von Hautjucken, Hautunreinheiten und Ekzemen.

Ätherisches Lavendelöl aus der Sorte Lavandula stoechas ist eine hervorragende Ergänzung zur Bach-Blütentherapie. Es bewirkt zwar keine seelisch-moralische Reinigung, lindert jedoch – zusammen mit Crab Apple – die belastende Empfindung, unrein zu sein. Als Zusatz zu sämtlichen Produkten, die zur körperlichen Reinigung benutzt werden, z. B. Badeölen, Duschgels, Waschlotionen und Seifen, erfüllt es genau das Bedürfnis der Konsumenten und vermittelt diesen ein Gefühl der Sicherheit, die ihnen langfristig zu einer lockereren Einstellung bezüglich Sauberkeit verhelfen kann. Aus demselben Grund ist es auch als Parfüm für diese Menschen bestens geeignet.

Lemongras

Cymbopogon flexuosus

Ätherisches Lemongrasöl wird aus den Blättern eines tropischen Süßgrases gewonnen, das ursprünglich in Indien beheimatet war. Heute wird es hauptsächlich in China, Brasilien, Sri Lanka, einigen Teilen Zentralafrikas und auf Madagaskar kultiviert. Die Pflanze wird bis zu einem Meter hoch und kann drei- bis viermal jährlich geschnitten werden. Aufgrund ihres erfrischenden, zitronenartigen Duftes heißt sie Lemon- oder Zitronengras.

In der Kosmetik findet Lemongras aufgrund seines günstigen Preises als tonisierender Bestandteil in Parfüms, Deodorants, Gesichtswässern, Seifen oder Badeölen sehr breite Verwendung. Oft dient es auch als Alternative zu teureren Ölen oder als billige Möglichkeit, diese zu «strecken».

Wegen seiner belebenden Wirkung wird es auch gerne als Badezusatz für Erfrischungsbäder verwendet. Lemongras im Duschgel gilt als Geheimtip für alle Morgenmuffel.[102] Die regelmäßige Anwendung dieses ätherischen Öls in Form von Bädern und Massageölen soll eine straffende Wirkung auf schwaches Bindegewebe haben, Lymphstaus beseitigen und Krampfadern vorbeugen.[103] In Aromafußbädern wirkt es erfrischend für müde Füße.[104] Zu beachten ist dabei, daß Lemongras bei äußerlicher Anwendung sehr vorsichtig dosiert werden muß, da bei empfindlicher Haut u. U. Reizungen auftreten können. Aus diesem Grund sollte es nie pur auf die Haut aufgetragen werden. Als Badezusatz sind nicht mehr als drei Tropfen zu empfehlen.[105]

Stirnhöhlenkatarrh und Schnupfen lassen sich hervorragend mit Lemongras-Inhalationen behandeln. Bei fieberhaften Infekten und Erkältungen kann man das Öl zusätzlich zu anderen Maßnahmen in der Aromalampe verdampfen. Kopfschmerzen bessern sich vielfach durch Einreiben von Schläfen und Stirn mit der verdünnten Essenz.[106]

Weitere Indikationen, bei denen es jedoch vorwiegend zur innerlichen Einnahme empfohlen wird, sind Verdauungsbeschwerden, Magenschmerzen, Blähungen, Darmprobleme, Blasen- und Nierenerkrankungen sowie ungenügende Milchbildung. Aus den bereits angeführten Argumenten rate ich davon ab und schlage statt dessen Einreibungen auf den entsprechenden Reflexzonen vor. Wichtiger als die Form der Anwendung ist bei den geschilderten Symptomen die genaue Diagnose der Krankheitsursache, aus der sich die Therapie letztendlich ergibt. Außerdem erscheint mir bei Schwierigkeiten mit dem Darm eine gezielte Behandlung mit Symbionten (z. B. den in bestimmten Yoghurtsorten vorkommenden Bifidus-Bakterien) wesentlich sinnvoller.

Seine belebende Wirkung entfaltet Lemongrasöl auch im emotionalen Bereich, indem es stimulierend auf die gesamte Gemütsverfassung wirkt. Es erzeugt eine optimistische Stimmung und vertreibt düstere Launen und negative Anwandlungen. Nach Michael Kraus gibt es «den Empfindungen wieder Frische und Klarheit. Verscheucht trübe Gedanken und regt zum Handeln an.» Es «gibt frischen Mut, sich aus Trägheit und Verzagtheit wieder auf das Leben einzulassen.»[107]

Bei Nervosität und Lethargie hilft das Öl ebenso wie bei geistigen Erschöpfungszuständen und Konzentrationsstörungen. Es ist deshalb bei der Arbeit am Schreibtisch ausgezeichnet geeignet zum Verdampfen in der Aromalampe. Seine Fähigkeit, bei langen Autofahrten das Konzentrationsvermögen zu erhalten, hat ihm die Bezeichnung «Autofahreröl» eingebracht. Bei kurzfristigen Ermüdungsphasen genügt es oft, einige Tropfen auf ein Taschentuch zu träufeln und vor die Nase zu halten. Nach einigen tiefen Atemzügen kann man das Taschentuch anschließend auf die Lüftung legen, damit sich der Duft im gesamten Fahrzeug verbreitet.[108]

Lemongras ist zudem stark luftreinigend und vermag unangenehme Gerüche wie Smog oder Benzingeruch zu neutralisieren. Es eignet sich auch hervorragend zur Desinfektion von Räumen und zur Beseitigung von abgestandenem Zigarettenrauch. In der Küche vertreibt es außerdem Ungeziefer. Insekten flüchten den «guten» Duft, ebenso Flöhe im Fell von Hunden.

Das aufmunternde Lemongrasöl paßt für **Gentian**-Typen, die aufgrund ihrer pessimistischen Grundeinstellung bei auftretenden Schwierigkeiten sehr leicht entmutigt und niedergeschlagen reagieren. Oft geben sie vorzeitig auf, da sie bereits von vornherein einen Mißerfolg erwartet hatten und ihnen nun jeder weitere Versuch als sinnlos erscheint. In ihrer Vorstellung ist alles düster und leer, ohne jede Aussicht auf einen Lichtstrahl an ihrem stets wolkenverhangenen Himmel. Sie bereiten sich fast ständig über irgend etwas Sorgen. Vor allem die Zukunft macht ihnen zu schaffen, da sie kein Vertrauen in ihre materiellen Existenzgrundlagen besitzen und deswegen leicht ins Grübeln kommen. Ihre absolute Gewißheit, daß mit Sicherheit irgendwelche Schwierigkeiten zu erwarten sein werden, lähmt sie in jeder ihrer Anstrengungen. Dabei scheinen sie fast völlig zu übersehen, daß ihre negative Erwartungshaltung in vielen Fällen die eigentliche Ursache ihres Mißerfolgs darstellt.

Magnolie

Magnolia glauca

Die in der Aromatherapie nahezu unbekannte Essenz wird aus den Blüten einer auf den Philippinen, Java, Sansibar und in Indien beheimateten Magnolienart hergestellt. Sie ist dunkelbraun, dickflüssig und verströmt einen gefühlvollen, weichen, betörenden Duft, der in der Parfümindustrie sehr gefragt ist. Da echtes Magnolienöl zu den teuersten Essenzen zählt, wird es meist durch synthetisch hergestelltes ersetzt.

Zu Heilungszwecken wird das kostbare Öl so gut wie nicht eingesetzt. Der spärlich verfügbaren Literatur zufolge soll es jedoch keimtötend, beruhigend, den Blutdruck und die Atemfrequenz senkend wirken und bei Nervosität, Übererregbarkeit und Herzbeschwerden indiziert sein.[109] Seine seelische Wirkung wird als entspannend, harmonisierend und aphrodisierend beschrieben. Nach Michael Kraus beschwichtigt es Ärger und Zorn und mildert Ängste und Depressionen. Emotionale Ausnahmesituationen werden dank seines sinnlichen Duftes in eine süße, berauschende Wolke eingehüllt und verlieren so ihre Intensität gemäß der Pflanzenbotschaft: «Das Leben schmeckt süß, probier' ein Stück davon!»[110]

Die Essenz ist hochkonzentriert und kann vor der Anwendung in der Aromalampe mit Jojobaöl verdünnt werden. Zur Parfümierung von 100 ml Massageöl genügen 2–4 Tropfen.

Magnolie ist das Pendant zur Bach-Blüte **Red Chestnut**. Personen, die dieser Wesensart entsprechen, leben in ständiger Angst und Sorge um andere. Sie wachen mit Argusaugen über die Gesundheit ihrer Angehörigen und registrieren mit wachsender Beunruhigung jede noch so kleine Befindensstörung. Stets das Schlimmste im Auge behaltend, treffen sie bereits bei geringfügigem Unwohlsein Vorsorgemaßnahmen, um eine möglicherweise ernste Erkrankung schon im Anfangsstadium abzuwenden. Ihre übertriebene Fürsorglichkeit, die aus ihrer pausenlosen

Angst vor dem Leiden nahestehender Menschen resultiert, hält die gesamte Familie in Atem. Bei kühlem Wetter werden die Kinder sofort dick eingepackt, damit sie sich ja keine Erkältung holen. Fährt jemand mit dem Auto weg, muß dieser später zu Hause anrufen und berichten, ob er am Ziel gesund angekommen ist. Bei längerer Abwesenheit muß er sich sogar in regelmäßigen Abständen telefonisch zurückmelden, damit sich sein überängstlicher Angehöriger nicht vergeblich Sorgen bereitet. Red-Chestnut-Typen leben im Grunde nur für andere. Da sie sich mehr um das Wohlergehen ihrer Liebsten Gedanken machen als um ihr eigenes, verkümmern mit der Zeit auch ihre eigenen Bedürfnisse.

Meerkiefer

Pinus pinaster

Diese Essenz wird aus den Zweigspitzen der in ganz Europa, Nordamerika und Nordasien vorkommenden Meerkiefer durch Wasserdampfdestillation und anschließende Reinigung gewonnen. Der in den Zweigspitzen enthaltene Harzbalsam – auch Terpentin genannt – ist eine dickflüssige Lösung aus Harz und ätherischen Ölen. Im Handel wird Meerkiefernöl auch als Pinien- oder Terpentinöl geführt. Die letztere Bezeichnung ist jedoch etwas irreführend, da sie gleichzeitig ein Sammelbegriff für alle aus dem Harzbalsam bestimmter Kieferngewächse hergestellten Essenzen ist. Beim Einkauf sollte daher stets der lateinische Name mit herangezogen werden.

Terpentin fand früher Verwendung als Lösungsmittel für Farben und Lacke, bevor es von dem wesentlich preisgünstigeren synthetischen Terpentinersatz verdrängt wurde. Die langfristige Einatmung von Terpentindämpfen führte damals häufig zu Nierenschäden, die man auch als Malerkrankheit bezeichnete. Gereinigtes Terpentinöl für medizinische Zwecke ist ungiftig und kann sogar für Inhalationen benutzt werden. Es sollte dennoch vorsichtig eingesetzt und bei äußerlicher Anwendung sparsam verwendet werden, damit nicht zuviel Öl in den Blutkreislauf gelangt.[111] Bei zu hoher Dosierung können Leber- und Nierenreizungen auftreten. Außerdem sind in seltenen Fällen allergische Reaktionen möglich.

Meerkiefernöl ist dünnflüssig und klar. Wie alle Terpentinöle besitzt es einen frischen, harzigen, balsamischen Duft, der merklich an Waldluft erinnert. Das Öl wirkt desinfizierend auf die Atemwege und den Harntrakt, durchblutungsfördernd, harntreibend, blutstillend, wundheilend, krampflösend, auswurffördernd, schleimlösend und verflüssigt die Lungensekretion. Als Inhalation ist es hilfreich bei Erkältungskrankheiten, akuter und chronischer Bronchitis sowie Lungenemphysem. In Form von Einreibungen und Massagen wirkt es lindernd bei Rheuma, Gicht, Neuralgien, Ischialgien, Hüftschmerzen, Darmkrämpfen und Blähungen. Mit Hilfe von Waschungen und Kompressen lassen sich Hauterkrankungen und Ekzeme behandeln. Äußerliche Anwendungen sollen auch bei Blasen- und Harnröhrenentzündungen hilfreich sein.

An seelischen Wirkungen ist bei dieser Essenz so gut wie nichts bekannt. Lediglich Michael Kraus merkt an, sie wirke gehirnstärkend, fördere klares Denken und belebe den Geist.[112] Aufgrund der Tatsache, daß sie die Atmung vertieft[113] ist jedoch anzunehmen, daß sie außerdem einen allgemein beruhigenden Effekt besitzt. Wie alle Terpentinöle eignet sich Meerkiefernöl hervorragend für Saunaaufgüsse. Desweiteren läßt es sich als Spray zur Raumdesinfektion einsetzen. Im Winter kann man es als Erkältungsprophylaxe in der Aromalampe verdampfen.

Meerkiefer entspricht der Bach-Blüte **Cherry Plum** und ist demnach bei Personen indiziert, die seelisch stark unter Druck stehen und befürchten, die Kontrolle über sich selbst zu verlieren und durchzudrehen. Sie haben das Gefühl, innerlich auf einem Pulverfaß zu sitzen, das jeden Moment hochgehen kann. Die Vorstellung, in einen seelischen Ausnahmezustand zu geraten, in dem sie zu allem fähig sein könnten, bringt sie an den Rand der Verzweiflung. Sie haben panische Angst davor, irgendwann einem unerklärlichen inneren Zwang nicht mehr widerstehen zu können und wider ihren eigenen Willen schreckliche Greueltaten zu begehen. So löst bei ihnen z. B. der Anblick eines Messers die Assoziation aus, einen in der Nähe stehenden Menschen damit umzubringen. Auf einem hohen Turm befällt sie die fixe Idee, hinunterzuspringen. Oft ist es nur ein plötzlicher Drang, einen anderen von der Treppe zu schubsen oder ihm sonst irgendwie – nur zum Spaß – wehzutun. Die Betroffenen versuchen mit großer Anstrengung, sämtliche Impulse aus ihrem Inneren zu unterdrücken, da diese Angst erzeugen. Dies führt zu einem extrem psychischen Spannungs- und Verkrampfungszustand, der sich in Form von Zwangshandlungen aller Art, nervösen Ticks und unkontrollierbaren Zuckungen äußern kann.

Muskatellersalbei

Salvia sclarea

Muskatellersalbei ist eine seit dem Altertum bekannte Heilpflanze, die ursprünglich im Mittelmeerraum beheimatet war, inzwischen aber auch in England, Südrußland und den arabischen Ländern kultiviert wird. Sie ähnelt unserem heimischen Wiesensalbei, wird bis zu 1,20 m hoch und besitzt hellrosa bis violette Blüten. Bereits im 1. Jahrh. n. Chr. berichtet der griechische Arzt Dioscurides von ihrer stark beruhigenden Wirkung und «daß allein schon ihr Duft schlafmachend sei».[114] Die alten Römer setzten sie ihrem Wein zu, um dessen berauschende Wirkung zu verstärken. Auch bei uns wurde sie bis zu Beginn des 20. Jahrhunderts diesem Getränk hin und wieder beigemischt, allerdings in betrügerischer Absicht, um billigem Wein das Bouquet echten Muskatellerweins zu verleihen. Die Folgen waren teilweise verheerend, da der Genuß größerer Mengen dieses Gebräus zu einer exzessiven Trunkenheit mit einem ebenso exzessiven Kater führte.[115]

Ätherisches Muskatellersalbeiöl wird aus dem blühenden Kraut destilliert. Es ist dünnflüssig, klar bis leicht gelblich und verströmt einen würzig-süßen, warmen, etwas herben Duft mit einem moschusartigen Unterton, der vermutlich seine versteckt aphrodisische Wirkung begründet. Körperlich wirkt es keimtötend, verdauungsfördernd, krampflösend, entspannend, wärmend, blutdrucksenkend und menstruationsfördernd.

Indikationen sind Heuschnupfen (1–3 Tropfen auf ein Taschentuch geben und mehrmals tief einatmen[116]), Halsentzündungen (als Gurgellösung), Asthma und Bronchitis. Inhalationen wirken hier beruhigend und lindern Bronchialkrämpfe. Insektenstiche, Hautentzündungen, Furunkel und Geschwüre kann man mittels Kompressen behandeln. Bei Verdauungsbeschwerden, Krämpfen und Koliken im Bauch sind sanfte Bauchmassagen und heiße Kompressen mit Muskatellersalbeiöl hilfreich.[117] Bei heftigen Bauchschmerzen und unklaren Symptomen sollte die Krankheitsursache jedoch zuvor durch einen Arzt oder Heilpraktiker diagnostisch abgeklärt werden. Bäder und äußerliche Anwendungen auf Unterbauch und unteren Rücken lindern Schmerzen und Bauchkrämpfe während der Menstruation und normalisieren eine zu schwache Regelblutung. Sie mildern auch Spannungskopfschmerzen und Migräne, deren Ursache in Funktionsstörungen und Verspannungen im Unterleibsbereich liegt.[118] Extremes Schwitzen im Klimakterium bessert sich oft durch kühle Abwaschungen oder Duschgel mit Muskatellersalbei. Auch sexuelle Störungen und Unlust lassen sich mit dieser Essenz hervorragend behandeln, da sie nicht nur aphrodisierend wirkt, sondern auch psychisch stabilisierend und hormonell regulierend.[119] Während der Schwangerschaft und bei Krebserkrankungen sollte das Öl jedoch wegen der starken hormonellen Wirkung (es soll die Ausschüttung von Östrogen anregen[120]) sicherheitshalber nicht angewandt werden.

Aufgrund seiner anregenden, regenerierenden und zellerneuernden Wirkung läßt sich das Öl auch für kosmetische Zwecke verwenden. Es eignet sich vor allem zur Herstellung von Cremes für entzündete, alternde, besonders trockene oder ausgesprochen fettige Haut. Außerdem belebt es die Kopfhaut, fördert die Abschuppung, bremst eine übermäßige Talgproduktion und soll sogar den Haarwuchs anregen. Als Zusatz zu Shampoos für fettiges, schuppiges Haar ist es daher sehr zu empfehlen. Daneben beseitigt das Öl schlechte Gerüche und kann für Deodorants und Raumsprays verwendet werden. In der Kosmetikindustrie wird es teilweise zur Parfümherstellung benutzt.

Streßbedingte Muskelverspannungen und Erschöpfungszustände nach schwächenden Erkrankungen oder einer Geburt sprechen oft sehr gut auf Ganzkörpermassagen bzw. Einreibungen mit Muskatellersalbeiöl an, da dieses außer einer entspannenden auch eine physisch und psychisch stark anregende und vitalisierende Wirkung besitzt. Allerdings sollte der Patient nicht unmittelbar danach Auto fahren, da die Reaktionsfähigkeit beeinträchtigt sein kann. Berichten zufolge sollen einige Patienten (in einem spektakulären Fall auch der Therapeut[121]) während der Massage regelrecht «high» geworden und unmittelbar danach eingeschlafen sein. Robert Tisserand bezeichnet Muskatellersalbeiöl als «eines der mächtigsten euphorisierenden Öle»[122], wobei der drogenartige Effekt jedoch von der verwendeten Menge und der Dauer der Anwendung (Aromalampe bzw. Massage) abhängt. Nach Patricia Davis ist die Essenz gleichzeitig «eines der am stärksten entspannenden Mittel der Aromatherapie».[123] Aus den genannten Gründen sollte diese unter keinen Umständen in Verbindung mit Alkoholgenuß benutzt werden, zumal die Kombination zu schrecklichen Alpträumen führen kann.[124] Bei einer Veranlagung zu Epilepsie ist von der Verwendung grundsätzlich abzuraten.[125]

Aus der außergewöhnlich beruhigenden und gleichzeitig stimmungsaufhellenden Wirkung ergibt sich eine ganze Reihe von Indikationen, die fast das gesamte Spektrum psychosomatischer Beschwerden zu umfassen scheinen: nervöse Spannung, Gemütsschwankungen, Streß, Angst, Sorgen, Niedergeschlagenheit, Trauer, Melancholie und Depressionen. Daneben gibt es aber auch Hinweise auf ganz typische Eigenschaften dieser Essenz, die diese von anderen ätherischen Ölen deutlich unterscheiden und ihren Einsatz besonders lohnenswert erscheinen lassen. Nach Michael Kraus stärkt sie «die Bereitschaft, Schritte über die eigenen Grenzen zu wagen. Bei Depressionen, die aus dem Nicht-Verantwortlich-Sein-Wollen kommen, nimmt Muskatellersalbeiöl die dunkle Schwere. Es gibt das innere Einverstandensein und die Lebensfreude zurück.»[126] Susanne Fischer–Rizzi bezeichnet es als «eine Essenz, die Vorsichtige etwas mutiger macht und uns zu (kreativem) Unsinn anregt».[127] Schöpferisch arbeitende Menschen sollen von ihrer Anwendung besonders profitieren, da dadurch Spontaneität, Phantasie und Kreativität gefördert,[128] die nächtliche Traumaktivität angeregt[129] und Interesse für das Unbekannte und Ungewöhnliche geweckt werde.[130]

Offenbar hebt uns die Essenz «aus dem Alltagsgeschehen heraus, weitet den Horizont und läßt uns Kräfte ahnen und fühlen, die wir empfangen, wenn wir bereit sind, uns ganz dem Fluß des Geschehens anzuvertrauen».[131] Allerdings besteht dabei auch die Gefahr, den Boden unter den Füßen zu verlieren, insbesondere bei Personen, die ohnehin dazu neigen, abzuheben. Vor Überdosierungen und Langzeitanwendungen sei infolgedessen an dieser Stelle ausdrücklich gewarnt, da diese zu Verwirrung, Orientierungslosigkeit, chaotischen Wahrnehmungen oder dem Aufbrechen von unbewußten Gefühlen und Inhalten führen können.[132]

Muskatellersalbei eignet sich für Patienten im **Mustard**-Zustand, die unter Phasen depressiver Verstimmung leiden. Diese treten ohne erkennbaren Grund oder irgendeinen äußeren Anlaß auf und verschwinden ebenso mysteriös wieder. Das Ausmaß der Bedrückung reicht von melancholischen Anwandlungen, Unlust und grundloser Traurigkeit bis hin zu schweren Depressionen, verbunden mit einer lähmenden Antriebsschwäche. Die Betroffenen berichten von einem Gefühl völliger innerer Leere, wo alles plötzlich sinnlos und düster erscheint, als ob jemand das Licht ausgeknipst hätte. Meist ziehen sie sich in dieser Periode gänzlich zurück und wollen mit ihrem Problem allein sein.

Narde

Nardostachys jatamansi

Nardenöl war im Altertum hochgeschätzt. Über die großen Karawanenstraßen gelangte die im Himalaya vorkommende *echte* Narde in den Mittleren und Nahen Osten. Die alten Perser verdampften die ausgesprochen kostbare Essenz neben Weihrauch und anderem Räucherwerk in ihren Opferschalen. Bei den Hebräern zählte sie zu den begehrtesten Spezereien. Der ägyptische Pharao Tutanchamun erhielt als Grabbeigabe u. a. ein Gefäß mit einer Creme, die Narde enthielt. Maria Magdalena salbte die Füße Jesu mit einem Pfund Salbe von unverfälschter, köstlicher Narde, so daß das ganze Haus voll von diesem Geruch war. Judas Ischariot regte sich damals ob dieser vermeintlichen Verschwendung auf und hätte es besser gefunden, das teure Öl zu verkaufen.[133]

Heute ist das Nardenöl fast in Vergessenheit geraten. In der Aromatherapie findet es kaum noch Verwendung, und auch in der Literatur wird es nur selten erwähnt. Glücklicherweise ist es dennoch im Handel erhältlich. Es wird aus Indien importiert, wobei das qualitativ hochwertigste Öl nach wie vor aus dem Himalaya kommt. Die aus der Wurzel hergestellte Essenz ist dunkelbraun, sehr dickflüssig und besitzt einen schweren, warmen, balsamisch-würzigen Geruch. Das chinesische Nardenöl wird aus den Blüten der Spik-Narde gewonnen, die zu einer völlig anderen Pflanzengattung gehört. Für die hier beschriebenen Zwecke ist es unbrauchbar.

Nardenöl ist magenstärkend, verdauungsfördernd, krampflösend, herzschlag- und kreislaufverlangsamend, nervenstärkend, beruhigend und einschlafförderd.[134] Es ist bei Magen- und Darmschwäche und bei nervösen Störungen indiziert, wird hierfür aber – vermutlich aufgrund seines hohen Preises – nicht eingesetzt. Seine hervorragende Wirkung als «Balsam für die Seele» wird dabei leider übersehen. Der einzige Hinweis auf seine diesbezügliche Wirkung findet sich bei Michael Kraus: «Bei starken seelischen Schmerzen wirkt das Nardenöl stark lindernd, ja gelegentlich sogar betäubend. Es schenkt uns als Verschnaufpause Ruhe und Frieden, um uns von den seelischen Anstrengungen zu erholen und neue Kraft zu schöpfen. Ein heilsamer Schlaf hin zu einem neuen Morgen.»[135]

Narde entspricht der Bach-Blüte **Wild Oat**. Diese verkörpert einen Zustand, der sich am besten als Suchen und Warten auf die eigene Berufung charakterisieren läßt. Personen, die diesen Typus verkörpern, haben in ihrem Bestreben, etwas Besonderes zu leisten, bereits vieles ausprobiert, jedoch nichts entdeckt, was ihnen die gewünschte Erfüllung gebracht hätte. Sie sind unzufrieden, weil trotz ihrer Bemühungen kein Ziel erkennbar ist und sie den Platz in ihrem Leben noch immer nicht gefunden haben. Diese existenzielle Enttäuschung ruft bei ihnen ein Gefühl der Leere hervor, die anscheinend durch nichts aufzufüllen ist. Aus der Unbestimmtheit ihrer Ambitionen heraus wechseln sie häufig Beruf, Partner oder Wohnung und beginnen vieles, ohne es jemals zu Ende zu führen. Selbst bei den kleinen Entscheidungen des Alltags wie z. B. beim Einkauf haben sie enorme Schwierigkeiten, aus einer Vielzahl von Möglichkeiten etwas für sie Passendes auszuwählen. Aus diesem Grund schieben sie vielfach Entscheidungen vor sich her und sind dann wegen der vielen ungelösten Fragen frustriert.

Narzisse

Narcissus poeticus

Narzissenöl ist neben Magnolienöl das kostbarste und teuerste der in diesem Band beschriebenen ätherischen Öle. Es wurde bereits im 12. Jahrhundert von den Arabern für exklusive Parfüms hergestellt. Das heute erhältliche Öl stammt meist aus Ägypten, Marokko oder Frankreich und ist aufgrund des sonst unerschwinglichen Preises bereits verdünnt. Es wird aus den Blüten der weißen Narzisse gewonnen, ist dickflüssig und von dunkelgelber bis dunkelgrüner Farbe. Seinen intensiven, blumig-süßen, verführerischen Duft, der erst in starker Verdünnung richtig zur Geltung kommt, bezeichnet Susanne Fischer-Rizzi als «Liebeserklärung für jede romantische Frau»[136]. Er «lädt uns ein, Romantik und Zärtlichkeit zu empfinden; er streichelt unsere Seele und läßt uns unsere eigene Schönheit sehen»[137]. Gleichzeitig beflügelt er die Phantasie und öffnet für warme, erotische Gefühle.[138] Außerdem wirkt er stimmungsaufhellend und beruhigend zugleich, mildert Angst und Anspannung und löst emotionale Verhärtungen auf.[139] Auf diese betörende, fast sogar narkotisierende Duftwirkung der Narzisse geht auch ihre Bezeichnung zurück, die sich von griech. *narkao* (betäuben) ableitet.[140]

Das erlesene Narzissenöl eignet sich exzellent für sinnliche Verwöhnbäder, gefühlvolle Massagen oder zum Verdampfen in der Aromalampe während romantischer Stunden. Zur Parfümierung von 100 ml Massageöl genügen 3–4 Tropfen. Vor der Anwendung in der Aromalampe kann es noch mit Jojobaöl verdünnt werden.

Körperliche Indikationen der recht selten verwendeten und in der aromatherapeutischen Fachliteratur kaum erwähnten Essenz sind nicht bekannt. In Heilpflanzenbüchern wird die Narzisse jedoch als regelfördernde Arznei und als äußerlich anzuwendendes Wundheil- und wunderweichendes Mittel aufgeführt.[141] Allerdings finden sich auch Hinweise auf Vergiftungserscheinungen. Diese beziehen sich zwar auf den Genuß der Pflanzenzwiebeln; mangels eindeutiger Informationen ist aber vorsichtshalber von einer Verwendung der Essenz während der Schwangerschaft abzuraten.

Narzisse ist das Pendant zur Bach-Blüte **Walnut**. Diese ist indiziert in allen Neubeginn-Phasen des Lebens, in denen der Betroffene verunsichert reagiert und Schwierigkeiten hat, mit einer veränderten Situation zurechtzukommen (z. B. nach einem Umzug, Berufs- oder Religionswechsel, nach der Eheschließung, Scheidung, Pensionierung u. a.). Walnut hilft, sich vom Alten zu lösen und das Neue anzunehmen. Es schützt vor allem vor Beeinflussung von außen, wenn gutgemeinte Ratschläge, gesellschaftliche Normen oder herrschende Konventionen einen abzuhalten suchen, eine bereits getroffene Entscheidung in die Tat umzusetzen. Gleichzeitig verleiht es innere Standfestigkeit, um sich selbst in dieser schwierigen Lebensphase treu zu bleiben, und schenkt die Kraft, das geplante Vorhaben notfalls auch gegen äußere Widerstände durchzuführen.

Auch bei inneren Wandlungsphasen wie Pubertät oder Klimakterium ist Walnut hilfreich, um sich dem Rhythmus des Lebens anzupassen und innere Widerstände zu überwinden, die den Übergang sonst schmerzhaft gestalten. Vor allem in der für diese Lebensabschnitte notwendigen Auseinandersetzung mit der eigenen Sexualität hilft es, zu den eigenen Bedürfnissen zu stehen.

Walnut eignet sich auch zur lokalen Behandlung von Narbenstörfeldern, die den Energiefluß des Körpers an der betroffenen Stelle unterbrechen und durch Fernstörungen gesundheitliche Probleme verschiedenster Art verursachen können.* Einreibungen mit Narzissenöl zeigen noch wesentlich bessere Resultate als solche mit Walnut, das in meiner Praxis seit langem

---

* Vgl. *Neue Therapien mit Bach-Blüten 2*, S. 61

die hier sonst übliche Procainspritze ersetzt. Bei Narben im Mundbereich (z. B. nach Mandeloperationen) sollte man aus Sicherheitsgründen jedoch auf ein Bach-Blütenspray mit Walnut* ausweichen.

Opoponax

Opoponax chironium

Opoponaxöl wird aus dem Harz eines Balsambaumgewächses gewonnen, das in Afrika, Arabien und Indien heimisch ist. Es ist dünnflüssig und besitzt einen warmen, süßen, balsamischen Geruch. Das Öl ist in der Aromatherapie nahezu unbekannt und wird in der mir vorliegenden Fachliteratur nur in einem einzigen Werk erwähnt. Demzufolge wirkt es antiseptisch, wundheilend, zusammenziehend, beruhigend, krampflösend, auswurf- und menstruationsfördernd. Als Indikationen werden Lungen- und Atemweginfektionen, Husten, Asthma, Blasenentzündung und Pilzerkrankungen angegeben. Die seelische Wirkung des Öls soll darin bestehen, daß es die Aufmerksamkeit auf das Hier und Jetzt lenkt.[142]

Der balsamische Duft von Opoponax hilft Menschen des **Beech**-Typs, ihre innere Abwehr gegenüber anderen abzubauen, mehr Verständnis für deren menschliche Schwächen aufzubringen und sie so anzunehmen, wie sie sind. Personen dieser Wesensart sehen ständig nur die Fehler anderer und stören sich bereits an Kleinigkeiten. Sich selbst halten sie nahezu für unfehlbar und scheinen daraus die Berechtigung abzuleiten, andere zu kritisieren, zu tadeln oder sich gar über sie lustig zu machen. Dabei entwickeln sie vielfach einen bissigen Humor, der von den

---

* Die Zubereitung ist hierbei dieselbe wie bei der üblichen Bach-Blütenmischung für chronische Fälle. Anstatt Tropfverschluß oder Pipette wird jedoch ein Pumpenzerstäuber auf das Arzneifläschchen aufgeschraubt.

Betroffenen mitunter als verletzend empfunden wird. Werden sie vom Mißgeschick eines anderen selbst betroffen, ärgern sie sich maßlos über dessen vermeintliche Dummheit und reagieren völlig überschießend, indem sie ihn beleidigen und mit den wüstesten Ausdrücken beschimpfen.

Mehr introvertierte Beech-Typen zeigen ihre intolerante Geisteshaltung nicht nach außen und setzen andere infolgedessen auch nur in Gedanken herab. Sie erregen sich über deren Verfehlungen in gleicher Weise, schlucken ihre Wut jedoch hinunter, weshalb sie häufig unter innerlichen Spannungszuständen zu leiden haben.

Orange

Citrus aurantium dulcis

Orangenöl wird aus den Fruchtschalen der Süßorange mittels Kaltpressung hergestellt. Für 1 kg ätherisches Öl sind die Schalen von etwa 2000 Orangen erforderlich. Es ist gelb, dünnflüssig und verbreitet einen süßen, warmen, etwas herben Duft. Dieser wirkt harmonisierend, ausgleichend, entspannend und zugleich stimmungsaufhellend und erheiternd. Er stimmt optimistisch, «nimmt den Problemen und Gefühlen ihre Schwere und lehrt uns, wieder über uns selbst und die Welt lachen zu können»[143]. An trüben Wintertagen vertreibt ein Orangenölbad sehr schnell eine gedrückte Stimmung.

In Phasen innerer Erstarrung, wenn aufgrund unverarbeiteter Schwierigkeiten Emotionen ins Stocken geraten sind, löst der Orangenduft die innerlichen Verkrampfungen und bringt die Gefühle wieder ins Fließen. Michael Kraus schreibt: «Bei dem starken Gefühl, allein in einer Eiswüste zu sitzen, gibt Orangenöl die entbehrte Wärme (Eigenliebe) zurück. Es erfrischt Gedanken und Gefühle und läßt Vergangenes vergangen sein.»[144]

Äußerlich in Form von Kompressen oder als Massageöl angewandt, löst es auch körperliche Verspannungen, regt den Lymphfluß an, entstaut das Gewebe und strafft die Haut. Gleichzeitig fördert es die Durchblutung, weicht spröde und verhornte Hautstellen auf, unterstützt die Regenerationsfähigkeit der Haut[145] und schützt diese vor Austrocknung. Zur Pflege trockener, rissiger und gereizter Haut ist es deswegen ideal geeignet, ebenso zur Behandlung von Orangenhaut. Allerdings ist bei seiner äußerlichen Anwendung zu beachten, daß allergische Reaktionen wie bei jedem Zitrusöl möglich sind. Außerdem hat Orangenöl photosensibilisierende Eigenschaften und sollte daher nicht unmitelbar vor einem Sonnenbad angewandt werden. Um generell Hautreizungen zu vermeiden, ist eine vorsichtige Dosierung zu empfehlen. Als Badezusatz sind sicherheitshalber nicht mehr als drei Tropfen der Essenz zu verwenden.

Orangenöl besitzt daneben appetitanregende, verdauungsfördernde, galleanregende, krampflösende, magenberuhigende, herzstärkende und harntreibende Eigenschaften. Beate Rieder und Fred Wollner empfehlen das Verdampfen in der Aromalampe, wenn Kinder nicht essen wollen.[146] Warum es als Mund- und Gurgelwasser bei Zahnfleischentzündungen keine weitere Verbreitung gefunden hat, erscheint unverständlich, da es einen wesentlich angenehmeren Geruch besitzt als die meisten anderen hierfür verwendeten Essenzen, von synthetischen Stoffen ganz abgesehen. Es kann an den betroffenen Stellen ohne weiteres auch pur aufgetragen werden. Hierbei ist die Verwendung von Produkten aus kontrolliert biologischem Anbau anzuraten, ebenso bei dem beliebten Aromatisieren von Süßspeisen. Als weitere Anwendungsmöglichkeit gelten Inhalationen bei Bronchitis, die sicherlich wesentlich genußvoller sind als solche mit einem typischen Erkältungsöl.

Wegen seines lieblichen Duftes bewährt sich Orangenöl ausgezeichnet zur Beseitigung von unangenehmen Gerüchen. Als Zusatz in Deodorants und Raumsprays ist es deshalb sehr beliebt. Aufgrund seiner insektenabweisenden Wirkung findet man es oft auch in biologischen Holzschutzmitteln. Wie alle Zitrusöle sollte es bei längerer Lagerung im Kühlschrank aufbewahrt werden.

Orange entspricht der Bach-Blüte **Gorse**. Diese ist angezeigt in scheinbar ausweglosen Situationen, in denen die Betroffenen nach vielen vergeblichen Versuchen und wiederholten Rückschlägen den Mut verloren haben und aufgeben. Völlig deprimiert und innerlich müde finden sie sich mit ihrem scheinbar unabänderlichen Schicksal ab. Sie sind fest davon überzeugt, daß jede weitere Bemühung vollkommen nutzlos und somit reine Zeitverschwendung sei, da sie bereits alles versucht haben. Weil sie nicht glauben können, daß sie noch eine weitere Chance bekommen könnten, entwickeln sie auch nicht den geringsten Ehrgeiz.

Langanhaltende Krankheiten, bei denen keine Aussicht mehr auf Besserung besteht, führen sehr häufig zu einem Gorse-Zustand. Die betroffenen Patienten sind ohne jede Hoffnung; alles erscheint ihnen trüb und leer. Sie fühlen sich innerlich wie in einem dunklen Morast, aus dem sie sich nicht wieder befreien können und glauben nicht mehr, daß ihnen noch auf irgendeine Weise geholfen werden kann. Sie haben – wie Bach es ausdrückte – ihr Herz verloren.[147] Aus eigenem Antrieb wagen sie keinen neuen Therapieversuch. Begeben sie sich dennoch in Behandlung, dann nur, weil ein Angehöriger sie dazu überredet hat und sie diesem damit einen Gefallen tun wollen. Sie selbst sind jedoch von vornherein von der Zwecklosigkeit dieses Unterfangens überzeugt.

Patchouli

Pogostemon patchouli

Diese exotische Essenz stammt aus den getrockneten, fermentierten Blättern des Patchoulistrauchs, einer ursprünglich in Indien und auf den Philippinen beheimateten Pflanze, die inzwischen auch auf Java, Sumatra, Madagaskar und in China kultiviert wird. Ihr ätherisches Öl ist dunkelbraun, zähflüssig und hat einen schweren, sinnlichen, herben, erdig-modrigen Geruch. Es ist der intensivste Duft, der von Pflanzenessenzen bekannt ist. Er haftet Kleidern ein bis zwei Wochen lang an, selbst wenn sie gewaschen werden. Viele kennen diesen unverwechselbaren Geruch vielleicht noch aus Großmutters Zeiten, wo er zur Parfümierung der Wäsche eingesetzt wurde, um die Motten zu vertreiben. In Asien wird diese Methode heute noch praktiziert.

Patchouli wirkt entspannend und beruhigend, besänftigt Nervosität und Überempfindlichkeit und vertreibt depressive Verstimmungen. Zugleich kräftigt es, regt unsere Phantasie an und weckt verführerisch unsere Sinnlichkeit.[148] Als hervorragendes Aphrodisiakum ist es in Form von anregendem Massageöl oder als erotisierender Badezusatz bei mangelndem sexuellem Antrieb hilfreich. Es sollte zu diesem Zweck jedoch nur sparsam dosiert werden, da geringe Dosen eher anregend wirken, während hohe Dosen mehr beruhigen.[149] Hochkonzentriert als schwerer, schwüler Duft löst Patchouli körperliche Anspannung und innere Widerstände und ermöglicht, «sich einfach fallen zu lassen und offen zu sein für das, was da kommen mag»[150]. Es erweckt ganz allgemein das Verlangen, innere und äußere Grenzen zu überschreiten und gibt Kraft, auch ungewöhnliche und eigenwillige Wege einzuschlagen.[151]

Aufgrund seiner entzündungshemmenden, zellerneuernden, antibakteriellen und antiviralen Eigenschaften wird Patchouliöl in der Aromatherapie zur Behandlung von Verletzungen eingesetzt. Äußerlich in Form von Waschungen oder Kompressen angewandt, fördert es die Wundheilung. Ferner eignet es sich zu Einreibungen bei Fußpilz und bestimmten Ekzemen, da es eine pilztötende Wirkung besitzt.

In der Kosmetik wird Patchouli zur Pflege von alternder, trockener Haut eingesetzt. Es soll auch einen positiven Einfluß auf Falten ausüben. Parfüms wird es gerne zugesetzt, da es diesen eine orientalische Duftnote verleiht. Außerdem ist es ein hervorragendes Fixierungsmittel.

Patchouli ist die Entsprechung von **Star of Bethlehem**, der Blüte für seelische Verletzungen. Diese ist angezeigt bei allen Situationen, die als traumatisch empfunden und vom Bewußtsein des Betroffenen nicht verarbeitet werden. Hierzu gehören Unfälle, seelische Schocks, Enttäuschungen, Ärger, Kummer, schlimme Nachrichten oder der Tod eines geliebten Menschen. Das zugefügte Leid hinterläßt eine tiefe seelische Wunde, die bei jedem neuen Trauma wieder aufbricht und erneut schmerzt. Die psychische Belastbarkeit des Betroffenen nimmt dadurch stetig ab, bis er schließlich bereits durch Kleinigkeiten aus der Fassung gebracht wird und völlig überschießend reagiert.

Da weit zurückliegende Schocks wie Kindheitstraumata, das Geburtstrauma oder Verletzungen der Mutter während der Schwangerschaft noch Auswirkungen auf die Gegenwart haben können, sind diese ebenso behandlungsbedürftig wie aktuelle Probleme.

Perubalsam

Myroxylon balsamum

Der bis zu 25 m hohe, im Bergland von Zentralamerika heimische Myroxylonbaum liefert ein heilkräftiges Harz, das bereits von den Azteken zur Wundheilung und für rituelle Zwecke verwendet wurde. Hieraus wird in einer aufwendigen Aufbereitung mit verschiedenen Reinigungsprozeduren der Perubalsam gewonnen, eine schokoladenbraune, äußerst dickflüssige Masse mit einem angenehm warmen, süßen, balsamischen Geruch, der an Vanille erinnert. Er wird industriell für kosmetische Zwecke, Parfümkompositionen und Lebensmittelaromen genutzt.[152]

Perubalsam ist keimtötend, wundheilend, juckreizstillend, auswurffördernd, hustenstillend und vertreibt Parasiten. Eingesetzt wird er in Form von Waschungen, Kompressen und Einreibungen bei Juckreiz, schlecht heilenden Wunden, Frostbeulen, Hämorrhoiden und Erkrankungen der Atemwege. Der zähe Balsam läßt sich problemlos in Cremes und Emulsionen einrühren. Die Herstellung von Massageöl bereitet jedoch erhebliche Schwierigkeiten, so daß statt dessen die Verwendung von Körperlotion anzuraten ist. Bei der Verwendung als Badezusatz ist es zweckmäßig, Honig und Perubalsam im Wasserbad zu erwärmen und anschließend kräftig zu verrühren. Wesentlich einfacher dagegen ist der Gebrauch von Palmölemulgator*, in dem der Balsam sogar kalt problemlos emulgiert. Für Kompressen und Waschungen ist Perubalsam zuvor mit 96%igem Alkohol zu verdünnen, in dem er sich in der Regel gut löst. Ansonsten kann man ihn in einem Arzneifläschchen zusammen mit dem Alkohol im Wasserbad erhitzen. Zu beachten ist, daß bei äußerlicher Anwendung sehr vorsichtig dosiert werden sollte, da Allergien möglich sind.

Psychisch wirkt Perubalsam beruhigend, harmonisierend und aphrodisierend. Er gilt als «Balsam für die verwundete Seele»[153], der in eine träumerische Stimmung versetzt und die Phantasie beflügelt.[154] In der Aromalampe verdampft, verbreitet er eine angenehme, warme Atmosphäre, die Nervosität besänftigt, und in der sich Depressionen allmählich auflösen. Der zähflüssige Balsam ist in purer Form für die Verdampfung in der Aromalampe jedoch ungeeignet. Deshalb ist statt dessen die oben angeführte alkoholische Verdünnung zu verwenden.

Perubalsam eignet sich für Personen im **Pine-Zustand**, die unter Schuldgefühlen leiden und dadurch innerlich keine Ruhe finden. Sie klagen sich selbst nicht nur bei tatsächlichen Verfehlungen an, sondern suchen regelrecht nach Argumenten, um ihr permanent schlechtes Gewissen zu rechtfertigen. Oft übernehmen sie hierbei sogar die Verantwortung für die Fehler anderer. Werden sie getadelt, quälen sie sich in selbstzerstörerischer Weise mit Selbstvorwürfen, ohne über die Berechtigung der Zurechtweisung nachzudenken. Werden sie gelobt, versuchen sie, ihre Ver-

---

* Erhältlich u. a. bei den im Anhang angegebenen Bezugsquellen für ätherische Öle.

dienste herunterzuspielen und zu bagatellisieren. Auch Geschenke können sie nur schwer annehmen, da sie der Meinung sind, sie hätten das nicht verdient.

Grundsätzlich sind sie nie mit sich selbst zufrieden und werfen sich stets vor, sie hätten es noch besser machen können, selbst dann, wenn sie erfolgreich sind. Sind sie einmal weniger leistungsfähig oder gar krank, geben sie sich meist selbst in irgendeiner Weise die Schuld dafür. Auch im sexuellen Bereich leiden sie vielfach unter starken Schuldgefühlen.

Pine ist eine der am häufigsten benötigten Blüten und sollte bei einer Bach-Blütenberatung keinesfalls übersehen werden, da das Gefühl, einer Heilung nicht wert zu sein, den gesamten Behandlungserfolg in Frage stellen kann. Eine ergänzende Behandlung mit Perubalsam-Creme in Form von Einreibungen im Bereich des Kreuzbeins und des Solarplexus ist vor allem bei massiven Schuldgefühlen dringend anzuraten, um die dort erfahrungsgemäß fast immer vorhandenen Blockaden zuverlässig zu lösen.

Ravensara

Ravensara anisata

Ravensara ist eine auf Madagaskar heimische Baumart, die zu derselben Pflanzenfamilie gehört wie der Lorbeerbaum. Ätherisches Öl wird aus den Blättern von zwei verschiedenen Arten gewonnen. Ravensara aromatica, auch Ravensara cinnamomum camphoratum genannt, ergibt eine Essenz mit einem sehr würzigen Geruch, der an Zimt und Kampfer erinnert. Aus Ravensara anisata erhält man ein ebenfalls würziges, jedoch mehr süßliches Öl mit einem anisähnlichen Unterton. Beide Essenzen sind in der Aromatherapie nahezu unbekannt und werden in der einschlägigen Literatur so gut wie nicht erwähnt. Lediglich eine einzige Autorin beschreibt Ravensara aromatica. Danach soll das Öl Wißbegierde wecken und dadurch Eilige und Unentschlossene fesseln. Außerdem soll es bei Depressionen, Launen, Müdigkeit, Übelkeit, Atemnot und Durchblutungsstörungen nützlich sein.[155] Von Ravensara anisata sind nach der mir zur Verfügung stehenden Fachliteratur bislang noch keine Wirkungen bekannt.

Ätherisches Öl aus Ravensara anisata eignet sich für **Scleranthus**-Typen, die unter einer starken inneren Zerrissenheit leiden. Diesen Personen fällt es schwer, eine Entscheidung zu treffen, da sie stets beide Seiten einer Sache im Auge behalten und sich weder auf die eine noch auf die andere Möglichkeit festlegen möchten. Dadurch sind sie oftmals innerlich hin- und hergerissen und ringen regelrecht um die «richtige» Wahl. Haben sie sich endlich entschieden, überlegen sie es sich hinterher oft anders. Da sie nicht selten bereits getroffene Entscheidungen im nachhinein wieder rückgängig machen, wirken sie nach außen hin ziemlich unzuverlässig.

Auch in ihrer Arbeit sind sie äußerst sprunghaft. Sie beginnen bald dieses, bald jenes, da ihnen, sobald sie etwas angefangen haben, stets etwas anderes als wichtiger erscheint. Genauso schwankend ist ihre Stimmung – mal sind sie himmelhoch jauchzend, dann wieder zu Tode betrübt. Phasen von hektischer Arbeitswut wechseln mit absoluter Lustlosigkeit. Zeitweise sind sie vollkommen überdreht, dann wieder müde und antriebslos. Gleichermaßen wechselhaft sind auch ihre körperlichen Symptome: Heute schmerzt es hier, morgen dort, und die meisten Beschwerden kommen ohne jeden Grund und verschwinden ebenso mysteriös.

Rose

Rosa damascena

Ätherisches Rosenöl ist aufgrund seiner aufwendigen Herstellung und der geringen Ausbeute eine der teuersten Essenzen überhaupt. Die «Königin der Blumen» blüht nur etwa einen Monat im Jahr. Ihre Blüten müssen in den frühen Morgenstunden zügig von Hand gepflückt werden, da das nur in geringen Mengen vorkommende ätherische Öl durch die wärmenden Strahlen der Sonne beträchtlich verdunstet. Die Blüten dürfen nicht gequetscht werden, weil sie sonst augenblicklich zu welken beginnen. Sie müssen außerdem innerhalb von vierundzwanzig Stunden weiterverarbeitet werden. Etwa 5000 kg frische Blüten sind für 1 kg Essenz erforderlich. Bei der Destillation fällt als Nebenprodukt das *Rosenwasser* an, das für kosmetische Anwendungen eine preisgünstige Alternative darstellt.

Rosenöl wird in den verschiedenen Anbauländern aus unterschiedlichen Rosensorten hergestellt. Rosa centifolia, ursprünglich im persischen Raum heimisch, wird vor allem in Algerien und Ägypten kultiviert, die kaukasische Art, Rosa gallica, überwiegend in der Türkei. Beide liefern ein Öl mit relativ wässriger Konsistenz. Die edelste, teuerste und meiner Erfahrung nach auch wirksamste Essenz stammt von der bulgarischen Rosa damascena, die mittlerweile ebenfalls in Tunesien, Marokko und teilweise in der Türkei angebaut wird.

Die Rose gilt seit Urzeiten als Symbol der Liebe, der Schönheit und der Harmonie. Verliebte schenken sich Rosen, um dadurch ihren Gefühlen Ausdruck zu verleihen. Schüchterne «sagen» mittels der Rose, was sie mit Worten nicht auszusprechen wagen. Die alten Römer streuen Rosenblüten auf das Brautbett. In Persien werden Gäste zur Begrüßung mit Rosenwasser besprengt. Außerdem besteht der Brauch, nach einem Streit dem anderen ein Fläschchen Rosenöl zu schicken, falls der Mut zu einem Versöhnungsgespräch fehlt.[156]

«Rosenöl versöhnt uns mit uns selbst und anderen und öffnet das Herz für Verständnis und Liebe.»[157] Es schafft eine Atmosphäre von Harmonie und Freundlichkeit, vermittelt Mitgefühl und besänftigt Zorn, Groll, Neid und Eifersucht. Bei seelischen Verletzungen, Enttäuschungen und Liebeskummer spendet es Trost und hilft, dem anderen zu verzeihen. Es eignet sich bei klärenden Gesprächen wunderbar zum Verdampfen in der Aromalampe und ergibt – in 96%igem Alkohol gelöst – ein vorzügliches Parfüm für Rendezvous.

Rosenöl ist ein hervorragendes Antidepressivum und Aphrodisiakum, insbesondere für Frauen. Nach Erfahrung von Patricia Davis ist es eine große Hilfe «für all jene, die sich in ihrer Sexualität verunsichert fühlen – sei es, daß sie Zweifel an ihrer Anziehungskraft haben, ihre Weiblichkeit nicht akzeptieren... oder Schwierigkeiten in der Partnerschaft haben»[158]. Es lindert außerdem emotionale und physische Spannungszustände, wie sie bei Unregelmäßigkeiten im Menstruationszyklus auftreten[159], und entkrampft bei Regelschmerzen. Ebenfalls hilfreich ist es bei nervösen Herzbeschwerden, Kopfschmerzen, Migräne und Übelkeit. Aufgrund seiner stark keimtötenden, entzündungshemmenden, wundheilenden und blutstillenden Eigenschaften läßt es sich auch zur Behandlung von Wunden, Ekzemen, Gürtelrose, Herpes simplex sowie Zahnfleischentzündungen einsetzen.

Die Rose besitzt desweiteren beachtliche hautpflegende Eigenschaften, die sie zu einem begehrten Inhaltsstoff verschiedenster Kosmetikpräparate machen. Allerdings wird hierbei meist das preisgünstigere Rosenwasser verwendet. Dieses ist ebenfalls entzündungshemmend, kühlend und reinigend und eignet sich – pur angewandt – als mildes Gesichtswasser für empfindliche, trockene, leicht entzündete Haut. Mit Rosenwasser bzw. Rosenöl lassen sich exklusive Parfüms, Cremes, Lotionen, Bade- und Massageöle auch selbst herstellen. Die hochkonzentrierte Essenz ist dabei aufgrund der sehr sparsamen Dosierung bei der Anwendung dennoch erschwinglich. Zur Herstellung von Rosen-Kindermassageöl, das zur Pflege der empfindlichen Babyhaut besonders zu empfehlen ist, genügen 1–2 Tropfen für 100 ml Mandelöl. Bei Massageöl für Erwachsene reichen 2–4 Tropfen. Zum Verdampfen in der Aromalampe kann die Essenz vorher mit Jojobaöl verdünnt werden.

Auch in der Küche findet die Rose Verwendung. Marzipan

und bestimmtes Weihnachtsgebäck erhalten durch Rosenwasser ihren typischen Geschmack.

Der liebliche Duft der Rose paßt für **Holly**-Typen, die überall Disharmonie stiften, wo immer sie auch hinkommen. Sie leben in einer ständigen ärgerlichen Unruhe und verschaffen ihrem inneren Druck ungeniert Luft, ohne Rücksicht auf die Gefühle anderer zu nehmen. So geraten sie leicht in Wut, finden aber stets einen Schuldigen, dem sie die Verantwortung für ihre eigene schlechte Laune in die Schuhe schieben können. In Phasen extremer Gereiztheit ärgert sie sogar die Fliege an der Wand, und sie reagieren sich in cholerischen Anfällen an irgend jemandem ab, der das Pech hat, ihnen gerade über den Weg zu laufen. Manche suchen sogar absichtlich Streit, indem sie andere provozieren. Andere wiederum behalten ihre Gefühle für sich, kochen aber innerlich und haben dabei oftmals das Gefühl, vor Wut platzen zu müssen.

Personen dieser Wesensart sind stets unzufrieden und fühlen sich vielfach ohne jeden Grund unglücklich. Sehr häufig leiden sie unter negativen Emotionen wie Haß, Neid, Eifersucht, Mißtrauen oder Rachsucht. Da sie ihr Herz aufgrund ihrer abweisenden Haltung gegenüber positiven Gefühlen wie Liebe, Verstehen und Verzeihen verschließen, scheint es für sie nichts zu geben, was ihrem letztendlich selbst verursachten Leiden ein Ende bereiten könnte.

Rosenholz

Aniba rosaeodora

Diese Essenz wird aus dem Holz eines brasilianischen Baumes gewonnen, der in den Regenwäldern des Amazonas-Gebietes gedeiht. Sie besitzt einen warmen, leicht süßlichen, holzigen und dennoch frischen Geruch, der eine entfernte Ähnlichkeit mit dem Duft einer Rose aufweist. In der Kosmetikindustrie wird Rosenholzöl deshalb als billige Alternative zum teureren Rosenöl für Parfüms, Bade- und Hautpflegemittel verwendet.* Es besitzt außerdem hervorragende hautpflegende Eigenschaften und eignet sich für jeden Hauttyp. Aufgrund seiner antibakteriellen, tonisierenden, zellerneuernden und glättenden Wirkung ist es vor allem bei spröder, trockener, müder sowie empfindlicher und leicht irritierter Haut hilfreich. Auch bei Bindegewebsschwäche und Schwangerschaftsstreifen soll es sich bewähren.

An therapeutischen Eigenschaften ist bekannt, daß es ausgezeichnet Kopfschmerzen beseitigt, insbesondere dann, wenn diese mit einer leichten Übelkeit verbunden sind. Ferner ist es klärend im Kopfbereich,[160] gleicht die vegetative Reaktionslage aus und wirkt – je nach Erfordernis – entspannend und beruhigend bzw. anregend und belebend. Aufgrund dieser harmonisierenden Eigenschaften wird es empfohlen bei Energielosigkeit, nervlicher Anspannung, Reizbarkeit, Aufregung, Verwirrtheit, Depressionen und Angstzuständen. Desweiteren vertreibt es «negative Gedanken und Einstellungen und läßt eine gereinigte, freundliche und einladende Atmosphäre entstehen[161]».

Rosenholz eignet sich für Personen im **Aspen**-Zustand, die unter vagen, nicht benennbaren Ängsten leiden. Oft quälen diese Menschen nicht begründbare Zukunftsängste, böse Vorahnungen oder Einbildungen von bevorstehenden Katastrophen, die sich hinterher schlichtweg als Hirngespinste entpuppen. Vielfach steigern sie sich in ihre irrationalen Horrorvisionen förmlich hinein und werden von ihren eigenen Angstvorstellungen regelrecht verfolgt. Unheimlich wird es ihnen besonders bei Themen wie Religion und Tod. Sie fürchten sich im Dunkeln, vor Geistern, Gespenstern, dunklen Kräften oder gar Dämonen. Obwohl sie

---

* Um dem Raubbau am tropischen Regenwald Einhalt zu gebieten, wird Rosenholzöl in der Kosmetikindustrie zunehmend durch das ähnlich duftende Linaloeöl ersetzt. Für die Aromatherapie stellt letzteres jedoch keine Alternative dar, da es eine vollkommen andere Wirkung auf die Psyche besitzt.

sich vor allem Okkultem ängstigen, übt dieser Bereich dennoch eine gewisse Faszination auf sie aus, da sie übersinnliche Dinge «hautnah» zu spüren glauben, worin sie in gewissem Sinne eine Art Beweis für deren Existenz sehen.

Letztendlich handelt es sich bei Aspen-Typen um außergewöhnlich sensitive Menschen, die bezüglich anderer Sphären eine besonders «dünne Haut» besitzen. Da sie die hierdurch – meist ungewollt – gewonnenen Eindrücke mit dem Verstand nicht rational erklären können, entstehen unerklärliche Ängste, die auf unbewußte Vorstellungsbilder von diesen Ebenen projiziert werden und dadurch ihren irrationalen Charakter erhalten. Durch ihre angstvolle Beschäftigung mit diesen Bereichen und das Ausmaß der Aufmerksamkeit, die sie diesen widmen, ziehen sie oft auch Energien aus dunklen Sphären an, die für andere durchaus spürbar sind. Hier ist ätherisches Rosenholzöl in Form von Raumspray eine große Hilfe, indem es nicht nur die Angst lindert, sondern auch die Atmosphäre von negativen Schwingungen reinigt und damit den Auslöser beseitigt.

Sandelholz

Santalum album

Der in der ostindischen Provinz Mysore beheimatete Sandelholzbaum ist ein immergrüner, halbparasitärer Baum, der das ganze Jahr über blüht. Er nimmt mit seinen Wurzeln Kontakt zu Wurzeln anderer Pflanzen auf, insbesondere zu denen von Palmen- und Bambusgewächsen, und zapft von deren Saft. Sein pulverisiertes, duftendes Holz wird in Indien seit Jahrtausenden für medizinische und religiöse Zwecke sowie als Parfüm genutzt. Es wird vor allem zur Herstellung von Räucherstäbchen verwendet, die bei Tempelzeremonien und während der Meditation abgebrannt werden, und von Chandam-Paste, die von Hindus zu rituellen Zwecken auf die Stirn aufgetragen wird.

Der Buddhismus übernahm den Gebrauch dieses als heilig

geltenden Holzes. Buddhastatuen wurden direkt aus Sandelholz angefertigt und noch dazu mit Sandelholzöl eingerieben. Selbst das Räucherwerk bestand aus Sandelholz.[162] Zusammen mit dem Buddhismus verbreitete sich auch das Sandelholz in ganz Asien, vor allem in China, wo es u. a. Eingang in die traditionelle Heilkunde fand. Über die großen Karawanenstraßen gelangte es in den Nahen Osten und wurde dort für Räucherungen, zum Einbalsamieren und zur Parfümherstellung benutzt. Man fertigte aber auch Möbel aus Sandelholz an, mit denen Tempel ausgestattet wurden. Diese verströmten nicht nur einen angenehmen Duft, sondern wurden auch nie von Insekten befallen.[163]

Ätherisches Sandelholzöl wird aus dem zerkleinerten «weißen Sandelholz», d. h. dem Spätholz des mindestens 40 Jahre alten Stammes gewonnen. Es ist außergewöhnlich zähflüssig, von gelber bis bräunlicher Farbe und besitzt einen warmen, holzigen, balsamisch-süßen Duft, der sehr lange haftet. Zu verwechseln ist es mit dem weniger süßen, ansonsten relativ ähnlich riechenden, billigen «westindischen» Sandelholzöl, auch Amyris-Öl genannt, das aus der zu den Rautengewächsen zählenden Baumart Amyris balsamifera stammt und nicht dieselben Wirkungen besitzt. Im Handel erhältlich ist auch die Essenz aus der australischen Sandelholzart Santalum spicatum, die jedoch qualitativ nicht mit dem Mysore-Öl zu vergleichen ist.

Sandelholzöl wirkt stark desinfizierend und zugleich entzündungshemmend. Es eignet sich deswegen hervorragend zur Behandlung von Infektionen der Blase, Harnröhre und Prostata. Bereits im altindischen Ayurveda wird die innerliche Einnahme von pulverisiertem Sandelholz zu diesem Zweck empfohlen. Da die hochkonzentrierte Essenz jedoch die Nieren schädigen kann, sollte diese Art der Anwendung einem erfahrenen Aromatherapeuten vorbehalten bleiben, zumal derartige Erkrankungen nicht zur Selbstbehandlung geeignet sind und diagnostisch abgeklärt werden müssen.

Daneben besitzt Sandelholzöl schleimlösende und auswurffördernde Eigenschaften und stärkt das Immunsystem. Inhalationen und Einreibungen verschaffen bei Atemwegbeschwerden und Bronchitis rasch Linderung und sollen auch bei hartnäckigem, trockenem Reizhusten und chronischer Bronchitis gute Erfolge zeigen.[164] Einreibungen im Nacken (mit der verdünnten Essenz oder sogar pur) werden bei rauhem Hals und Kehlkopfentzündungen empfohlen.[165] Regelmäßige Sandelholzbäder sollen die Widerstandskraft gegenüber Infektionen steigern. Sie sind außerdem sehr entspannend und zugleich hautpflegend.

Aufgrund dieser Eigenschaften wird Sandelholzöl gerne in der Kosmetik eingesetzt. Es wirkt außerdem antibakteriell, juckreizstillend und feuchtigkeitsspendend und ist bei rauher, trockener, unreiner, leicht irritierter und entzündeter Haut sehr hilfreich. Besonders wirksam sind warme Kompressen. Einige Tropfen im Aftershave beugen Hautreizungen nach der Rasur vor.[166] Da diese Essenz unangenehme Gerüche beseitigt, läßt sie sich auch zur Herstellung von Deodorants nutzen. Geradezu klassisch ist ihre Verwendung für Parfüms, die sich auch bei uns zunehmender Beliebtheit erfreut.

Das wichtigste Anwendungsgebiet für Sandelholzöl liegt jedoch im seelischen Bereich. Es wirkt harmonisierend, ausgleichend, beruhigend und stimmungsaufhellend zugleich. Das Spektrum seiner Indikationen ist breit gestreut und reicht von Anspannung, Hektik, Überreiztheit, Nervosität und Aggressivität bis hin zu Angst, Unsicherheit, Niedergeschlagenheit, Antriebsarmut und Passivität. Es mildert vor allem «Depressionen, die zu sexuellen Schwierigkeiten führen»[167], hilft Blockierungen in diesem Bereich aufzulösen[168] und bringt einen damit in Verbindung stehenden mangelnden sexuellen Antrieb wieder ins Gleichgewicht. In tantrischen Schulen wird Sandelholz gezielt zur Transformation sexueller Energien in spirituelle eingesetzt. Ich glaube daher nicht, daß Sandelholz *direkt* aphrodisisch wirkt, wie in manchen Büchern zu lesen ist. Es bringt uns statt dessen in Verbindung mit unseren ureigensten Bedürfnissen und hilft, diese zu erkennen, sie anzunehmen und loszulassen. Seine Wirkung ist eher meditativ und nach innen gerichtet. Genau zu diesem Zweck wird es in Form von Räucherstäbchen oder Räucherwerk seit Jahrtausenden in Asien benutzt. Meiner Erfahrung nach ist es besonders dann hilfreich, wenn der Zugang zum eigenen Inneren verschüttet ist und die Meditation nur oberflächlich verläuft. Michael Kraus schreibt hierzu: «Es führt über die kleine, abgegrenzte Persönlichkeit hinaus in größere Zusammenhänge. Seine Wirkung ist euphorisierend, balsamisch, innere Ruhe und Zufriedenheit schenkend. Es nimmt dem Menschen sanft und fast unmerklich seine Sorgen und Lasten fort.»[169]

Neben dem Loslassen ist der wichtigste Aspekt der Meditation das Akzeptieren. Nach der inneren Wirklichkeit muß auch die äußere Realität – selbst wenn sie nur als «Schein» angesehen wird – angenommen werden. Dies schließt unsere Umgebung und auch unser Gegenüber mit ein. «Sandelholz bringt Kontakt mit anderen Menschen, es kann helfen, Isolation zu überwinden, andere mit offenem Herzen aufzunehmen, Egoismus abzubauen.»[170] «Fühlen wir uns innerlich kühl, so hilft der Duft, innere Wärme wieder zu entfachen.»[171]

Sandelholz findet seine Entsprechung in der Bach-Blüte **Agrimony,** in der ich seit langem den «Schlüssel zum Unterbewußtsein» sehe und die ich deshalb sehr vorsichtig einsetze.[172] Personen des Agrimony-Typs befinden sich ständig auf der Flucht vor sich selbst, da sie eine sehr große Angst vor ihrer eigenen inneren Tiefe besitzen. Sie sind äußerst sensibel und harmoniebedürftig und leiden ungemein unter Negativität in jeder Form. Nach außen hin präsentieren sie jedoch stets eine sorglose und zufriedene Fassade, sind immer gut gelaunt und zu Scherzen aufgelegt. Mit ihrer scheinbaren Fröhlichkeit versuchen sie aber nur, von ihren Problemen und Sorgen abzulenken, die sie quälen, wenn sie mit sich selbst allein sind. Da sie das Gefühl von Ruhe und Stille nicht zu ertragen glauben, flüchten sie in Aktivität und Aufregung. Auf Partys, Konzerten, Theater- oder Sportveranstaltungen, in Kinos, Kneipen oder schlicht vor dem eigenen Fernseher versuchen sie ihre eigene innere Realität zu verdrängen, teilweise sogar mit Hilfe von Alkohol oder Drogen. Sie schlüpfen in Gegenwart anderer gerne in die Rolle des überall beliebten Gesellschafters, der stets für gute Laune sorgt und den grauen Alltag vergessen läßt. Weil sie jedoch fortwährend ihre negativen Gefühle zu verbergen suchen und anderen nie ihr wahres Gesicht zeigen, geht das Bewußtsein ihrer selbst mit der Zeit immer mehr verloren. Lediglich eine innere Unruhe – insbesondere abends vor dem Einschlafen, wenn jegliche äußere Ablenkung wegfällt – erinnert sie an ihre verdrängten Ängste und Sorgen.

Da diese Menschen im Umgang mit anderen beständig fürchten, zuviel von sich selbst preiszugeben, verlaufen ihre Beziehungen auch relativ oberflächlich. Zu einem tieferen seelischen Kontakt sind sie nicht fähig.

Sandelholzöl kann eine Bach-Blütenbehandlung hervorragend ergänzen, indem es auf sinnliche Weise den Zugang zur Innenwelt öffnet. Als Verdampfung in der Aromalampe bei Entspannungs- oder Yogaübungen oder auch als Duftbad vermittelt es ein Gefühl von Stille, Harmonie und innerem Frieden. Zur Überwindung der inneren Distanz zum anderen ist die Anwendung in Form von Massageöl für Partnermassagen zu empfehlen.

Sandelholz ist meiner Ansicht nach in unserer heutigen Zeit eines der wichtigsten ätherischen Öle überhaupt, da gegenwärtig immer mehr Menschen ihre Gefühle verdrängen und Ablenkung suchen, entsprechend dem Zeitgeist und den Empfehlungen unserer Freizeitindustrie, die ein Überangebot an Vergnügungsmöglichkeiten zum «Zeit-Vertreib» bereitstellt und ihren Konsumenten kaum noch Raum für das Ausleben eigener Impulse und vor allem negativer Emotionen läßt. Zerstreuung anstelle von Sammlung löst Probleme jedoch nicht wirklich, sondern schiebt sie lediglich auf nach dem Motto: «Zeit heilt alle Wunden.» Unverarbeitet rufen diese statt dessen die zahlreichen Arten psychosomatischer Störungen hervor, die in unserer heutigen Gesellschaft ständig im Zunehmen begriffen sind, und die wir ausweichend dem allgemein herrschenden Streß zuschreiben.

Schafgarbe

Achillea millefolium

Die Schafgarbe ist eine weitverbreitete Heilpflanze, die in ganz Europa, Nordamerika und Asien heimisch ist. Im alten China verehrte man sie als heilig und verwendete ihre Stiele für das I-Ging-Orakel. Unsere germanischen Vorfahren benutzten sie als Wundheilungsmittel, mit dem sie ihre Kriegsverletzungen behandelten.[173]

Ätherisches Schafgarbenöl wird aus der ganzen blühenden Pflanze hergestellt, wobei zur Gewinnung von 1 kg Öl 250–1000 kg Schafgarbenkraut erforderlich sind. Das Öl ist dickflüssig und hat einen warmen, krautigen Geruch mit einem leicht süßlichen Unterton. Seine tiefblaue bis blaugrüne Farbe entsteht maßgeblich durch den hohen Anteil an Azulen, einer stark entzündungshemmenden Substanz, die auch als Hauptwirkstoff des Kamillenöls gilt.

Schafgarbenöl besitzt sehr vielfältige Eigenschaften. Es ist desinfizierend, wundheilend, zusammenziehend, blutstillend, krampflösend, blähungswidrig, blutreinigend sowie magen-, nieren- und blasenstärkend. Äußerlich angewandt in Form von Kompressen, Auflagen, Einreibungen oder Teilbädern ist es hilfreich bei Verletzungen, schlecht heilenden Wunden, offenen Beinen, Wundliegen, blutenden Hämorrhoiden, entzündeter Haut, Geschwüren, Ekzemen und allergischen Hauterscheinungen. Krampfadern sprechen oft gut auf tägliche Kompressen und anschließende Einreibungen mit der durch Mandel – oder Jojobaöl verdünnten Essenz an.[174] Zu beachten ist hierbei allerdings, daß Krampfadern wegen der Thrombosegefahr auf gar keinen Fall massiert werden dürfen!

Weitere Indikationen sind Sonnenbrand, rheumatische Beschwerden, Neuralgien, Kopfschmerzen (Einreibungen an Stirn und Nacken), Magen-, Darm- und Gallenkrämpfe (heiße Kompressen), Magen- und Darmschleimhautentzündungen (Einreibungen bzw. sanfte Bauchmassagen) und Blähungen. Schafgarbenöl wirkt ferner regulierend auf das weibliche Hormonsystem und erweist sich bei unregelmäßiger und schmerzhafter Regel sowie Störungen im Klimakterium als nützlich.[175]

Auch im kosmetischen Bereich besitzt die Essenz ein breites Spektrum der Anwendungsmöglichkeiten. Aufgrund der oben genannten Eigenschaften und ihrer reinigenden und gleichzeitig beruhigenden Wirkung eignet sie sich zur Pflege entzündeter, unreiner Haut und zur Behandlung von Akne. Als Badezusatz und in Form von Hautöl ist sie außerdem hilfreich bei empfindlicher, trockener Haut und bei Cellulitis. Einige Tropfen im Shampoo beruhigen einen gereizten Haarboden und sollen außerdem haarwuchsfördernd wirken.

Auf das psychische Befinden wirkt die Schafgarbe stark ausgleichend. Bereits die alten Chinesen glaubten, diese Pflanze hätte Yin und Yang in sich vereint und sei daher in der Lage, bei ihrer Anwendung ein bestehendes Ungleichgewicht beider Kräfte auszubalancieren.[176] Ätherisches Schafgarbenöl spiegelt diese Eigenschaft wider. Es harmonisiert sehr ausgeprägt und unterstützt in dem Streben nach innerer Balance, nach Ausgewogenheit von Körper und Geist. Besonders in Übergangszeiten hilft es, in der eigenen Mitte zu bleiben[177] und Altes loszulassen. In der Aromalampe verdampft, eignet es sich abends zum Einschlafen und morgens zum Wachhalten.[178] Da es hochkonzentriert ist, genügen hierfür 1–3 Tropfen. Bei der Herstellung von entspannendem Massageöl läßt es sich ebenfalls sparsam verwenden. Zu beachten ist dabei jedoch, daß die Haut nicht unmittelbar nach der Einreibung direkter Sonnenbestrahlung ausgesetzt werden sollte, da bei Personen mit empfindlicher Haut u. U. Reizungen auftreten können.

Schafgarbe ist das Pendant zur Bach-Blüte **Vine**. Personen dieser Wesensart zeigen wenig Verständnis für die Schwierigkeiten anderer und setzen sich oft rücksichtslos über deren Bedürfnisse hinweg, da sie glauben, selbst den besseren Überblick zu haben. Daß sie diesen damit weh tun, ist ihnen meist nicht bewußt, im Gegenteil – sie bilden sich dazu noch ein, aufgrund ihrer eigenen besonderen Befähigung im Interesse ihrer Opfer zu handeln. Sie zeigen sich äußerst willensstark und können sich selbst gegenüber großen äußeren Widerständen behaupten. Dabei entwickeln sie sich u. U. zu einem regelrechten Tyrannen und setzen skrupellos auf Biegen und Brechen ihre eigenen Wünsche und Vorstellungen durch, oft nach dem Motto: «Der Zweck heiligt die Mittel.» Bei auftretenden Schwierigkeiten geraten sie rasch in Wut und werden äußerst unduldsam. Kritik gegenüber sind sie verschlossen und beharren unnachgiebig auf ihrer Meinung.

Styrax

Liquidamber orientalis

Das Harz des im gesamten Vorderen Orient, in Indien und auf Java vorkommenden Styraxbaumes – auch Amberbaum genannt – war im Altertum einer der begehrtesten Bestandteile von Räucherwerk. Es wurde sowohl für rituelle Zwecke als auch zur Heilung eingesetzt. Im alten Persien dampfte es neben Weihrauch, Myrrhe, Galbanum, Mastix und Narde unablässig in den Opfer- und Bittschalen. Moses nahm es zusammen mit sieben anderen Räucherwaren beim Auszug aus Ägypten mit. Die chinesischen Kaiser verschenkten es als besondere Auszeichnung an verdiente Persönlichkeiten. Als Heilmittel wird es auf assyrischen Tontafeln aufgeführt, die in den Ruinen von Ninive gefunden wurden. Der berühmte griechische Arzt Hippokrates lobte die heilende Wirkung von Räucherungen und erwähnte hierbei u. a. auch dieses Harz.[179]

Heute ist Styrax wie viele andere antike Spezereien fast in Vergessenheit geraten. Lediglich in der griechischen Kirche wird es noch zusammen mit Weihrauch verbrannt. In der medizinischen Literatur wird es meist nur in historischem Zusammenhang erwähnt. Erfreulicherweise ist ätherisches Styraxöl trotzdem derzeit im Handel erhältlich und auch in einigen wenigen Büchern zum Thema Aromatherapie beschrieben.

Das Öl ist etwas dickflüssig und verströmt einen balsamischen, blumigen, leicht süßlichen Duft, der mit dem anderer Essenzen nur schwer zu vergleichen ist. Es besitzt stark desinfizierende und keimtötende Eigenschaften und wirkt außerdem entzündungshemmend, wundheilend und zusammenziehend. Schlecht heilende Wunden lassen sich damit mittels Waschungen und Auflagen behandeln. Bei Entzündungen im Mund- und Rachenraum sind Anwendungen in Form einer Gurgellösung möglich. Aufgrund seines hustenstillenden und auswurffördernden Effekts kam man es auch als Inhalationslösung bei Husten und Bronchitis einsetzen.

Seine besondere Wirkung zeigt Styraxöl jedoch im seelischen Bereich. Es beruhigt, «löst seelische Verhärtungen auf, gleicht Hysterie und Paranoia aus und wirkt harmonisierend bei Ärger und Reizbarkeit»[180]. Bei innerer Unruhe, Nervosität, emotionalem Streß und Depressionen verschafft es Entspannung und Ruhe und verleiht gleichzeitig Antrieb und Motivation. Es «macht ehrgeizig im positiven Sinne»[181] und «‹beflügelt› Herz und Sinne»[182].

In der Antike wurde Styrax dazu benutzt, um sich für die geistige Welt zu öffnen.[183] Es wird daher auch zur Vertiefung der Meditation empfohlen. Ich persönlich halte Sandelholz zu diesen Zweck für wesentlich geeigneter. Die spirituelle Wirkung von Styrax ist meiner Ansicht nach eher anhand von bestimmten Symptomen der Blüte Vervain zu verstehen, die diesem Öl zugeordnet ist. Im Vervain-Zustand kommt es – meist unbewußt – zu einer Auflösung der Trennung von Subjekt und Objekt, so daß alles, was sich im Wahrnehmungsbereich des Ein-

zelnen befindet, als Teil seiner selbst erscheint.* Die Beziehung zwischen Vervain und dem Feuer-Element der Akupunktur, das in seinem Funktionsbild Kommunikation, Belebung, Ausstrahlung, Verbundenheit und Einssein ausdrückt, verdeutlicht diese Tatsache.**
Erich Keller empfiehlt Styrax auch zur Aurareinigung.[184] Interessanterweise beseitigt sein homöopathisches Pendant*** «Nux vomica» die Folgen von Medikamenten-, Alkohol-, Drogen- und Narkotikamißbrauch.

Styrax paßt, wie bereits erwähnt, für **Vervain**-Typen, die in ihrer Überbegeisterung keine Grenzen kennen und sich bis zur Erschöpfung enthusiastisch für eine Sache einsetzen. Mit großem Engagement und glühenden Reden versuchen sie, andere von ihren Ideen und Vorstellungen zu überzeugen und reagieren äußerst heftig, falls sie dabei auf Widerstände stoßen. Teilweise fanatisch und mit aggressiver Stimme versuchen sie dann, den anderen gewaltsam umzustimmen. Gelingt ihnen das nicht, so sind sie völlig deprimiert. Das Ausmaß ihrer Enttäuschung erreicht oft Phasen tiefer Depressionen, in denen jeder innere Antrieb fehlt. Die Erfahrung, einer Situation ohnmächtig gegenüberzustehen, ist für sie absolut niederschmetternd. Daraus resultiert auch ihre ausgeprägte Empfindlichkeit gegen Ungerechtigkeiten.

Vervain-Typen besitzen hohe Ideale, für die sie sich vielfach missionarisch einsetzen und feste Grundsätze, von denen sie nur selten abrücken. Durch ihre extrem hohen Selbstansprüche setzen sie sich psychisch jedoch ungemein unter Druck. Ihre äußerst extrovertierte Lebensart und die Neigung, sich laufend zu überfordern, führen zu einer permanenten Anspannung. Da sie sich außerdem in ihrem Übereifer kaum Ruhepausen gönnen,

---

* Vgl. *Neue Therapien mit Bach-Blüten 3*, S. 109 ff.
** Vgl. *Neue Therapien mit Bach-Blüten 3*, S. 105 ff.
*** Die Beziehungen zur Homöopathie haben sich als keine hilfreiche Ergänzung zu den Neuen Therapien erwiesen und wurden daher nicht mehr weiter verfolgt.

fühlen sie sich fast ständig gestreßt. Auf Dauer kommt es zu einem extremen inneren Verkrampfungszustand, in dem sie außerstande sind, abzuschalten und loszulassen. Zeitweilig erleben sie auch Phasen, in denen sie vollkommen überdreht sind und aufgrund ihrer überreizten Nerven völlig überschießend reagieren.

Tabak

Nicotiana tabacum

Diese Essenz wird aus den fermentierten Blättern der neben Nicotiana rustica wirtschaftlich bedeutendsten Tabakart Nikotiana tabacum, auch Virginia tabacum genannt, gewonnen. Das bis zu 3 m hohe Kraut mit lanzettförmigen, zugespitzten Blättern und rosafarbenen Blüten war ursprünglich in Bolivien und Peru heimisch und wird heute in vielen Ländern der Erde zur Produktion von Tabakwaren angebaut.

Ätherisches Tabaköl ist intensiv goldbraun, zähflüssig und besitzt einen balsamisch-warmen, süßlich-herben, würzigen Geruch, der an Pfeifentabak erinnert. Es wird in der Parfümindustrie hauptsächlich zur Herstellung von Herrenparfüms, Aftershaves und Deodorants verwendet. In der Aromatherapie ist es völlig unbekannt und wird in der einschlägigen Literatur überhaupt nicht erwähnt. Meiner Ansicht nach besitzt es jedoch hervorragende therapeutische Eigenschaften. Als Zusatz zu Massageöl (1–2 Tropfen auf 100 ml Trägeröl) regt es lokal die Durchblutung an und löst Muskelverspannungen, insbesondere im Schulterbereich. In der Aromalampe verdampft, vermittelt es Wärme und Behaglichkeit und schenkt Kraft, ohne dabei aufzuputschen.

Das unverdünnte Öl ist zu diesem Zweck allerdings schlecht zu gebrauchen, da es sehr zäh ist und nur schwer aus der Flasche tropft. Es ist außerdem extrem hoch konzentriert und riecht etwas streng, so daß Verdünnen auf jeden Fall anzuraten ist.

Hierzu füllt man das Aromafläschchen, das meist nur zu 1/5 gefüllt ist, mit Jojobaöl auf und erwärmt es im Wasserbad, bis sich das Tabaköl am Boden vollständig gelöst hat. Zum Verdampfen in der Aromalampe genügen hiervon 3–4 Tropfen. Für lokale Einreibungen gibt man von dieser Verdünnung nur einen Tropfen auf einen Teelöffel Trägeröl. Man sollte Tabaköl bei äußerlichen Anwendungen *grundsätzlich* äußerst vorsichtig dosieren, da es sonst u. U. zu akuten Kreislaufstörungen kommen kann. Schädliche Nebenwirkungen wie beim Rauchen sind nicht zu befürchten, da viele der gefährlichen Giftstoffe beim Verrauchen der Tabakblätter überhaupt erst entstehen.[185] Im Tabak selbst (und damit auch in der Essenz) sind diese nicht vorhanden.

Tabaköl kommt für Menschen im **Olive-Zustand** in Frage, die sich zu sehr verausgabt haben und nun unter massiven Erschöpfungszuständen leiden. Physisch und psychisch völlig am Ende kommt ihnen das Leben wie eine einzige Last vor. Bereits alltägliche Dinge wie Waschen, Zähneputzen oder der Gang zur Toilette erscheinen ihnen wie ein unüberwindliches Hindernis. Da ihnen augenblicklich alles zuviel ist, wollen sie nur ihre Ruhe haben und so viel wie möglich schlafen. Sie quälen sich vollkommen energie- und antriebslos durch den Tag, sind zu nichts zu motivieren und können sich auch über nichts mehr freuen, da ihnen hierzu die Kraft fehlt. Selbst Hobbys oder Angelegenheiten, die ihnen sonst Freude bereitet hatten, haben für sie jeden Reiz verloren. In ihrer Freizeit hängen sie daher lustlos herum und vertrödeln ihre Zeit. Aus reiner Gleichgültigkeit schauen sie beispielsweise Fernsehsendungen an, die sie eigentlich überhaupt nicht interessieren[186] oder blättern in Zeitschriften, ohne einen einzigen Artikel zu Ende zu lesen. Ihr Leben verläuft während dieser Phase eintönig und unbefriedigend und entbehrt jeglicher Sinnhaftigkeit.

Thymian

Thymus vulgaris

Ätherisches Thymianöl wird aus dem Kraut des weißblühenden Gartenthymians gewonnen. Dieser ist im Mittelmeerraum beheimatet und wächst dort wild an Felsheiden und in Buschwäldern. Bei uns wird er schon seit langem kultiviert und hat sich als Küchengewürz einen Namen gemacht. Seine medizinische Bedeutung war bereits im Altertum bekannt. Aufgrund seiner keimtötenden Wirkung wurde er im alten Ägypten zum Einbalsamieren der Toten verwendet.[187] Im Mittelalter setzte man ihn wegen seines stimulierenden Einflusses auf Körper und Geist stärkenden Bädern zu. Sie sollten den Rittern vor der Schlacht Mut verleihen.[188] «Mut» bedeutet auch der aus dem Griechischen stammende Name Thymian.

Früher war das Thymiankraut eines der meistbenutzten Hausmittel und wurde bei sämtlichen Arten von Erkältungskrankheiten eingesetzt. Husten behandelte man mit Inhalationen und Einreibungen. Bei Halsbeschwerden wurde gegurgelt. In Grippezeiten ließ man zur Vorbeugung einen Topf mit Wasser und Thymiankraut vor sich hinkochen.[189] Für unterwegs gab es Riechfläschchen.

Auch wenn viele seiner Anwendungsformen inzwischen aus der Mode gekommen sind, ist Thymian heute noch Hauptbestandteil vieler Hustensäfte und -sirupe. Einige seiner Eigenschaften lassen sich mittlerweile sogar wissenschaftlich nachweisen, so z. B. die außergewöhnlich starke keimtötende Wirkung, die mit vielen chemischen Präparaten konkurrieren kann. Allerdings wurden auch Nebenwirkungen festgestellt. Innerlich eingenommen kann das hochkonzentrierte ätherische Thymianöl die Leber schädigen.[190] Außerdem ist es stark haut- und schleimhautreizend und sollte bei äußerlicher Anwendung sehr vorsichtig dosiert werden. Die Anwendung in der Aromalampe ist – außer bei Allergikern – in der Regel unbedenklich. Bei Schilddrüsenüberfunktion, zu hohem Blutdruck, Anlage zu

Epilepsie und in der Schwangerschaft darf Thymianöl jedoch grundsätzlich nicht verwendet werden.[191] Thymian ist ein kraftvolles Tonikum und gibt Energie in Zeiten körperlicher und geistiger Schwäche.[192] Er regt den Kreislauf an und beseitigt Müdigkeit und Lethargie, wenn diese auf einem zu niedrigen Blutdruck beruhen. Auch auf die Gehirntätigkeit wirkt er stimulierend und fördert die Konzentration. Seine seelische Wirkung beschreibt Michael Kraus wie folgt: «Thymianöl schenkt einen starken Willen und den Mut, ihn in Handlungen umzusetzen. Dazu Wärme und Mitgefühl für andere Menschen, so daß der Wille sich dann nicht hart und grausam manifestiert, sondern zum Wohle des Ganzen.»[193]

Thymian entspricht der Bach-Blüte **Centaury**. Personen dieses Typs sind stets höflich, freundlich, rücksichtsvoll und hilfsbereit. Aufgrund ihres übergroßen Verlangens nach Anerkennung fällt es ihnen äußerst schwer, nein zu sagen oder sich gar zur Wehr zu setzen. Die ständige Angst vor Ablehnung wirkt sich lähmend auf ihren Willen aus und hindert sie daran, ihre eigenen Wünsche und Vorstellungen zu verwirklichen. Um ja nicht die Zuneigung anderer zu verlieren, geben sie häufig um des lieben Friedens willen nach und opfern ihre eigenen Bedürfnisse zugunsten anderer Menschen, von denen sie sich in ihrer Gutmütigkeit – oft ohne es zu bemerken – ausnutzen lassen. Auf diese Weise werden sie sehr leicht zum Werkzeug einer stärkeren Persönlichkeit, der sie sich willig unterordnen.

Häufig leiden die Betroffenen unter scheinbar unerklärlichen Schwächezuständen. Diese haben ihre Ursache in ihrer mangelnden Abgrenzungsfähigkeit, infolge derer sie unbemerkt Energie an ihre Umgebung abgeben.*

---

* Vgl. *Neue Therapien mit Bach-Blüten 1*, S. 22

Tulsi

Ocimum sanctum

Tulsi ist eine in Indien heimische Basilikumart, die dort zu den heiligsten Pflanzen zählt und sowohl für kultische Handlungen als auch für medizinische Zwecke genutzt wird. Der Name Tulsi stammt aus dem Hindi und bedeutet «unvergleichlich». Die lateinische Bezeichnung Ocimum sanctum leitet sich von griech. *ocymum* (süßes Heilkraut) und lat. *sanctum* (heilig) ab.[194] Die 30–60 cm hohe, mehrfach verzweigte Pflanze mit länglichen, elliptischen, behaarten Blättern und rosa- bis purpurfarbenen Blüten ist in ganz Indien vor vielen Hindutempeln und Häusern von Hindus anzutreffen. Sie soll vor schädlichen Einflüssen und bösen Geistern schützen. Außerdem dient sie als Opfergabe und als spirituelle Beigabe zu Speisen. Daneben wird die Pflanze in fast jedem Haushalt als Heilmittel für eine Vielzahl von Erkrankungen verwendet. Je nach Art der zu behandelnden Beschwerden werden Abkochungen aus der Wurzel, frisch gepreßter Blattsaft, getrocknete und pulverisierte Blätter sowie Tees aus Blättern innerlich und auch äußerlich eingesetzt. Selbst Bisse von Schlangen, Blutegeln und Moskitos und Stiche von Wespen, Bienen und Skorpionen werden mit Zubereitungen aus unterschiedlichen Pflanzenteilen behandelt.

Ätherisches Tulsiöl wird aus dem Kraut hergestellt. Es ist farblos, dünnflüssig und riecht angenehm würzig-frisch. In der Aromatherapie ist es bislang völlig unbekannt und im Handel nur selten erhältlich.* Nach ayurvedischen Quellen wirkt es keimtötend, krampflösend, schweiß- und harntreibend, fiebersenkend, magenstärkend und galleanregend; außerdem soll es die Nerven stärken und die Gedächtnisleistung steigern[195]. Als körperliche Indikationen gelten Erkältungen, grippale Infekte, Husten, Bronchitis, Asthma, Kopfschmerzen, Schluckauf, Blä-

---
* Bezugsquellen sind im Anhang aufgeführt.

hungen, Harnzwang, Hautkrankheiten, Weißhäutigkeit, fauliger Körpergeruch, Hexenschuß, Rheuma und Arthritis.

Seelisch soll Tulsi Herz und Geist öffnen, die Energie der Liebe und Hingabe spenden, Glauben, Mitleid und Klarheit stärken und den Schutz des Göttlichen verleihen, indem es die Aura reinigt und das Immunsystem stärkt.[196]

Zu beachten ist, daß das Öl während der Schwangerschaft nicht verwendet werden darf. Bei äußerlicher Anwendung sollte man es vorsichtig dosieren, da es u. U. empfindliche Haut reizt.

Tulsi* ist die Entsprechung der Bach-Blüte **Rock Rose**. Diese ist angezeigt in seelischen Ausnahmezuständen, die geprägt sind von Panik, Entsetzen, nacktem Grauen bis hin zu Todesangst. Die Betroffenen sind im ersten Moment vor Schreck wie gelähmt und vollkommen unfähig, zu reagieren. Sie fühlen sich der Situation völlig hilflos ausgeliefert und wissen nicht mehr ein noch aus. Das Gefühl der absoluten Ausweglosigkeit treibt sie in Extremfällen bis an die Grenzen des Wahnsinns und läßt ihnen keinen Raum für irgendeinen klaren Gedanken. Auslöser dieser hochakuten Angst können sein: lebensgefährliche Situationen (z. B. Unfälle oder Beinahe-Verkehrsunfälle bei hoher Geschwindigkeit), lebensbedrohliche Krankheiten (Herzinfarkt, Gehirnschlag, Asthmaanfälle u. a.), beängstigende medizinische Befunde (beispielsweise Krebsverdacht oder positiver Aids-Test) sowie plötzliche Schrecksituationen.

Daneben gibt es auch chronische Rock-Rose-Zustände, die gekennzeichnet sind durch die Neigung, Unangenehmes schockartig zu verarbeiten. Die Betroffenen sind zart besaitet und besitzen ein äußerst schwaches Nervenkostüm. Sie fühlen sich sehr schnell überfordert und geraten dann leicht in Panik. Hektik, Nervosität und Unruhe in ihrer Umgebung machen sie völ-

---

* Das in der Aromatherapie üblicherweise verwendete Basilikumöl aus der bei uns heimischen Art Ocimum basilicum besitzt nicht dieselbe Wirkung und steht in keiner Beziehung zur Bach-Blüte Rock Rose.

lig fertig.[197] Häufig leiden sie auch unter Alpträumen, die das auslösende Trauma in symbolischer Form, zuweilen auch als klare Erinnerung, beinhalten.

Vanille

Vanilla planifolia

Die zur Familie der Orchideengewächse gehörende Pflanze gedeiht auf Madagaskar, Sri Lanka, den karibischen Inseln und in Indonesien. Ihre Schoten werden zur Parfümierung von diversen Süßspeisen wie Kuchen, Eis, Puddings, Milchmixgetränken und Schokolade verwendet.* Sie liefern aber auch eine exklusive Essenz, die mit Hilfe eines Lösungsmittels – meist Alkohol – extrahiert wird. Diese ist von dunkelbrauner Farbe und besitzt einen warmen, süßen, sinnlichen Duft. Für aphrodisisches Körper- oder Badeöl ist sie deswegen hervorragend geeignet. Dank ihrer hautpflegenden Eigenschaften läßt sie sich auch Körpermilch und allen Arten von Cremes zusetzen. Die Haut duftet davon ähnlich wie Babyhaut. Vanille-Deospray (Grundlage 96%iger Alkohol) verleiht dem Schweiß eine erotische Note und betont den persönlichen Eigengeruch. Da es zwar unangenehme Gerüche beseitigt, die Schweißbildung jedoch nicht unterdrückt, läßt es die körpereigenen Pheromone (Sexuallockstoffe) vermehrt zur Geltung kommen. Allerdings muß die Essenz – dies gilt für alle Kosmetikpräparate – relativ hoch dosiert werden, damit sie ihren unverwechselbaren Duft auf der Haut entfalten kann.

Vanille wirkt ausgleichend auf die gerade vorherrschende Stimmung. Sie kann nicht nur erregen und euphorisieren, son-

---

* Vanille wird in der Nahrungsmittelindustrie seit langem durch billiges synthetisches Vanillearoma (Vanillin) ersetzt. Für exklusive Produkte wird jedoch in zunehmendem Maße wieder echte Vanille eingesetzt, meist sogar in gemahlener Form, um deutlich sichtbar auf die besondere Qualität aufmerksam zu machen.

dern auch beruhigen und entkrampfen. Ihre Hauptwirkung scheint indes darin zu bestehen, daß sie «ein Gefühl des Wohlbehagens und der Entspannung auslöst».[198] Sie «vermittelt Geborgenheit und Wärme, besänftigt Ärger und Reizbarkeit und mildert Frustration».[199] Ihre Pflanzenbotschaft lautet: «Das Leben ist zum Genießen da!»[200] Unzufriedenheit und Niedergeschlagenheit lösen sich auf bei diesem betörenden Duft, der uns unsere sinnlichen Gaben wieder bewußt macht und hilft, von diesen zu Gunsten eines erfüllten Lebens Gebrauch zu machen.

Vanille ist das Pendant zur Bach-Blüte **Water Violet**. Bei Personen dieses Typs handelt es sich um sehr selbständige, fähige Menschen, die nach außen hin verständnisvoll und tolerant wirken. Sie scheinen in Problemsituationen stets objektiv zu bleiben, zwingen niemals anderen ihren Willen auf und gehen Streitigkeiten prinzipiell aus dem Wege. Hinter ihrem angenehmen Verhalten verbirgt sich in Wirklichkeit jedoch eine innere Distanz und ein Gefühl der Überlegenheit. Negative Gefühlsäußerungen wie z. B. Zorn halten sie unter ihrer Würde.

Beruflich sind sie gefragte Ratgeber. Privat ziehen sie sich mehr und mehr zurück und werden zu Einzelgängern und Außenseitern, die am Gesellschaftsleben nicht mehr teilnehmen, weil sie sich in ihrer Arroganz für banale Freuden zu schade finden. Infolge ihrer inneren Abschottung verkümmert in ihnen mit der Zeit die Fähigkeit, für ihre Mitmenschen Gefühle wie Zuneigung oder gar Liebe zu empfinden, und sie fühlen sich selbst in Gegenwart anderer einsam. Ihr Stolz verbietet ihnen jedoch, selbst in Zeiten von Depression und Verzweiflung die Hilfe anderer anzunehmen.

Water-Violet-Typen sind meist äußerst kitzelig und vielfach sexuell überdreht, wodurch ihre Haut symbolisiert, daß sie den Kontakt mit ihrer Umgebung als zu intensiv empfinden. Da sie aber ihre übergroße sinnliche Erlebnisfähigkeit nicht auskosten, weil sie sich entweder über derartige fleischliche Gelüste erhaben fühlen oder keinen Partner finden, der ihrer würdig wäre, entsteht ein enormer innerer Druck. Diesen versuchen sie oftmalig durch Flucht nach oben – in eine übertriebene Spiritualität oder einen religiösen Übereifer, der in asketischem Streben nach Vollkommenheit aus der Not eine Tugend zu machen sucht – zu kompensieren. Doch je mehr sie ihren körperlichen Bedürfnissen zu entkommen suchen, desto stärker melden sich in ihrem Inneren die unbewältigten, dunklen Triebe.

Hier kann der bezaubernde Duft der Vanille eine Bach-Blütenbehandlung hervorragend ergänzen, indem er auf ungezwungene Weise hilft, sinnliche Empfindungen wieder zuzulassen und die innere Distanz zur Umgebung schrittweise abzubauen.

Vetiver

Vetiveria zizanoides

Vetiver ist eine tropische Grasart, die auf feuchtwarmen Böden gedeiht und bis zu 1,80 m hoch wird. Sie stammt ursprünglich aus Nordindien, wo sie unter der Bezeichnung Khus khus bekannt ist. Heute wird sie in ganz Indien, Sri Lanka, Indonesien, Brasilien, China, auf Java und Reunion angebaut.

Ätherisches Vetiveröl wird aus der Wurzel gewonnen, die auf sehr aufwendige Art geerntet werden muß, da sie außergewöhnlich tief in die Erde reicht und außerdem besonders kräftig und widerstandsfähig ist. Um 1 Tonne Wurzeln zu «ernten», müssen 1000 Tonnen Erde durchgearbeitet werden.[201] Hieraus erhält man durch Destillation 200 g einer hochkonzentrierten, sehr ergiebigen Essenz. Diese ist dunkelbraun, zähflüssig und besitzt einen schweren, erdig-modrigen Geruch. Weil dieser die Motten vertreibt, wurde die Wurzel früher auch als «Mottenwurzel» bezeichnet.

Vetiveröl findet in der Kosmetik- und Parfümindustrie vielseitige Verwendung, da sein Duft sehr lange anhält und es sich aus diesem Grunde als Fixierungsmittel für Deodorants, Aftershaves und Rasierwässer eignet. Orientalischen Parfüms verleiht es die berühmte schwüle Note. Auch zur Herstellung von Cremes zur Pflege trockener, strapazierter und vor allem reiferer Haut erweist es sich als sehr nützlich. Es wirkt regenerierend auf das Unterhautgewebe und «unterstützt dort den Gewebeaufbau, wenn im Alter Fett abgebaut und deshalb die Haut schlaff wird»[202]. Außerdem soll es Schwangerschaftsstreifen vorbeugen.

Vetiveröl übt sowohl auf die körperliche als auch die seelische Verfassung einen regenerierenden und stärkenden Einfluß aus. Bei Nervosität, Erschöpfung und Abgespanntsein wirkt es stabilisierend, ausgleichend und beruhigend, zugleich aber auch stimmungsaufhellend und leicht aphrodisierend. Als Zusatz zu Massageölen intensiviert es die Verbindung zum eigenen Körper und zur Sexualität und erdet jene, die zu sehr im Kopf leben und dadurch ruhelos und fahrig werden. Das Öl ist besonders dann nützlich, «wenn man keine Stabilität hat, sich entwurzelt fühlt und wie ein Gras im manchmal stürmischen Wind des Lebens hin- und hergeworfen wird»[203]. Es «hilft, sich nicht von falschen Vorstellungen blenden zu lassen, ... macht stark gegen Versuchungen»[204] und «beschwichtigt Zweifel und Sorgen»[205].

Vetiver eignet sich für **Cerato**-Typen, die kein Vertrauen in ihre eigene Urteils- und Entscheidungsfähigkeit besitzen und deshalb ständig andere um Rat fragen. Weil sie ihrer eigenen Meinung grundsätzlich mißtrauen, suchen sie die Bestätigung von außen selbst dann, wenn sie sich ihrer Sache im Grunde genommen sicher sind. So erwecken sie stets einen unentschlossenen Eindruck und scheinen keinen eigenen Standpunkt zu besitzen. Widerspricht ihnen jemand, so reagieren sie völlig verunsichert und neigen dazu, die Ansicht des anderen zu übernehmen. Häufig lassen sie sich dabei fehlleiten und treffen Entscheidungen, die sie hinterher bereuen. Da sie nach außen hin sehr unselbständig, teilweise sogar naiv und einfältig wirken, werden sie auch leicht zum Opfer von Betrügern, die ihre Leichtgläubigkeit ausnutzen.

Zitrone

Citrus limonum

Der Zitronenbaum, mittlerweile im gesamten Mittelmeerraum und in Amerika kultiviert, stammt ursprünglich aus Asien. Er gilt als Mitbringsel Alexander des Großen, der die Zitrusfrüchte auf seinen ausgedehnten Feldzügen kennenlernte. Die größten Anbaugebiete befinden sich heute auf Sizilien und in Kalifornien.

Ätherisches Zitronenöl wird durch Kaltpressen der Fruchtschalen gewonnen. Diese sind relativ ergiebig; für 1 kg der Essenz genügen die Schalen von etwa 3000 Zitronen. Im Vergleich zu Essenzen, die aus Blüten hergestellt werden, ist das sehr wenig und der erforderliche Aufwand gering. Trotz des damit verbundenen niedrigen Preises werden für die Nahrungs- und Putzmittelindustrie jährlich zusätzlich Unmengen an Citral, dem Hauptduftstoff der Zitrone, künstlich hergestellt oder aus dem noch preisgünstigeren Lemongras extrahiert.

Echtes ätherisches Zitronenöl ist licht- und wärmeempfindlich und sollte bei längerer Lagerung im Kühlschrank aufbewahrt werden. Es ist dünnflüssig, klar, mit einer schwach gelblich-grünen Färbung. Sein charakteristischer fruchtig-spritziger Frischegeruch ist in Küche und Haushalt inzwischen zu einem Inbegriff der Sauberkeit geworden. In vielen Reinigungsmitteln und Raumsprays wird die desinfizierende und reinigende Wirkung der Zitrone genutzt. Diese besitzt außerdem entzündungshemmende, fiebersenkende, antibakterielle und antivirale Eigenschaften. Ferner steigert sie die körpereigene Abwehr, indem sie die weißen Blutkörperchen aktiviert. Ein Glas heißes Wasser oder Tee mit dem Saft einer Zitrone und etwas Honig gehört zu den am häufigsten angewandten Hausmitteln bei Erkältungen und grippalen Infekten. Auch bei Sodbrennen ist dies ein probates Mittel. Zitronensaft ist zwar sauer, im Körper löst er jedoch alkalische Reaktionen aus und neutralisiert so überschüssige Säure. Er wird deshalb oft auch zur Behandlung von

Rheuma und Gicht empfohlen. Halsschmerzen, Entzündungen der Mundschleimhaut und des Zahnfleisches sowie Aphten lassen sich durch Gurgeln bzw. Mundspülungen mit Zitronenwasser behandeln. Dieses kräftigt außerdem das Zahnfleisch und beugt Parodontose vor. Schnittwunden kann man mit purem Zitronensaft beträufeln, da dieser stark blutstillend wirkt und dazu noch die Wunde desinfiziert. Will man das heftige Brennen vermeiden, kann man diese statt dessen mit Zitronenwasser auswaschen oder Kompressen verwenden. Zweifelhaftes Trinkwasser in heißen Ländern läßt sich durch die keimtötende Wirkung von Zitronensaft genießbar machen, wobei der Saft einer Zitrone für einen Liter Wasser ausreicht.[206]

Ätherisches Zitronenöl kann zwar prinzipiell anstelle von Zitronensaft benutzt werden. Da jedoch nur wenige Hersteller Zitronen aus biologischem Anbau verwenden, sind bei den meisten Produkten relativ hohe Spritzmittelrückstände nicht auszuschließen. Aus diesem Grund ist die innerliche Einnahme der konzentrierten Essenz keinesfalls zu empfehlen*, zumal die Zitronenschalen, aus der sie hergestellt wird, auch nicht zum Verzehr verwendbar sind. Zur äußerlichen Anwendung ist diese aber hervorragend geeignet. Hornhaut, Warzen und Insektenstiche lassen sich damit pur beträufeln. Die umliegende gesunde Haut darf jedoch nicht mit dem ätherischen Öl in Berührung kommen, da dieses stark haut- und schleimhautreizend wirkt und sensible Haut u. U. irritieren kann. Deshalb sollte es generell sparsam dosiert werden. Außerdem ist es, wie alle Zitrusöle, photosensibilisierend.

Daneben verfügt Zitronenöl über beruhigende und entkrampfende Eigenschaften und stillt den Juckreiz bei Ekzemen oder Hautausschlägen, auch solchen, die bei einzelnen Kinderkrankheiten auftreten.[207] Zitronen-Massageöl regt den Lymphfluß an, stärkt die Venen, erfrischt und verleiht neue Kräfte, weswegen es besonders von Sportlern geschätzt wird. Meiner Erfahrung

---

* Wie bereits auf S. 67 angeführt, gibt es zudem weitere Argumente, die grundsätzlich gegen eine innerliche Einnahme sprechen.

nach beugt es auch Muskelkater vor. Hierzu sollten unmittelbar vor einer großen körperlichen Anstrengung Oberschenkel und Waden (bei Bodybuilding der ganze Körper) damit eingerieben werden. Durch eine entsprechende Einreibung bereits am Abend zuvor wird die Wirkung verstärkt. Ein Zitrusbad (nicht mehr als drei Tropfen verwenden!) wirkt belebend und gleichzeitig entschlackend.

Auf die Haut hat Zitronenöl einen anregenden, straffenden, kräftigenden und hautreinigenden Effekt. In der Kosmetik wird es vor allem zur Pflege fetter, unreiner Haut und zur Behandlung von Akne eingesetzt. Angeblich soll es auch der Hautalterung entgegenwirken. Da es schwach bleichend wirkt, kann es u. U. stumpfe, fleckige Haut aufhellen. Auch bei Sommersprossen soll es sehr nützlich sein, vorausgesetzt, es wird über einen längeren Zeitraum regelmäßig benutzt.[208] Weitere Anwendungsgebiete sind fettige Haare (einige Tropfen ins Shampoo geben) und brüchige Nägel. Diese können einfach mit Zitronensaft morgens und abends bepinselt werden. Zähne sollen angeblich ihre weiße Farbe behalten, wenn sie einmal wöchentlich mit Zitronensaft gebürstet werden. Die Anwendungsmöglichkeiten der Zitrone in der Kosmetik sind sehr vielseitig. Eine ganze Reihe der im Handel erhältlichen Kosmetikpräparate wie Cremes, Lotionen, Gesichtsmasken, Bade- und Körperöle, erfrischende Toilettenwässer, Parfüms (z. B. Kölnisch Wasser) und Deodorants enthalten ätherisches Zitronenöl oder synthetisch gewonnene Wirkstoffe der Zitrone.

Zitronenöl besitzt auch psychisch eine stark anregende Wirkung. Es steigert die geistige Leistungsfähigkeit[209], erhöht das Konzentrationsvermögen und stärkt die Aufmerksamkeit bei der Arbeit. Eine in Japan durchgeführte Studie ergab, daß die Quote von Tippfehlern um 54 % sank, wenn Zitronenöl im Raum verdunstet wurde.[210] Auch bei Computereingaben soll es die Fehlerquote senken.[211] Für Büros ist es deswegen ideal geeignet, ebenso für Schulen und Fortbildungszentren, in denen viel verlangt wird. Bei geistiger Erschöpfung und damit verbundenem Konzentrationsmangel ist es oft eine große Hilfe. Es «weckt Lebensenergien und vermittelt Selbstvertrauen und Selbstsicherheit»[212]. Außerdem aktiviert es bei Gefühlen von körperlicher und seelischer Schwere.[213]

Zitronenöl findet seine Entsprechung in der Bach-Blüte **Elm**. Diese ist immer dann indiziert, wenn die äußere Anforderung im Moment viel zu hoch ist und sich der Betroffene hilflos überfordert fühlt. Seine Aufgabe liegt auf einmal wie ein unüberwindlicher Berg vor ihm, und er glaubt, ihr nicht mehr gewachsen zu sein. Oft verlassen ihn schlagartig die psychischen und manchmal auch die physischen Kräfte. Das Spektrum reicht von geistigem Blackout bis hin zu Kreislaufkollaps und Ohnmacht. Konzentrationsstörungen, plötzlicher Gedächtnisverlust, starke Nervosität, im Extremfall sogar Nervenzusammenbrüche sind ebenfalls häufige Begleiterscheinungen dieser akuten Überforderung.

Typisches Beispiel eines akuten Elm-Zustandes ist eine Prüfungssituation, in der der Kandidat unerwartet versagt, weil er sich im Augenblick überfordert fühlt. Zuvor hatte er alles korrekt beantwortet. Eine unerwartete Frage wirft ihn aus der Bahn, und alles Gelernte ist plötzlich weg. Eine – weniger dramatische – Elm-Phase durchleben Schüler, Studenten oder Seminarteilnehmer, die wegen der Fülle des Stoffes überlastet sind und dem Unterricht bzw. der Vorlesung nicht mehr folgen können. Ich verdampfe auf meinen Seminaren deshalb gerne Zitronenöl, um derartigen Problemen vorzubeugen.

Zypresse

Cupressus sempervirens

Die Zypresse ist ein extrem schlanker, immergrüner, bis zu 50 m hoher Nadelbaum mit kleinen, schuppenförmigen Blättchen an steil nach oben gerichteten, eng am Stamm anliegenden Zweigen. Sie war ursprünglich in Kleinasien, Nordiran, Syrien und den griechischen Inseln heimisch, wurde jedoch sehr früh im gesamten Mittelmeerraum kultiviert und prägt dort weitgehend das Landschaftsbild. Bereits in der Antike wurde sie für medizinische Zwecke genutzt, insbesondere von den Ägyptern, Assyrern und Griechen.[214] Ätherisches Zypressenöl wird aus Blättern, Zweigen, Früchten (Zapfen) und dem Holz gewonnen. Für therapeutische Anwendungen ist das Öl aus den Früchten am besten geeignet.[215] Dieses ist klar und dünnflüssig und besitzt einen warmen, harzigen, leicht herben Duft. Es wirkt stark zusammenziehend, gefäßverengend, venenstärkend, blutstillend, schweißhemmend, kreislaufanregend, harntreibend, krampflösend (insbesondere im Bereich der Bronchien), schmerzstillend und antirheumatisch. Als Mundspülung (1 Tropfen auf ½ Glas Wasser) läßt es sich zur Behandlung von Zahnfleischbluten einsetzen. In Form von Sitzbädern ist es hilfreich bei zu starker und schmerzhafter Menstruation, Harninkontinenz und blutenden Hämorrhoiden und Krampfadern (nur einreiben, keinesfalls massieren!), wobei die Essenz sogar Verhärtungen der Venenwände auflösen soll.[216] Bei Schweißfüßen werden Fußbäder und anschließendes Eincremen mit einer Salbe, die Zypressen- und Zitronenöl enthält, empfohlen.[217] Hitzewallungen und übermäßiges Schwitzen in den Wechseljahren lassen sich durch Vollbäder und Massagen mit Zypressenöl mildern. Bei fließendem Katarrh, krampfartigem Husten, Asthma, Keuchhusten und Heiserkeit bis hin zu Stimmverlust sind Inhalationen, Einreibungen von Brust und Rücken (verdünnt!) sowie Anwendungen in der Aromalampe zweckmäßig. Einige Tropfen auf einem vor den Mund gehaltenen Taschentuch können als erste Hilfe bei akuten Hustenanfällen dienen. Weitere Indikationen, bei denen sich die Essenz als nützlich erweist, sind Durchfall, Lebererkrankungen, Gallenbeschwerden und Rheuma.

Seelisch übt Zypressenöl einen beruhigenden und nervenstärkenden Einfluß aus. Es eignet sich hervorragend zur Behandlung von nervösen Spannungszuständen, Unruhe, Nervosität, Gereiztheit, Zerstreutheit, Konzentrationsschwäche und Entschlußlosigkeit. Insbesondere bei nervlicher Zerrüttung, ausschweifender Sexualität und einem zu schnellen Verbrauch der Lebensenergie[218] hilft es, «sich auf das Wesentliche zu beschränken und nicht in der riesigen Vielfalt von Eindrücken unterzugehen.»[219] Epileptiker sollten die Essenz allerdings grundsätzlich meiden.[220]

Zypressenöl läßt sich auch für kosmetische Zwecke verwenden. Es wirkt desodorierend, hautglättend und hautstraffend und ist einsetzbar bei schlaffer, müder, fetter Haut mit verstopften Poren, fettigen Haaren, Bindegewebsschwäche und Cellulitis. In der Aromalampe angewendet, vertreibt es Insekten und mindert Hundegeruch. In Form von Spray eignet es sich als Mittel gegen Hundeflöhe.[221]

Zypresse ist hilfreich für Personen des **Impatiens**-Typs, die sich immer in Eile befinden und überall, wo sie hinkommen, sofort Hektik verbreiten. Sie arbeiten schnell, sprechen schnell, bewegen sich schnell und schlingen ihr Essen in Rekordzeit hinunter. Wie von einer innerlichen Rakete angetrieben, hetzen sie sich selbst oft bis zur Erschöpfung und treiben sogar noch andere zur Eile an. Dabei reagieren sie aus Ungeduld vielfach überschießend und gereizt und werden sehr rasch laut, wenn ihnen etwas zu langsam geht. Ihr aufflammender Zorn ist in der Regel jedoch ebenso schnell wieder verraucht. Sie arbeiten lieber allein, da ihnen das langsamere Tempo anderer auf die Nerven geht. Müssen sie irgendwo warten, macht sie das ganz nervös. Sie gehen dann ungeduldig auf und ab und überlegen, was sie in der Zwischenzeit alles hätten erledigen können. Wegen ihrer hektischen Lebensweise leiden sie meist unter einer starken nervlichen Anspannung und können nur schwer abschalten.

Kapitel IV

Heilen mit Edelsteinen

1.
Arzneimittelbilder der Edelsteine

Berichte über die Verwendung von Edelsteinen zu Heilzwecken gibt es aus fast allen antiken Kulturen. Die ältesten stammen aus dem 4. Jahrtausend vor Chr. und sind sumerischen Ursprungs.[1] Bereits die alten Babylonier und die Assyrer kannten heilende Tinkturen aus Edelsteinen.[2] Genaue Anleitungen zur Zubereitung von Edelsteinmedikamenten in Form von Elixieren, Pulvern, Pasten und kompliziert herzustellenden Oxiden enthält der altindische Ayurveda.[3]

Dioscurides, ein bekannter römischer Arzt des 1. Jahrhunderts nach Chr., berichtet ausgiebig über die Heilkraft verschiedener Edelsteine und gibt Hinweise für die innerliche Anwendung von pulverisierten Steinen. Detaillierte Angaben über positive und negative Wirkungen von sechzig Edelsteinen finden sich in dem Werk «Lapidarius», verfaßt von Marbod, Bischof von Rennes (1035–1123), das damals sehr populär war und in mehrere Sprachen übersetzt wurde. Marbods Steinkunde ist inzwischen völlig in Vergessenheit geraten, wogegen die Schriften seiner nachfolgenden Zeitgenossin Hildegard v. Bingen (1098–1179), die damals wenig Beachtung fanden, sich heute steigender Beliebtheit erfreuen. Im Gegensatz zu Marbod gewann Hildegard ihr Wissen nicht durch umfangreiche Recherchen, sondern durch visionäre Schau.[4]

Die heutige Edelsteintherapie ist ein Konglomerat aus Überlieferungen, die teilweise sehr unkritisch übernommen und kaum auf ihren Wahrheitsgehalt überprüft wurden, medialen Durchgaben, deren Inhalte nicht immer nachvollziehbar sind, da sie sich oft auf angebliche Anwendungen zur Zeit von Atlantis beziehen, sowie Zuordnungen zu Planeten und Chakren*, aus denen spezielle Heilkräfte und spirituelle Wirkungen der Steine abgeleitet werden. Daneben gibt es Beobachtungen erfahrener Praktiker, die derzeit die einzige verläßliche Quelle zu sein scheinen.

Mir persönlich kommt die Zuordnung von Edelsteinen zu den Chakren aufgrund ihrer Farbe etwas fragwürdig vor, da sie gleich auf zwei unbewiesenen Annahmen beruht: Zum einen soll die Wirkung der Steine mit deren Farbe zusammenhängen, zum anderen sollen bestimmte Farben auf bestimmte Chakren wirken, d. h. rote Steine auf das erste Chakra, orangefarbene auf das zweite usw.

Die Behauptung, die Wirkung der Steine hinge mit ihrer Farbe zusammen, läßt sich allein durch die Tatsache entkräften, daß die Steine, in der dunklen Hosentasche oder in einem geschlossenen Lederbeutel getragen, dieselbe Wirkung zeigen wie beim Auflegen auf den Körper bei Tageslicht. Zwar wecken sie aufgrund ihrer Farbe gewisse Assoziationen; denselben Effekt zeigen jedoch auch andere Objekte derselben Farbe.

Die Mutmaßung, die sieben Chakren ließen sich den sieben Regenbogenfarben zuordnen, wobei dem Wurzelchakra eine Beziehung zu Rot, dem Scheitelchakra zu Violett zukäme, ist nicht so leicht zu widerlegen, aber auch keineswegs zu beweisen. Jedenfalls weisen die Farben der Chakren , wie sie von Hell-

---

* Chakren sind feinstoffliche Energiezentren, die für die menschliche Entwicklung von wesentlicher Bedeutung sind. Sie dienen der Aufnahme feinstofflicher Energien aus dem uns umgebenden «Äther» sowie deren Umsetzung und Verteilung im Energiekörper. Sie stehen jeweils mit einer endokrinen Drüse in Verbindung und nehmen somit eine zentrale Steuerungsfunktion im Körper ein.

sichtigen gesehen werden, starke individuelle Unterschiede auf und lassen sich daher nicht starr einordnen. Zu diskutieren wäre allenfalls ein heilender Einfluß einer speziellen Farbe auf ein bestimmtes Chakra nach dem Resonanzprinzip. Die von mir durchgeführten Tests mit Farbbestrahlungen direkt in die «Nabe» der Chakren, wobei dieses unsichtbare, außerhalb des Körpers liegende feinstoffliche «Etwas» mit der Pyramidenspitze der Farblampe auf den Millimeter genau getroffen werden muß, zeigten nicht die geringste Übereinstimmung mit dem obigen Schema.

Ebenso zweifelhaft erscheint mir die *farbliche* Zuordnung von Edelsteinen zu Planeten, wonach z. B. *alle* schwarzen Steine aufgrund ihrer Beziehung zum Pluto eine Wirkung auf das Unterbewußtsein besitzen und zerstörerische Kräfte in sich bergen sollen, eine Pauschalisierung, die einem simplen Test durch längeres Tragen eines Schneeflockenobsidians oder Rauchquarzes nicht standhalten kann. Lediglich Onyx und vor allem Hämatit zeigen brisante Eigenschaften, die u. U. äußerst unangenehme Reaktionen hervorrufen können.

Um Anhaltspunkte für die Anwendungsmöglichkeiten von Edelsteinen zu erhalten, überprüfte ich ihre Zugehörigkeit zu den einzelnen Bach-Blüten anhand der entsprechenden Hautzonen und setzte sie alternativ zu den Bach-Blüten ein. Die Resultate waren überraschend. In den meisten Fällen zeigten die Steine dieselben Wirkungen wie die ihnen zugeordneten Bach-Blüten, insbesondere bei der Anwendung auf den Hautzonen bei akuten körperlichen Beschwerden. Manchmal reagierte der Patient jedoch auf die Bach-Blüten besser und schneller. Es kam aber auch vor, daß der Einsatz eines Edelsteins einer erfolglosen Bach-Blütentherapie zum Durchbruch verhalf. Dies war vor allem dann der Fall, wenn das der Therapieblockade zugrundeliegende negative Seelenkonzept einen stark mental geprägten Charakter zeigte.

Mit der Zeit kristallisierten sich auf diese Weise Einsatzmöglichkeiten von Edelsteinen in Zusammenhang mit der Bach-

Blütentherapie heraus. Ich arbeitete dabei ausschließlich anhand der von mir ermittelten Analogien. Spezielle Indikationen der Steine blieben unberücksichtigt. Um wenigstens Hinweise auf die Heilwirkungen der Edelsteine selbst zu erhalten, begann ich schließlich zu experimentieren.

Ausgangspunkt meiner Versuche war die Beobachtung, daß beim Auflegen eines Steins auf eine ihm zugehörige Hautzone ein Resonanzeffekt in der Aura auftrat und diese enorm Energie abstrahlte. In der Annahme, daß die menschliche Aura in diesem Fall wie ein Verstärker wirkte, der die Eigenschwingung des Steins in intensivierter Form wiedergab, legte ich bei meinem Sohn einen Hämatit auf die Rock-Water-Zone und versuchte wahrzunehmen, welche Wirkung die von *seiner Aura* abgestrahlte Energie auf *meinen Körper* und *meine Psyche* ausübte. Hierbei erlebte ich konkrete, deutlich spürbare Symptome.

Weitere Experimente mit anderen Steinen zeigten ähnlich greifbare Resultate. Mit der Zeit kristallisierten sich dabei Rahmenbedingungen heraus, die zur Vermeidung von Stör- und Fehlerquellen geschaffen werden mußten: Die Steine waren zuvor sorgfältig energetisch zu reinigen, ebenso die eigene Aura und der Raum, in dem die Testung stattfinden sollte. Ungute Stimmungen und negative Gedanken durften nicht in die rein sensitive Arbeit mit hineingenommen werden, da sie diese erheblich stören konnten. Außerdem mußte der ganze Vorgang in einer ruhigen, meditativen Atmosphäre stattfinden.

Glücklicherweise waren diese Vorkehrungen nur zu Beginn der Experimente zu treffen. War die Testung einmal in Gang, wurden subjektive Empfindungen, wie z. B. ein zu voller oder ein leerer Magen, durch die starke Energieabstrahlung der Aura der Versuchsperson vollkommen überlagert und dadurch ausgeschaltet.

Sämtliche Tests führte ich zusammen mit meinem damals neunjährigen Sohn Manuel durch. Einige Male arbeitete ein gleichaltriger, ebenfalls sensitiver Freund von ihm mit. Nach der oben beschriebenen Reinigungsprozedur, die meist eine halbe Stunde in Anspruch nahm, legte ich den zu testenden Stein bei Manuel auf eine entsprechende Zone und schrieb die von mir erlebten Symptome mit. Die Testung selbst dauerte meist eine halbe bis dreiviertel Stunde. Danach hörte die Energieabstrahlung von Manuels Aura in der Regel ziemlich abrupt auf. Nach einer erneuten Reinigung des Steins bekam ich den Stein auf dieselbe Zone gelegt, und mein Sohn schrieb die von ihm erlebten Symptome mit. Der anschließende Vergleich unserer Manuskripte zeigte meist eine weitgehende Übereinstimmung. Außerdem erwiesen sich die Tests als **reproduzierbar**, da solche, die wir in größeren Zeitabständen wiederholten, dieselben Resultate lieferten. Auch die Symptome, die Manuels Freund Alexander beschrieb, deckten sich mit den von uns ermittelten. Von einem Placebo-Effekt konnte daher nicht die Rede sein, zumal Alexander weder von Bach-Blüten noch von Edelsteinen die geringste Ahnung hatte. Wir klärten ihn nicht einmal über Hintergrund und Sinn der Testung auf. Er bekam lediglich einen Zettel und einen Bleistift mit der Aufforderung, alles aufzuschreiben, was er spüre. Außerdem wurde bei diesen Tests nicht gesprochen, um eine gegenseitige Beeinflussung auszuschließen.

Bei späteren Experimenten tauschten Manuel und ich während des Testvorganges Erfahrungen aus. Vorbedingung hierfür war jedoch, nur das Notwendigste zu übermitteln, sich nicht in Diskussionen zu verlieren, trotz des Gesprächs in einem meditativen Zustand zu verbleiben und die Offenheit für sensitive Wahrnehmungen beizubehalten. Durch Beobachtung des anderen, dessen Gestik, Ausdrucks- und Verhaltensweise erhielten wir zusätzliche Informationen. Hierzu gehört z. B. die folgende Beobachtung: «Gesicht wirkt still, ernst und in sich gekehrt (wie von großem Schmerz gezeichnet) und um Jahre gealtert». Auch Symptome wie: «Macht sich über andere lustig und lacht selbst über Fliegen» und «Lästert über alles mögliche» erhielten wir auf diese Weise. Beim Test von Magnetit weigerte sich Manuel plötzlich, auf Symptome zu achten und diese schriftlich festzuhalten. Die aus seinem – völlig veränderten – Verhalten abgeleiteten Charakteristika lauteten: «Albert aus Arbeitsüberdruß herum und vergißt darüber seine Pflichten; reagiert verärgert, wenn er darauf angesprochen wird» und «Verhält sich uneinsichtig gegenüber Ermahnungen und ist keinen Argumenten zugänglich». Ich selbst verhielt mich bei diesem Test ebenfalls sehr seltsam, wobei ich, wie im Protokoll von Magnetit im entsprechenden Kapitel nachzulesen ist, ähnlich meinem Sohn sämtliche Regeln des Anstands brach.

Die bei den Tests erlebten körperlichen Symptome waren keine Ahnungen oder vage Empfindungen, als ob eine bestimmte Stelle schmerzen würde. Wir hatten tatsächliche Schmerzen bis hin zu heftigen Koliken. Auch der «unbemerkte Stuhlabgang», von dem wir beide betroffen wurden, war zum Leidwesen meiner Frau «echt».

Die beschriebene Testung der Edelsteine läßt sich analog zur Homöopathie auch als Arzneimittelprüfung bezeichnen. Die hierbei von der Testperson erlebten Symptome sind dieselben, die der jeweilige Stein bei seiner Anwendung zu heilen vermag. Sie stellen demnach die Indikationen dar, nach denen er sich verordnen läßt.

Im manchen Fällen scheinen sich gewisse Indikationen zu widersprechen. Dies liegt daran, daß die betreffenden Symptome im Test nacheinander auftraten. Sie schließen sich daher nicht gegenseitig aus.

Bei der Beschreibung der einzelnen Edelsteine habe ich die Indikationen nach der in der Homöopathie üblichen Reihenfolge aufgeführt: Gemütssymptome, Allgemeinsymptome, Kopf-zu-Fuß-Schema. Wichtige Gemütssymptome, die auch von den homologen Bach-Blüten bekannt sind, wurden *kursiv* gedruckt.

# 2.
Auswahl der in Frage kommenden Heilsteine

Für eine Edelsteinbehandlung sollte – wie bei den ätherischen Ölen – die psychische Verfassung des Patienten ausschlaggebend für die Wahl der entsprechenden Heilmittel sein. Da die seelischen Indikationen der Steine nicht so präzise definiert und klar voneinander abgegrenzt sind wie die der Bach-Blüten, ist es sinnvoll, Edelsteine grundsätzlich nach den bei den Bach-Blüten bekannten und sehr einfachen archetypischen negativen Seelenkonzepten zu verordnen. Bei seelischen Problemen genügt diese Methode vollkommen. Bei körperlichen Beschwerden kann man *zusätzlich* die von mir ermittelten Arzneimittelbilder der Edelsteine heranziehen, insbesondere dann, wenn man sich bei der Auswahl anhand der Gemütssymptome nicht ganz sicher ist. Hieraus ergibt sich im Vergleich zur bisherigen Edelsteintherapie eine vollkommen andere und wesentlich einfachere Vorgehensweise, bei der für die gleichen Beschwerden teilweise völlig andere Steine verwendet werden.

Eine weitere Möglichkeit der Edelsteindiagnostik bieten die **Bach-Blüten-Hautzonen**. Da jeweils ein Stein einer Bach-Blüte entspricht, stellen diese gleichzeitig Edelsteinreflexzonen dar. Die in Frage kommenden Steine lassen sich bei körperlichen Beschwerden daher anhand der Topographie *direkt* vom Körper ablesen. Mit Hilfe der Nummern in der Tabelle der Entsprechungen im Anhang können sie sehr leicht in der Übersichtstopographie im Band 2 der «Neuen Therapien mit Bach-Blüten»* aufgesucht werden.

Als wertvolle Hinweise können auch Vorliebe für bzw. Abneigung gegen bestimmte Steine dienen. Allerdings sind dabei nur ausgeprägte Sympathien und Antipathien zu werten, die sich in der Regel nur auf jeweils einen oder zwei Steine beziehen. Geringfügige Unterschiede im Gefallen haben keinerlei Aussagekraft, zumal hier die Gefahr besteht, daß Modeschwankungen hereinspielen.

Vorliebe deutet hier – wie bei den ätherischen Ölen – auf innere Konflikte hin, die der Betreffende bearbeiten und lösen möchte. Abneigung symbolisiert dagegen negative Seelenaspekte, die an sich selbst abgelehnt werden. Für therapeutische Ansätze sind die Abneigungen die wichtigeren.

---

* Vgl. *Neue Therapien mit Bach-Blüten 2,* S. 290 ff.

II

Fluorit

Fluorit

Fluorit

Smaragd

Malachit (kristallisiert)

Malachit

IV

Chrysopras

Jade

Moosachat

Heliotrop

Uwarowit

Schneeflockenobsidian

V

Onyx	Magnetit
Nierenhämatit	Hämatit
Pyrop	Almandin

VI

Rubin

Jaspis

Rhodonit

Rhodochrosit

Karneol

Sarder

VII

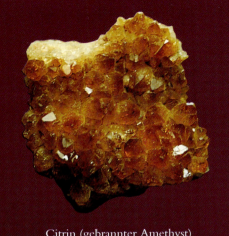
Citrin (gebrannter Amethyst)

Natürlicher Citrin

Honigcalcit

Topas

Epidot

Diamant

VIII

3.
Reinigung der Steine

Edelsteine besitzen die Eigenschaft, Schwingungen von außen aufzunehmen und zu speichern. Werden sie als Schmuck getragen, laden sie sich mit den Energien ihres Besitzers auf und tragen die Informationen seiner Stimmungen, persönlichen Schwierigkeiten und Krankheiten in sich. Bei ihrer Verwendung zu Therapiezwecken bleiben an ihnen jedesmal die negativen Schwingungen der gestörten Zonen haften, an denen sie aufgelegt wurden. Auch auf dem Weg von der Fundstelle bis zum Kunden speichern sie alle Energien, denen sie ausgesetzt waren. Es ist daher zwingend notwendig, Steine nach dem Neuerwerb energetisch zu reinigen und dies auch später – je nach Verwendungsart – zu wiederholen. Das gilt vor allem für therapeutische Anwendungen an wechselnden Personen, bei denen die verwendeten Steine grundsätzlich vor und nach jeder Behandlung intensiv gereinigt werden müssen. Bei Selbstbehandlungen auf blockierten Stellen oder Bach-Blüten-Hautzonen genügt es, die Steine vor dem Auflegen ein bis zwei Minuten unter den laufenden Wasserhahn zu halten, sofern diese von keiner weiteren Person benützt und nach Gebrauch stets ausgiebig gereinigt werden. Steine, die am Körper getragen werden,[*] brau-

---
[*] Vgl. das nachfolgende Kapitel über Anwendungsmethoden

chen dieser Prozedur – außer in Phasen starker psychischer Belastung oder während einer Krankheit – nur ein- bis zweimal wöchentlich unterzogen werden.

Die einfachste Methode, Steine energetisch zu reinigen, besteht darin, sie eine viertel- bis eine halbe Stunde lang unter fließendes Wasser zu legen. Kleine Exemplare kann man dazu in ein Sieb plazieren, damit sie nicht fortgespült werden. Anschließend trocknet man die Steine mit einem Tuch aus Naturfasern ab und legt sie für mehrere Stunden in die Sonne* oder zumindest ins Tageslicht. Da längeres Sonnen unmittelbar vor einer Edelsteinbehandlung in der Regel nicht möglich ist, empfiehlt es sich, die Steine *nach* jeder Behandlung gründlich zu reinigen und sie dann an einem hellen Platz aufzubewahren (z. B. auf einem offenen Regal in der Nähe des Fensters oder in einer Vitrine). Vor der nächsten Anwendung genügt es dann, sie in der beschriebenen Weise kurz zu wässern.

Eine andere Möglichkeit besteht darin, die Steine über Nacht in Meersalz zu legen, wobei sie vollkommen mit Salz überdeckt sein müssen. Für weiche Steine, wie z. B. Malachit, ist dieses Verfahren jedoch nicht geeignet, da sie sehr leicht verkratzt werden und dadurch ein mattes und stumpfes Aussehen bekommen. Ebensowenig läßt sich Edelsteinschmuck auf diese Weise reinigen, da Silber und andere Metalle vom Salz angegriffen werden. Ein großes Problem stellt die nachfolgende Entsorgung des Salzes dar, das jedesmal weggeworfen werden muß und letztendlich das Grundwasser belastet, weshalb von dieser Methode abgeraten werden muß.

Steine, bei denen der Verdacht besteht, daß sie stark energetisch verunreinigt sind, sollte man eine Woche lang in die Erde eingraben, danach waschen und anschließend einen Tag in die Sonne legen. Dieses Verfahren ist vor allem vor dem Tragen von gebrauchtem Schmuck oder Edelsteinen aus zweiter Hand

---

* Türkis sollte nicht direktem Sonnenlicht ausgesetzt werden, da dies u. U. zu einer unerwünschten Farbveränderung führen kann.

dringend zu empfehlen, da Steine, die andere Personen längere Zeit im Gebrauch hatten, mit deren Schwingungen aufgeladen sind und diese auf den neuen Besitzer übertragen können. Nicht selten kommt es vor, daß jemand auf diese Weise Krankheiten oder negative Gemütszustände eines verstorbenen Angehörigen, dessen Erbschmuck er trägt, übernimmt. Möglicherweise wurde aus diesem Grund persönlicher Schmuck in früheren Zeiten nicht vererbt, sondern dem Toten mit ins Grab gegeben. Bei Indianern existiert dieser Brauch heute noch.

Die Reinigung der Steine ist auch mit Hilfe von mentalen Techniken möglich, indem man sich den Reinigungsvorgang innerlich vorstellt.[5] Hierzu gibt es verschiedene Methoden, die aber alle eine vollkommene Beherrschung der Visualisierung und die sensitive Fähigkeit voraussetzen, den Vorgang zu überprüfen zu können und zu spüren, wann die Steine tatsächlich gereinigt sind.

4.
Behandlungsmethoden

a) Tragen der Steine am Körper

Die einfachste Form der Edelsteinanwendung ist das Tragen am Körper, unabhängig von schmerzenden Körperstellen oder bestimmten Hautzonen. Die Steine können dabei über mehrere Tage oder auch Wochen so lange verwendet werden, bis sich das zu behandelnde Problem gebessert oder gar aufgelöst hat. In der Regel benutzt man hierbei ein bis drei Steine. Eingesetzt werden können diese als Rohsteine, Schmeichelsteine, Donuts, Anhänger oder Edelsteinketten.

Sehr teure Edelsteine wie Diamant, Rubin, Saphir und Smaragd werden aus Kostengründen in der Regel als *Rohsteine* verwendet. Einige andere Steine sind nur in roher Form im Handel erhältlich. Hierzu gehören z. B. Azurit, Honigcalcit und Uwarowit. Zur Therapie sind Rohsteine am besten in einem Lederbeutel um den Hals zu tragen.

Schmeichelsteine sind Steine, die in einer sich drehenden und mit Schleifpulver versetzten Trommel abgerundet und poliert wurden. Sie werden daher auch als Trommelsteine bezeichnet und können entweder in der Hosentasche oder – wie Rohsteine – in einem Lederbeutel um den Hals getragen werden.

Die in letzter Zeit immer mehr in Mode gekommenen *Donuts*

sind Steinscheiben mit einem Loch in der Mitte, die an einem langen Lederband um den Hals getragen werden und deshalb problemlos an- und abgelegt werden können. Ich selbst finde dies die praktischste Art, mit Edelsteinen zu arbeiten.

Eine weitere Möglichkeit der Edelsteinanwendung sind *Anhänger*. Allerdings werden diese in der Regel an einer durchgehenden Gold- oder Silberkette um den Hals getragen, bei der aufgrund der elektrischen Leitfähigkeit Ringströme auftreten, die eine negative Wirkung auf das Regulationssystem des Körpers ausüben können. Dieser unerwünschte Nebeneffekt läßt sich vermeiden, wenn man am Verschluß der Kette ein Zwischenglied aus Kunststoff einfügt, das den Stromkreis unterbricht,* oder anstelle des Metallkettchens ein Lederbändchen verwendet.

Großer Beliebtheit erfreuen sich *Edelsteinketten*. Ihr Gebrauch zu therapeutischen Zwecken ist jedoch nicht unproblematisch, da sie direkt auf das Halschakra einwirken, das für die Kommunikation mit unserer Umgebung verantwortlich ist. An dieser Stelle sind wir besonders empfänglich für Einwirkungen von außen und somit auch für Energien der Edelsteine. Diese wirken hier in der Regel intensiver und können u. U. zu einer Überstimulation führen, die sich in Form von Unruhe, Spannungsgefühlen, Überdrehtheit oder unspezifischem Unwohlsein bemerkbar macht. Von den Betroffenen werden diese Symptome aus Unkenntnis meist nicht in Verbindung mit der Halskette aus Edelsteinen gebracht. Durch Umhängen für nur wenige Stunden und Abnehmen bei dem geringsten Mißempfinden läßt sich dieser Effekt weitgehend vermeiden, vorausgesetzt, man ist bereit, sich während dieser Zeit ständig selbst zu beobachten.

Ein weiteres Argument, das gegen die Anwendung von Edelsteinketten spricht, ist die Tatsache, daß sich bei häufigem Reinigen durch Wässern mit der Zeit der Faden auflöst und die

---

* Zwischenglieder für Gold- und Silberketten sind zu beziehen bei: Isotrop-Versand, Frankfurter Str. 155, D-65520 Bad Camberg, Tel./Fax: 0 64 34/54 55

Kette auseinanderbricht. Wesentlich unproblematischer sind hier Donuts, bei denen sich das Lederband sehr einfach ersetzen läßt, wenn es durch oftmalige Wassereinwirkung brüchig wird.

b) *Auflegen auf spezielle Körperstellen*

Die effektivste Art der Anwendung ist, die Steine dort zu plazieren, wo sich das jeweilige seelische Problem körperlich manifestiert. Hierbei lösen sich sowohl die seelischen Ursachen als auch die dadurch entstandenen energetischen Blockaden auf. Je nach Intensität der Störung und Ausmaß bereits vorhandener körperlicher Schäden bessern sich dabei auch Schmerzen und Verkrampfungen.

Üblicherweise werden zu diesem Zweck die in Frage kommenden Edelsteine nach den bisher bekannten Indikationen ausgewählt und dann auf die betroffenen Körperstellen aufgelegt. Wesentlich wirksamer sind jedoch gezielte Anwendungen auf den *Bach-Blüten-Hautzonen*.

Die Auswahl der Steine erfolgt bei dieser Methode bei körperlichen Symptomen allein aufgrund der Lokalisation der Beschwerden. Bei rein seelischen Problemen wählt man die Steine nach den analogen Indikationen der Bach-Blüten und legt sie auf die entsprechenden Hautzonen. Dabei genügt es völlig, für ein spezielles Problem (z. B. Schuldgefühle) einen einzigen Stein auf irgendeine ihm zugehörige Zone zu legen,[*] da hierbei, wie eingangs erwähnt, die gesamte Aura in Resonanz mitschwingt. Nur wenn in mehreren Zonen derselben Blüte Verspannungen oder gar Schmerzen vorhanden sind, ist es erforderlich, diese mitzubehandeln.

Als Behandlungsdauer sind 15 bis max. 30 Minuten zu emp-

---

[*] Dies gilt allerdings nur für den Fall, daß tatsächlich in keiner anderen Zone, die zu diesem Stein gehört, Blockaden bestehen, da diese sonst an der betroffenen Stelle aufgelöst werden müssen. Aus diesem Grund ist es empfehlenswert, bei Edelsteinanwendungen die aus anatomischen und energetischen Gründen wichtigeren Zonen am Rumpf zu bevorzugen.

fehlen. Bei längerer Anwendung von Edelsteinen auf Bach-Blüten-Hautzonen kann es zu einer Überstimulation und damit verbundenen unangenehmen Reaktionen kommen. Teilweise wird dabei eine unfreiwillige Arzneimittelprüfung mit dem verwendeten Stein durcherlebt. In Einzelfällen kann man bei massiven körperlichen Beschwerden den passenden Stein mit einem Pflaster an der entsprechenden Stelle befestigen und so lange dort belassen, bis man sich in irgendeiner Weise unwohl fühlt. Durch eine derart forcierte Anwendung lassen sich zwar mitunter hartnäckige Störungen beseitigen; das Risiko massiver Überreaktionen ist jedoch stets gegeben. Dabei ist nicht vorauszusagen, wie stark der einzelne davon betroffen sein wird, da dies von der jeweiligen individuellen Verfassung und nicht vom verwendeten Stein abhängt. Das Tragen einer Edelsteinkette, die eine mit ihr korrespondierende Hautzone berührt, ist ähnlich problematisch.

Die Edelsteinbehandlung selbst sollte in einer ruhigen, entspannten Atmosphäre stattfinden, insbesondere dann, wenn der Patient unter seelischen Problemen leidet. Gedämpftes Licht, sanfte Entspannungsmusik im Hintergrund und ein angenehmer Duft im Raum wirken beruhigend und erhöhen die innere Bereitschaft zum Loslassen. Zur Wirkungsverstärkung kann man in der Aromalampe *das* Öl einsetzen, das dem wichtigsten der verwendeten Steine entspricht, vorausgesetzt, es wird als angenehm empfunden. Da es hier vorwiegend um Entspannung und Einstimmung auf die Schwingung der Edelsteine geht, sollte keinesfalls ein Duft benutzt werden, den der Patient ablehnt, auch wenn er für diesen paßt. Als Alternative können in einem solchen Fall eventuell neutrale Sandelholz-Räucherstäbchen dienen.

In der Regel werden für Anwendungen auf den Bach-Blüten-Hautzonen jeweils nur ein bis drei Steine benötigt. Das Auflegen von zwanzig oder mehr Edelsteinen nach bestimmten Mustern halte ich nicht für sinnvoll.

c) Edelstein-Elixiere

Eine weitere Therapieform ist die innerliche Einnahme von Edelstein-Elixieren, die größtenteils nach einem ähnlichen Verfahren wie die Bach-Blüten hergestellt werden. Ich persönlich bevorzuge als Ergänzung zur Bach-Blütentherapie die Steine selbst, um den Patienten von der gewohnten Arznei-Konsumhaltung wegzubekommen. Leider entsteht bei der Einnahme der Blütenessenzen oft der Eindruck, die Tropfen allein lösten die Probleme, und der Patient müsse selbst gar nichts dazu beitragen. Übersehen wird dabei, daß die innere Bereitschaft, die Wirkung der Blütenschwingungen zuzulassen und aus den daraus resultierenden Veränderungen Konsequenzen für das eigene Leben zu ziehen, wesentlich zum Erfolg beiträgt. Edle Steine und duftende Essenzen sind hier ideal geeignet, um das Bewußtsein des Patienten mit einzubeziehen und ihn mit Leib und Seele am therapeutischen Prozeß teilhaben zu lassen. Edelstein-Elixiere setze ich lediglich als Zusatz zu Bach-Blütencremes ein.

d) Edelsteinwasser

In einigen Fällen ist es hilfreich, Edelsteine zusätzlich zur äußeren Anwendung auch innerlich einzusetzen. Statt käuflicher Edelstein-Elixiere kann man auch Edelsteinwasser selbst herstellen, das jedoch nicht dieselbe Wirksamkeit besitzt. Zu diesem Zweck legt man einen energetisch gereinigten Stein für mindestens 5 Stunden in ein Glas Wasser. Anschließend nimmt man den Stein heraus und trinkt das erhaltene Edelsteinwasser schluckweise über den Tag verteilt. Es sollte jeden Tag neu angesetzt werden. Der Stein ist nach dem Herausnehmen jeweils einige Stunden an einen hellen Platz zu legen. Für andere Anwendungsarten sollte er nicht verwendet werden, solange er zur Herstellung von Edelsteinwasser benutzt wird.

Abschließend möchte ich noch darauf hinweisen, daß Edelsteine *nachts* unbedingt *abgelegt* werden sollten, da während des Schlafs die Kontrollmechanismen des Bewußtseins nahezu ausgeschaltet sind und die Steine direkt auf das Unterbewußtsein wirken. Die hierdurch ausgelösten Reaktionen reichen von unspezifischem Unwohlsein, Unruhezuständen und Spannungskopfschmerzen bis hin zu massiven Bewußtseinsstörungen. Diese treten in der Regel nicht gleich am nächsten Tag auf, sondern entwickeln sich erst allmählich, so daß sie meist nicht mit der Anwendung der Steine in Verbindung gebracht werden. Langfristig macht der Betroffene häufig eine Arzneimittelprüfung durch und produziert genau die Symptome, die der Stein sonst zu heilen vermag. Ich persönlich halte daher die weit verbreitete Empfehlung, Edelsteine nachts unter das Kopfkissen zu legen, für veranwortungslos.

5.
Edelsteine von A – Z

Achat, braun

Achat ist eine mehrfach gebänderte Chalcedonart*, die in verschiedenen erdfarbenen Tönen vorkommt. Am häufigsten sind hell- bis dunkelbraune, graue, blaugraue und rötliche Exemplare, wobei deren einzelne Bänder sowohl relativ ähnliche als auch vollkommen unterschiedliche Farben aufweisen können. Gefunden wird Achat hauptsächlich in vulkanischem Gestein, wo er die Hohlräume ehemaliger Gasblasen ausfüllt. Er bildet kugel- oder mandelförmige Einlagerungen mit einem Umfang von einigen Millimetern bis zu mehreren Metern, die teilweise hohl und hin und wieder auf der Innenseite mit Bergkristall, Amethyst oder Rauchquarz ausgekleidet sind. Äußerlich sehen diese Achatknollen völlig unscheinbar aus. Erst durch Aufbrechen oder Aufsägen wird die Kostbarkeit im Innern offenbar. In dünne Scheiben geschnitten ist der Stein meist durchscheinend und ergibt – von hinten beleuchtet – eine eindrucksvolle Dekoration. Ansonsten wird Achat zu Cabochons und zu Kugeln für Edelsteinketten verarbeitet.

---
* Vgl. Tabelle der Edelsteingruppen im Anhang, S. 286/287

Ein Großteil des Achatmaterials wird künstlich gefärbt. Dies geschieht einerseits, um unscheinbare graue Achate aufzuwerten, andererseits, um andere, seltenere und teurere Chalcedone nachzuahmen. Die meisten der im Handel erhältlichen Karneole und Onyxe sind derartige Imitationen, die vom Original kaum zu unterscheiden sind. Dagegen wirken grüngefärbte Achate im Vergleich zum echten Chrysopras auffallend künstlich. Achate, die ausgesprochen grelle Farben aufweisen (z. B. tiefblaue Exemplare), sind meist gefärbt.

Vom Achat gibt es verschiedene Spielarten, die von der gewöhnlich konzentrischen Form der Bänderung abweichen. Je nach Aussehen unterscheidet man Augen-, Streifen-, Band-, Röhren-, Wolken-, Landschafts- und Festungsachat.

Achat ist ein altbekannter Heilstein. Im antiken Griechenland und Rom verwendete man ihn in Form eines Amuletts bei Epilepsie.[6] In islamischen Ländern wurde pulverisierter Achat in Apfelsaft aufgelöst und zur Behandlung von Geistesstörungen eingesetzt.[7] Die hl. Hildegard v. Bingen empfiehlt Achat bei Schlafwandeln und Insektenstichen bzw. -bissen.[8]

Heute wird Achat vor allem zur Stärkung der Fortpflanzungsorgane, bei Prostatabeschwerden und in der Schwangerschaft eingesetzt. Er soll auf werdende Mütter einen positiven Einfluß ausüben und die Entbindung erleichtern. Als weitere Indikationen gelten Augenleiden, tränende Augen, Fieber, Kopfschmerzen, Herzschwäche, Gleichgewichtsstörungen und Hautprobleme.

Unter Praktikern wird Achat als wichtigster Stein zum Erden betrachtet. Nach Sharamon/Baginski verbindet er «unsere Seele mit jenen erdhaften Schwingungen, die uns helfen, inmitten der vielfältigen Anforderungen und Anfechtungen des täglichen Lebens Standfestigkeit zu bewahren, uns selbst treu zu bleiben und Mut und Ausdauer zu beweisen.»[9] Er lehrt uns ferner «Feinfühligkeit im Umgang mit unseren Mitmenschen und Klugheit im Gespräch bei der Wahl unserer Worte.»[10]

Indikationen aufgrund der von mir durchgeführten Testung:

- Eindruck, ungeliebt zu sein
- Traurigkeit und Lustlosigkeit
- *alles erscheint sehr ernst; versteht keinen Spaß*
- *Aggressivität mit Hang zum Kommandieren*
- Nervosität
- Juckreiz am ganzen Körper
- häufiges Gähnen, obwohl hellwach
- kurzfristige Phase von Kraftlosigkeit
- Empfindung, Kopf wie leer
- Schwindel; alles dreht sich
- Krankheitsgefühl wie bei beginnender Erkältung
- intensives Kältegefühl, verbunden mit Gänsehaut und anschließender Hitze
- Kopfschmerzen; der ganze Kopf fühlt sich wie wund und total verschleimt an
- Druck im Bereich der Stirnhöhle
- Fremdkörpergefühl im Auge
- verschwommenes Sehen
- Augenschmerzen
- Druck auf den Ohren
- Juckreiz in der Nase mit häufigem Niesen
- Nase verstopft
- vermehrter Speichelfluß
- starke Schleimansammlung im Rachen mit erschwertem Schlucken
- trockener Husten
- stechende Schmerzen im Herzbereich
- unangenehmer Druck im Oberbauch, der heftige Übelkeit und äußersten psychischen Widerwillen auslöst
- heftige Schmerzen im Bereich des rechten Rippenbogens

Brauner Achat* entspricht der Bach-Blüte **Holly** und paßt da-

---

* Anmerkung: Bei meinen Tests konnte ich nur bei mittel- bis dunkel-

her für Menschen, die zu negativen Emotionen wie Aggressivität, Jähzorn, Haß, Neid, Eifersucht, Mißtrauen oder Rachsucht neigen. Als Trommelstein ist er hier ideal für die Hosentasche geeignet. Bei Wutausbrüchen oder in Phasen von Gereiztheit kann man ihn unauffällig zwischen Daumen und Zeigefinger der rechten Hand klemmen, wo er die dort befindliche Holly-Zone berührt.* Für Entspannungsbehandlungen ist die Zone über der Leber zu empfehlen.** An dieser Stelle läßt sich auch eine größere Achatscheibe einsetzen.

Azurit

Azurit entsteht bei der Verwitterung arsenhaltiger Kupfererze in der Oxidationszone von Kupferlagerstätten. Er bildet kleine, tiefblaue, kurzsäulige, tafelige oder radialstrahlige Kristalle, die oft zu kugeligen oder knolligen Gruppen oder auch Krusten verwachsen sind. Seltener sind voll ausgeprägte Kugeln mit einem Durchmesser bis zu zwei Zentimetern. Als Schmuck findet Azurit keine Verwendung, da seine Kristalle zu porös und in der Regel auch zu klein zum Schleifen sind. Für Ringe wäre der Stein außerdem viel zu weich. Gelegentlich werden kunstgewerbliche Gegenstände aus ihm gefertigt.

In der Edelsteintherapie sind vom Azurit kaum körperliche Indikationen bekannt. Berichtet wird lediglich von einem unterstützenden Einfluß auf die Milzfunktion. Ansonsten nimmt man eine rein geistig-seelische Wirkung an. Der Stein soll das Physische mit dem Geistigen verbinden und uns so in beiden Bereichen voranbringen. Ferner soll er helfen, alte Ge-

---

      braunen Achaten – unabhängig von der Form ihrer Bänderung – Reaktionen auf Holly-Zonen feststellen. Andersfarbige zeigten keinerlei Wirkung.
* Vgl. *Neue Therapien mit Bach-Blüten 2*, S. 166
** Vgl. *Neue Therapien mit Bach-Blüten 2*, S. 159

dankenmuster loszulassen und ein tieferes Lebensverständnis zu gewinnen.[11] Auf verspannte oder disharmonische Stellen des Körpers aufgelegt, löst er laut einschlägiger Literatur die sich dort befindlichen Blockaden und Stauungen, indem er deren seelische Ursache bewußt macht und so ihre Verarbeitung begünstigt. Ansonsten wird er zur Förderung der Konzentration und zur Gedächtnisstärkung empfohlen und soll bei ersten Meditationsversuchen hilfreich sein, da er die innere Bereitschaft zur Meditation unterstütze.

Indikationen aufgrund der von mir durchgeführten Testung:

- *übergroße Traurigkeit und Verzweiflung*
- *Gefühl plötzlicher Sinnlosigkeit; versteht die Welt nicht mehr*
- *Gefühl, wie gelähmt und innerlich erstarrt zu sein*
- Gesicht wirkt still, ernst und in sich gekehrt (wie von großem Schmerz gezeichnet) und um Jahre gealtert
- *unfähig, laut zu weinen oder den Kummer zu artikulieren*
- stiller Kummer
- leises Vor-sich-Hinwimmern
- *Gefühl von Haltlosigkeit*
- sich ständig wiederholende Frage nach dem Warum
- plötzliches verzweifeltes Weinen
- *seelische Erschöpfung; fühlt sich vollkommen ausgelaugt*
- Gefühl, innerlich wie wund zu sein
- Nervosität, Unruhe
- Haare stehen zu Berge
- beißendes Gefühl in der Kopfhaut
- Druck in der Stirn wie von einem engen Reifen
- Fließschnupfen
- extreme Trockenheit des Halses
- heftige Schluckbeschwerden mit dem Gefühl eines Fremdkörpers in Form aufgestoßener Speisereste im Hals, der sich nur schwer schlucken läßt
- intensive Versuche, den Fremdkörper hinunterzuschlucken, was nur unvollkommen gelingt

- Gefühl, es stecke in Höhe der Brustmitte etwas in der Speiseröhre, was nicht geschluckt werden kann und dort zu heftigen Schmerzen führt
- Verkrampfungsschmerz im Bereich der gesamten Speiseröhre
- drückende Bauchschmerzen, die sich bis zu Krämpfen steigern
- heftige Gliederschmerzen
- Kribbeln der Fußsohlen

Azurit ist das Pendant zur Bach-Blüte **Sweet Chestnut**. Als Rohstein in einem Lederbeutel um den Hals getragen ist er hilfreich in Phasen tiefster Verzweiflung und absoluter Ausweglosigkeit. Auf die Sweet-Chestnut-Zone oberhalb der Stirn* aufgelegt hilft er, sich zu entspannen, loszulassen und anzunehmen. Die Zone beginnt in der Mitte des Haaransatzes und erstreckt sich drei Finger breit nach hinten.

Daneben ist Azurit nützlich, chronische Spannungszustände aufzulösen, die als Folge von Schicksalsschlägen zurückgeblieben sind. Hierzu sind gezielte Anwendungen auf der obengenannten Zone zu empfehlen, evtl. unterstützt durch gleichzeitiges Verdampfen von Jasminöl in der Aromalampe.

Bergkristall

Der vorwiegend in alpinen Klüften zu findende «Berg»-Kristall zählt zu den bekanntesten Edel- und Schmucksteinen. Er kommt sowohl als Kristallgruppe wie auch als Einzelkristall mit einer durchschnittlichen Länge von zwei bis zehn Zentimetern vor. Einige seltene Exemplare wurden in Größen bis zu zwei Metern und einem Gewicht von mehreren Tonnen gefunden. Die sechsseitigen farblosen Kristalle wachsen auf einer mil-

---
* Vgl. *Neue Therapien mit Bach-Blüten 2*, S. 238

chig anmutenden, durchscheinenden Basis und werden zur Spitze hin immer reiner und klarer. Ihre Ähnlichkeit mit Eiskristallen führte einst zur Bezeichnung «Kristall». Man glaubte damals, es handle sich dabei um Eis, das nicht schmilzt.

Bergkristall gilt in vielen Kulturen seit Urzeiten als heilig und wird bei religiösen Zeremonien und kultischen Handlungen gebraucht. Chinesen und Japaner verwenden große Bergkristallkugeln in ihren Gottesdiensten. Inder benutzen Bergkristall in geschliffener Form zur Herstellung von Gebetsketten. Tibeter tragen ihn häufig in einem Beutel um Hüfte oder Schenkel, Indianer in ihrem Medizinbeutel um den Hals und geben ihn auch ihren Toten mit ins Grab.[12] Auch im alten Ägypten, in Nordirland und einigen Gegenden Schottlands existierte dieser Brauch.[13]

Nicht nur als Stein des Heils, sondern auch als Stein zur Heilung fand er in früheren Zeiten vielerorts Verwendung, sogar bei uns. Noch um 1750 war er in deutschen Apotheken erhältlich.[14] Die heilige Hildegard von Bingen gibt konkrete Anleitungen für die Anwendung des Bergkristalls. Danach sollte dieser vor Gebrauch stets in der Sonne erwärmt werden. Bei schwachen Augen empfiehlt sie, ihn auf die Augen zu legen. Er soll das «schlechte Wasser» herausziehen und zu einer besseren Sicht verhelfen. Bei Drüsenschwellungen am Hals soll er auf die erkrankte Stelle gelegt, dort festgebunden und längere Zeit belassen werden. Herzbeschwerden, Magenleiden und Darmstörungen rät sie mit Wasser zu behandeln, in dem sich zuvor ein in der Sonne erwärmter Bergkristall eine Stunde lang befunden hat. Dieses soll über den Tag verteilt schluckweise getrunken werden.[15] Moderne Hildegard-Kommentatoren interpretieren die «Drüsenschwellungen am Hals» als Überfunktion der Schilddrüse, da die oben erwähnten Symptome auch als Folge dieser Störung auftreten können. Interessanterweise berichten Edelsteintherapeuten von ermutigenden Resultaten mit Bergkristallen bei diesem Symptomenkomplex.

Gleichgewichtsstörungen und Schwindel wurden in vergangenen Zeiten durch ständiges Tragen eines Bergkristalls behandelt. Zum Stillen von Blutungen wurde er auf die Wunde aufgelegt. Übelkeit und Durchfall kurierte man mit Kristallwasser.[16]

In der heutigen Edelsteintherapie verwendet man Bergkristall hauptsächlich zur Harmonisierung der Chakren. Er soll reinigen, klären und ein bestehendes Ungleichgewicht ausbalancieren. Ferner soll er Staus und Blockaden auflösen, die den freien Fluß von Energie behindern. Einige Therapeuten verwenden ihn deshalb direkt zur Massage.[17] Der Stein soll außerdem die Strahlkraft der eigenen Aura verstärken und dadurch negative Energien fernhalten. Angeblich vertieft er auch die Meditation und «erweitert die Wahrnehmung des Unbewußten, also der eigenen Blockaden.»[18]

Zur Behandlung werden meist Einzelkristalle benutzt, die auf Chakren oder blockierte Körperstellen aufgelegt werden. Bei Spannungskopfschmerzen plaziert man z. B. einen Kristall auf Nacken oder Stirn. Michael und Ginny Katz raten von der Verwendung von ungeschliffenen Bergkristallen ab, da diese eine Polarität aufweisen würden. Sie behaupten, das stumpfe Ende nehme Energie auf, das spitze strahle sie ab. Je nachdem, wie man den Stein auf den Körper lege, würde die Energie in eine bestimmte Richtung gezwungen.[19] Voraussetzung für den Therapieerfolg sei somit die Kenntnis des energetischen Zustands der zu behandelnden Stelle, d. h. Energiefülle oder -leere, da die Wirkung von der «Polung» abhänge.

Als Alternative empfehlen Michael und Ginny Katz Ketten aus Bergkristallkugeln. (Die Länge der Ketten sollte mindestens 40 cm betragen, für den Durchmesser der einzelnen Kugeln finden sie 8 mm ideal.) Durch die Kugelform kommt es ihrer Ansicht nach zu einem Austausch, der völlig unabhängig von energetischen Gegebenheiten ist. Bergkristallketten verwenden sie nicht nur zum Tragen um den Hals, sondern legen diese auch für 30–60 Minuten auf blockierte Körperstellen, bei Rückenschmerzen entlang der Wirbelsäule (analog zum Blasenmeridian der Akupunktur). Zur Behandlung der Chakren schichten sie 7 Ketten spiralförmig in Kegelform über jedem Energiezentrum auf.[20]

Indikationen aufgrund der von mir durchgeführten Testung:

- Empfindung einer gefährlichen Stille, die bedrohlich wirkt
- plötzliche Angst, ohne zu wissen wovor
- Gefühl großer geistiger Klarheit
- Eindruck, sensitiver zu werden
- Empfindung, daß sich das Tor zu einer anderen Welt öffne, begleitet von einem Gefühl von Kälte
- die Luft im Raum beginnt zu flimmern und scheint belebt zu sein
- Schattenbilder tauchen vor dem Gesichtsfeld auf
- alles erscheint irgendwie dunkel und düster
- seltsames undefinierbares Gefühl im Kopf, verbunden mit Dumpfheit, Eingenommenheit und Leere
- Eindruck wegzudriften; alles verschwimmt
- der eigene Körper wird nicht mehr wahrgenommen, er scheint mit der Umgebung zu verschmelzen
- Illusion, alles wirke fremd
- Einbildung, Gegenstände im Zimmer würden sich hin- und herbewegen
- Schwindelgefühl; alles dreht sich
- Eindruck zu fallen
- bebende Nervosität, Unruhe, Angst, Chaos
- innerliches Zittern
- rasch zunehmende körperliche Erschlaffung, bis hin zu einem jähen Wegsinken der Kräfte
- Eindruck, kurz vor einer Ohnmacht zu stehen
- innerliche Kälte
- Schüttelfrost am ganzen Körper
- eiskalte, über den Kopf rieselnde Schauer
- heftiges Kribbeln der Kopfhaut
- unangenehmer Druck im Kopf, der sich wie ein Reif um die Stirn legt
- feines Rauschen in den Ohren
- leiser, nicht unangenehmer Summton im Ohr
- verschwommenes Sehen und zeitweiliges Doppeltsehen

- extreme Mundtrockenheit; Eindruck, im Mund ziehe sich alles zusammen
- erschwertes Schlucken infolge Trockenheit des Halses
- Splittergefühl im Hals
- starkes Druckgefühl in Hals und Nacken, das sich auf der rechten Seite bis tief in die Schlüsselbeingrube erstreckt
- krampfartige Schmerzen in der seitlichen Halsmuskulatur (beidseitig)
- starke Anspannung im Bereich der Schultermuskulatur (Trapezmuskel)
- heftige Schmerzen im linken Schultergelenk, verbunden mit Wundheitsgefühl
- flaues Gefühl im Bauch

Bergkristall entspricht der Bach-Blüte **Aspen** und ist hilfreich bei vagen, nicht benennbaren Ängsten und solchen in Verbindung mit Themen wie Religion und Tod. Als Donut oder Schmeichelstein sollte er über einen längeren Zeitraum getragen werden, wobei der Stein regelmäßig gereinigt werden muß. Die weitverbreitete Ansicht, diese Prozedur sei beim Bergkristall unnötig, kann ich nicht teilen.

Für Entspannungsbehandlungen ist die Aspen-Zone im Bereich des Kinns zu empfehlen.* Zu diesem Zweck kann man an dieser Stelle einen Trommelstein auflegen, eine Kette aufschichten oder die vorwiegend in Esoterischen Bücherstuben erhältlichen, mit kleinen, getrommelten Bergkristallsplittern gefüllten Minikissen auflegen. Diese haben allerdings den Nachteil, daß sie nur mit mentalen Methoden oder Reiki gereinigt werden können.

Wie bereits eingehend beschrieben** sind die Aspen-Ängste letztendlich auf eine übergroße Sensitivität zurückzuführen, die nicht verkraftet wird. Reale Eindrücke einer anderen Sphäre werden, da sie der logische Verstand nicht erklären kann, mit

---

* Vgl. *Neue Therapien mit Bach-Blüten 2*, S. 87
** Vgl. Kapitel Rosenholz, S. 127

Inhalten des eigenen Unterbewußtseins verknüpft und erhalten dadurch ihren irrationalen Charakter. Urängste werden somit auf sensitiv wahrgenommene Phänomene projiziert und verzerren das tatsächliche Erlebnis.

Nach der einschlägigen Literatur läßt sich der Bergkristall direkt zur Steigerung der Sensitivität benutzen. Er fördert angeblich die Hellsichtigkeit und hilft, Verborgenes zu sehen.[21] Meines Erachtens dient er wie Aspen dazu, mit einer übergroßen Sensitivität fertigzuwerden, anstatt eine gesteigerte Wahrnehmungsfähigkeit für Okkultes zu erzeugen. Die oben beschriebenen Prüfungssymptome zeigen ausschließlich das Arzneimittelbild, d. h. die *negativen* Konzepte, und nicht den durch diesen Stein zu erreichenden Idealzustand! Lediglich bei einer latent vorhandenen, angstvoll verdrängten Sensitivität kann es durch Abbau der Furcht zu einer klareren Wahrnehmung dessen kommen, was der Betroffene bislang unbewußt miterlebt hat. Vom Durchbruch der Hellsichtigkeit kann in diesen Fällen jedoch keine Rede sein.

Chalcedon

Die Bezeichnung Chalcedon bezieht sich sowohl auf die gesamte Gruppe feinkristalliner Quarze, die in gestreifte und ungestreifte Arten unterteilt wird, als auch auf eine spezielle Spielart, den eigentlichen Chalcedon*. Zur Gruppe der gestreiften gehören Achat und Onyx, zur Gruppe der ungestreiften zählt neben Jaspis, Chrysopras, Karneol, Sarder, Heliotrop und Moosachat auch der gemeine Chalcedon, da er keine starke Bänderung wie der Achat aufweist. Er zeigt aber häufig eine mehr oder weniger dünne Streifung, die von feinen, wellenförmigen, filigranen Linien bis hin zu millimeterdicken Streifen gehen kann, weshalb die Zuordnung etwas unverständlich erscheint. Ver-

---
* Vgl. Tabelle der Edelsteingruppen im Anhang, S. 286/287

mutlich dient sie der Abgrenzung zum synthetisch bläulich gefärbten Achat, der im Handel oft fälschlicherweise als Chalcedon angeboten wird. Dieser wirkt jedoch etwas künstlich und ein wenig grell im Vergleich zum echten Chalcedon, der eine mattweiße bis taubenblaue Färbung in Pastelltönen besitzt. Daneben gibt es auch vollkommen homogene grauweiße bis dunkelgraue Exemplare, die für Heilzwecke jedoch uninteressant sind.

Chalcedon gilt seit eh und je als Stein der Redner. Er soll die Ausdruckskraft stärken und helfen, Redehemmungen zu überwinden.[22] Die hl. Hildegard von Bingen schreibt über ihn: «Wer beim Reden ruhig und besonnen sein und seine Worte mit Verstand vortragen will, soll einen Chalcedon in der Hand halten und ihn mit seinem Atem erwärmen, damit er dadurch feucht wird. Dann soll er mit der Zunge daran lecken, und so wird er ruhiger und besonnener zu den Menschen sprechen können.»[23] Insbesondere durch die besänftigende Wirkung des Chalcedons auf Reizbarkeit und Jähzorn sollen sich bei seiner Anwendung Mißverständnisse vermeiden lassen.[24] Man schrieb diesem Stein sogar zu, zum Gewinnen von Prozessen beitragen zu können, weil hierzu ruhiges Blut und eine gute Zunge erforderlich seien. Der Hofapotheker des Maharadschas von Jaipur riet noch 1947, zu diesem Zweck einen Chalcedon in der Hosentasche mit sich zu tragen.[25] Als hilfreich gilt er vor allem in Zeiten großer nervlicher Anspannung, wenn die Belastung zu hoch wird und der Betroffene überschießend und gereizt reagiert. Er soll außerdem bei der Raucherentwöhnung sehr nützlich sein.

An körperlichen Indikationen des Chalcedons werden Schwierigkeiten im Hals- und Kehlkopfbereich, Heiserkeit, Stimmbandprobleme sowie Schilddrüsenstörungen angegeben. Ferner wird ihm eine blutstillende Wirkung zugeschrieben. Im Mittelalter legte man ihn deswegen direkt auf verletzte Körperstellen. Altbekannt ist die anregende Wirkung des Chalcedons auf die Milchbildung stillender Mütter, wie dessen Bezeichnung «Milchstein» belegt. Zu diesem Zweck wird das Tragen einer längeren Kette oder eines Anhängers zwischen den Brüsten empfohlen.[26]

Indikationen aufgrund der von mir durchgeführten Testung:

- Traurigkeit, verbunden mit Trägheit
- Langeweile; hat zu nichts Lust
- Arbeitsunlust;[*] *stellt sich die Frage: «Warum mache ich das alles?»*
- seltsamer halbwacher Zustand; fühlt sich wie übermüdet und mit Kaffee oder Cola aufgeputscht und muß sich zusammenreißen, um konzentriert und wach zu bleiben
- verschwommenes Sehen
- überdrehtes Wachsein mit Aktivitätsdrang
- *Eindruck, müßte hundert Dinge gleichzeitig tun*
- starke Nervosität
- oberflächliches Atmen
- nervöser Juckreiz in der Kopfhaut
- dumpfer Druck in der Stirn mit Benommenheit und Schwindel; der gesamte Kopf fühlt sich schwer an
- heiße Stirn, verbunden mit Stirnschweiß
- Druck auf der Nasenwurzel
- Juckreiz in der Nase
- starke Mundtrockenheit
- Schluckbeschwerden infolge Trockenheit des Halses
- metallischer Geschmack im Mund
- Schulterschmerzen im Bereich des Trapezmuskels
- stechende Schmerzen im mittleren Bereich des rechten Rippenbogens
- Rumoren im Bauch
- vermehrter Appetit
- heftiger Druck im Oberbauch
- leichte Übelkeit
- Beine müde und schwer wie Blei
- Unterschenkel fühlen sich dick und geschwollen an

---

[*] Anmerkung: Bei Personen im Elm-Zustand läßt sich beobachten, daß sie infolge von Überforderung die Lust an ihrer Arbeit verlieren, weil sie glauben, ihr Pensum ohnehin nicht schaffen zu können.

- außergewöhnlich warme Fußsohlen, verbunden mit Fußschweiß
- Kribbeln der Füße

Chalcedon ist das Pendant zur Bach-Blüte **Elm** und ist nützlich in Zeiten extremer Beanspruchung, in denen das Ausmaß der äußeren Anforderung die Belastbarkeit des Betroffenen bei weitem übertrifft. Personen, die sich bei Prüfungen leicht überfordert fühlen und dann unter einem «Blackout» zu leiden haben oder solche, die bei Vorstellungsgesprächen oder Reden manchmal schlagartig der Mut verläßt, sollten in diesen Situationen vorsorglich einen Chalcedon bei sich tragen. Werden sie unsicher, können sie diesen aus der Hosentasche nehmen und unter die linke Achselhöhle klemmen. Die sich dort befindliche Elm-Zone* beginnt in der Mitte der Achselhöhle und erstreckt sich von dort ca. eine Hand breit nach unten.

Chrysokoll

Chrysokoll ist ein undurchsichtiger, blauer bis blaugrüner Stein aus Kupfersilikat. Er entsteht bei der Verwitterung von Kupfermineralien in der Oxidationszone von Kupfererzlagerstätten. Oft ist er mit anderen Kupfermineralien wie z. B. Malachit und Azurit verwachsen. Er bildet keine Kristalle, sondern derbe körnige, krustige oder traubige Aggregate von relativ weicher Konsistenz. Für Schmuckzwecke wird er zu Cabochons oder zu Kugeln für Ketten geschliffen. Seltener werden Schalen, Vasen oder auch Figuren aus ihm gefertigt.

Chrysokoll wird eine beruhigende und ausgleichende Wirkung auf die Nerven zugeschrieben. Er soll hilfreich sein bei allgemeiner Nervosität, nervösen Spannungen, Zorn und Jähzorn, Sorgen, Ängsten und Schuldgefühlen. Nach Christian Weltler

---

* Vgl. *Neue Therapien mit Bach-Blüten 2,* S. 139

eignet er sich besonders «für Menschen, die sich ihre Gefühle nicht eingestehen wollen oder können.»[27] Er soll uns helfen, «liebevoller und achtsamer mit unserem Körper und seinen wahren Bedürfnissen umzugehen – aber auch mit der Natur und der Nahrung und Kraft, die sie uns gibt.»[28] Nach Sharamon/Baginski schenkt er uns «Einfühlungsvermögen in die Bedürfnisse anderer und der Natur wie auch eine tiefe, innere Freude über die Schönheit und Harmonie der Schöpfung unserer Erde.»[29] Ferner soll er die Fähigkeit stärken, «mit uns selbst und unserer Umwelt in Frieden zu leben,» einem Frieden, «der aus Liebe, Wertschätzung und Mitgefühl erwächst.»[30]

Körperlich soll der Chrysokoll vor allem auf den Halsbereich wirken und bei Halsschmerzen, Mandelentzündung, Problemen mit der Stimme, Schilddrüsenstörungen sowie Verspannungen im Schulter- und Nackenbereich nützlich sein. Ferner wird ihm ein Einfluß auf Herz, Lunge und Verdauungsorgane zugeschrieben. Er soll den gesamten Verdauungstrakt entspannen, Bauchkrämpfe lösen,[31] durch Menstruationsbeschwerden hervorgerufene Rückenschmerzen lindern und einen Beitrag zur Regulierung des Hormonhaushalts leisten.[32] Als weiteres Einsatzgebiet werden in der einschlägigen Literatur Fieber, Verbrennungen und mangelnde Pigmentierung der Haut genannt.

Indikationen aufgrund der von mir durchgeführten Testung:

- Sorglosigkeit, gute Laune mit einem Lächeln im Gesicht
- findet alles witzig und muß oftmals lachen
- *Überlegenheitsgefühl mit Hang, über andere zu lästern*
- *innerliche Absonderung von der Umgebung; alles stört, und alles erscheint fremd*
- allgemeine Gleichgültigkeit
- Eigenart, das Kinn sehr hoch zu tragen
- seltsame Gepflogenheit, die Augenbrauen hochzuziehen
- eigenartiges Sich-auf-die-Lippen-Beißen und abwechselndes Einziehen der Ober- und Unterlippe in den Mund, um sie innen abzulecken

- Grimassenschneiden
- Gestikulieren mit dem Kopf, wobei das Kinn angehoben und zum Deuten in eine bestimmte Richtung verwendet wird
- Nervosität
- unkontrollierte Körperbewegungen wie Wackeln mit dem Ellbogen oder Hochziehen der Schultern
- stechende Kopfschmerzen
- starke Schleimbildung; der Nasenschleim läuft ständig den Rachen hinunter
- schmerzhafter Druck in der Halsgrube
- schmerzhafte Verkrampfung der rechten seitlichen Nackenmuskulatur; kann den Kopf kaum nach rechts drehen
- Empfindung im Nacken, als wäre die Halswirbelsäule verrenkt
- Schmerzen in den Schultergelenken
- Schmerzen im Bereich der Brustwirbelsäule
- laut hörbares Gluckern im Bauch
- Rumoren im Darm wie bei Durchfall
- kolikartige Darmkrämpfe wie bei schweren Darminfektionen, verbunden mit Übelkeit und heftigem Aufstoßen
- Schmerzen im gesamten Bereich des Bauches, als wäre alles wund
- Kribbeln im Genitalbereich

Chrysokoll ist die Entsprechung der Bach-Blüte **Water Violet**. Als Roh- oder Schmeichelstein auf die Water-Violet-Zonen im Bereich der Halsgrube* und des Nackens** aufgelegt hilft er, die innere Distanz zur Umgebung und das häufig damit verbundene Gefühl der Überlegenheit zu überwinden und positive Eigenschaften wie Offenheit für andere (Beziehung zum Halschakra) und Demut (nach der Organsprache Verbindung zum Nacken) zu entwickeln. Dabei löst sich auch die energetische

---

* Vgl. *Neue Therapien mit Bach-Blüten 2*, S. 263
** Vgl. *Neue Therapien mit Bach-Blüten 2*, S. 264

Stauung in Hals und Nacken; der Kopf wird freier und die Umgangsart lockerer und ungezwungener.

Chrysopras

Chrysopras ist eine durchscheinende bis undurchsichtige Chalcedonart*, die ihrem Gehalt an Nickel die apfelgrüne Farbe verdankt. Diese kann durch längeren Einfluß von Sonnenlicht und Hitzeeinwirkung verblassen. Eine Wiederauffrischung der Farbe ist durch feuchte Lagerung möglich.[33]

Gefunden wird Chrysopras als Knollen und Spaltenausfüllungen in Verwitterungsmassen von Nickelerzlagerstätten und ist relativ selten. Er gilt als wertvollster Stein der Chalcedongruppe und wird daher auch imitiert, indem Achat mit Hilfe von Chromsalz- oder Nickelnitratlösung grün gefärbt wird. In der Schmuckindustrie wird Chrysopras in der Regel als Cabochon geschliffen. Feinste Sorten ohne Risse und Farbfehler erhalten einen besonderen Facettenschliff. Weitere Verwendung findet der Stein für Mosaike, Einlegearbeiten und kunstgewerbliche Gegenstände.

Laut einschlägiger Literatur besitzt Chrysopras einen ausgleichenden, beruhigenden und harmonisierenden Einfluß auf Körper, Geist und Seele. Man nimmt an, daß er «unbewußte Gedanken auf eine bewußte Ebene hebt und so zur Klärung von Problemen beitragen kann.»[34] Er soll insbesondere Personen, deren Verhaltensmuster etwas neurotische Züge aufweisen, zu mehr Ausgeglichenheit und Zielbewußtheit verhelfen.[35] Ferner wird ihm nachgesagt, er vermöge Komplexe zu mildern und neue Gedankenmuster zu bringen.[36] Die hl. Hildegard von Bingen empfahl ihn bei Zornesausbrüchen, epileptischen Anfällen und Besessenheit.[37] Noch heute gilt der Stein als Schutz gegen Fremdeinwirkungen aller Art und schwarze Magie.

---
* Vgl. Tabelle der Edelsteingruppen im Anhang, S. 286/287

Körperlich soll Chrysopras auf Augen, Drüsen und Herz wirken. Laut Hildegard ist er hilfreich bei Gicht,[38] wobei allerdings anzumerken ist, daß in der damaligen Zeit nicht zwischen Gicht und Rheuma unterschieden wurde und der Hinweis vermutlich auch für rheumatische Beschwerden gilt.[39]

Indikationen aufgrund der von mir durchgeführten Testung:

- Müdigkeit
- Bedürfnis, tief durchzuatmen
- Wachheit
- Nervosität
- beklemmende Angstgefühle
- seltsam benommenes, eingenebeltes Gefühl, wie unter Drogen stehend
- extremer Schwindel mit Torkeln wie bei Trunkenheit; alles dreht sich
- Übelkeit
- Eindruck zu fallen
- plötzliches Gefühl der Leichtigkeit im Kopf
- Kopf fühlt sich an wie in Watte gepackt
- Kribbeln der Kopfhaut
- Druck im Bereich der Augenbrauen, der sich wie Blei auf die Augen legt
- Augenbrennen
- extreme Lichtempfindlichkeit der Augen
- Summton im Ohr
- Mundtrockenheit
- vermehrter Speichelfluß
- unruhige Zunge mit nervösem Ablecken der Lippen
- metallischer Geschmack im Mund
- Verkrampfung des Nackens mit dem Gefühl, als ob sich in diesem eine Kugel befinden würde
- stechende Schmerzen am Rücken im Bereich des inneren Schulterblattrandes
- Stiche im oberen Bereich des linken Rippenbogens

- seltsame, nicht näher definierbare Empfindung im Unterleibsbereich, die psychisch als äußerst unangenehm empfunden wird
- Kribbeln im Schambereich
- heftiges Kribbeln im Bereich des Fußrückens
- extreme Unruhe in den Beinen

Chrysopras ist das Pendant zur Bach-Blüte **Wild Oat** und ist daher angezeigt bei Personen, die unter Ziel- und Orientierungslosigkeit leiden. Als Schmuck oder Trommelstein am Körper getragen hilft er, sich auf das Wesentliche zu besinnen und voll konzentriert die anstehenden Probleme und Entscheidungen in Angriff zu nehmen.

Für gezielte Anwendungen zur Wirkungsverstärkung eignet sich vor allem die Wild-Oat-Zone im Bereich des vierten und fünften Lendenwirbels.[*] Interessanterweise ereignen sich genau an dieser Stelle die meisten Bandscheibenvorfälle.

Citrin

Citrin ist eine hellgelbe bis goldbraune Quarzart[**], die Einzelkristalle und Kristallgruppen in der derselben Form wie Bergkristall, Amethyst und Rauchquarz bildet. Im Handel wird Citrin – benannt nach seiner zitronengelben Farbe – oft fälschlicherweise als Goldtopas bezeichnet, um ihn dadurch aufzuwerten. Leider handelt es sich bei den heute angebotenen Exemplaren fast ausnahmslos um gebrannte Amethyste, in einigen Fällen auch um gebrannte Rauchquarze. Natürliche Citrine sind inzwischen relativ selten und damit entsprechend teuer geworden. Sie besitzen eine eher blaßgelbe Farbe, während gebrannte Amethyste eine intensive Gelb- oder Braunfärbung zeigen, die

---

[*] Vgl. *Neue Therapien mit Bach-Blüten 2*, S. 274
[**] Vgl. Tabelle der Edelsteingruppen im Anhang, S. 286/287

einen leichten Stich ins Rötliche aufweist. Brasilianischer Amethyst färbt sich bei 470° C hellgelb, bei Temperaturen von 550–560° C wird er dunkelgelb bis rotbraun. Einige Rauchquarze gehen bereits bei 300–400° C in die Citrinfarbe über.[40] Citrine in hervorragender Qualität werden in der Regel mit Facettenschliff versehen und als Ringsteine oder Anhänger verwendet. Weniger gute Exemplare verarbeitet man zu Edelsteinketten oder kunstgewerblichen Gegenständen. Daneben dienen Citrin-Kristallgruppen zur Dekoration von Räumen und sind von Sammlern nach wie vor begehrt.

In der Edelsteintherapie wird zwischen natürlichem und künstlichem Citrin nicht unterschieden. Man geht davon aus, daß beim Brennen von Amethyst lediglich ein natürlicher Vorgang nachgeahmt wird und Citrin bei seiner Entstehung vermutlich großer Hitze ausgesetzt war. Ein künstlich transformierter Stein müßte daher annähernd die gleiche Wirkung zeigen wie der natürlich entstandene. Ich kann diese Annahme aufgrund meiner Arbeit bestätigen.

Citrin wird ein reinigender und klärender Einfluß sowohl auf den körperlichen als auch auf den geistig-seelischen Bereich zugeschrieben. Er soll gedankliche Klarheit fördern,[41] Gefühl und Verstand miteinander in Harmonie bringen[42] und helfen, mentale Blockaden zu überwinden.[43] Insbesondere bei ungelösten Konflikten und verdrängten Gefühlen, die sich im Solarplexus in Form von energetischen Blockaden, körperlichen Verspannungen oder gar Verkrampfungen manifestiert haben, soll er hilfreich sein und deren Aufarbeitung und Auflösung erleichtern. Daneben wird dem Stein zugeschrieben, «Wohlbefinden, Wärme und Lebendigkeit, Sicherheit und Zuversicht»[44] zu vermitteln und Depressionen, Ängste, Schlafstörungen, Ruhelosigkeit und Nervosität zu lindern.

Körperlich soll Citrin den Stoffwechsel anregen und die Ausscheidung von Giftstoffen fördern. Als spezielle Indikationen werden Verdauungsbeschwerden, Verstopfung, unreine Haut, Pubertätsakne und Infektionen von Niere und Blase genannt.

Außerdem wird über einen positiven Einfluß bei Diabetes berichtet. Evi Laurich nennt zusätzlich Schulterblatt-Zerrungen, Hüftgelenkserkrankungen (die betroffenen Körperteile leicht mit dem Stein im Uhrzeigersinn massieren), Juckreiz (jeweils einen größeren Citrin längere Zeit auf die juckenden Stellen legen und dann abstreichen) und Insektenstiche (Stein sofort gegen die Einstichstelle drücken und dort einige Zeit belassen).[45] Nach Michael und Ginny Katz ist Citrin auch hilfreich bei der Korrektur der Position von Rückenwirbeln, insbesondere im Halsbereich. Zu diesem Zweck soll der Stein möglichst lange oben auf dem höchsten Punkt des Scheitels getragen werden. Man kann ihn hierzu ins Haar binden oder unter einem Hut befestigen.[46]

Indikationen aufgrund der von mir durchgeführten Testung:

- Selbstvorwürfe
- Traurigkeit
- alles erscheint irgendwie fremd
- starke Nervosität
- hektische Unruhe
- extreme Ruhelosigkeit
- Spannungs- und Verkrampfungszustände im ganzen Körper
- Juckreiz am ganzen Körper
- vermehrter Schweiß am Rücken
- Gefühl von Leichtigkeit im Kopf
- seltsam benommenes Gefühl im Kopf, dumpf und doch wach; wie überdreht
- Schwindel
- Dumpfheitsgefühl in der Stirn
- drückende Kopfschmerzen, wie von einem enganliegenden Reifen
- heftiger Juckreiz am ganzen Kopf
- Schmerzen am Hinterkopf im Bereich der Schädelbasis
- krampfartige Schmerzen in der Stirn über dem linken Auge
- Summton im Ohr
- Jucken und Kitzeln in der Nase, verbunden mit Niesreiz

- *Überempfindlichkeit gegen bestimmte Gerüche*
- Schmerzen im linken Oberkiefer
- Druck unterhalb des Kinns
- extreme Verkrampfung der Nackenmuskulatur
- Nackensteifigkeit
- massive Schmerzen im Bereich des 2. und 3. Halswirbels, die eine Kopfdrehung nach rechts verhindern
- heftige Schmerzen am linken inneren Schlüsselbeinrand, die sich bis zur Schulter erstrecken
- Rumoren im Bauch
- Übelkeit
- Brechreiz
- unangenehmes Druckgefühl im Bauch; fühlt sich verstopft
- stechender Schmerz im Oberbauch, der durch den Bauch nach hinten zum Rücken zieht
- Schmerzen im unteren Teil des Rückens (wie wund)
- extreme Verkrampfungen im gesamten Bauch
- Schmerzen unter dem linken Rippenbogen
- Stiche im linken Unterbauch
- Kribbeln in der Harnröhre
- anhaltender Harndrang
- Juckreiz im Analbereich
- Anus wie zugeschnürt
- krampfartige Schmerzen in der linken Hüfte und im linken Bein

Citrin entspricht der Bach-Blüte **Crab Apple** und eignet sich für Personen, die sich in irgendeiner Weise unrein fühlen und zu Sauberkeitsmanie und Perfektionszwang neigen. Als Schmeichelstein für die Hosentasche oder roh in einem Lederbeutel um den Hals getragen hilft er, manches etwas lockerer zu sehen, großzügiger mit sich selbst umzugehen und sich mit all seinen Unvollkommenheiten anzunehmen, wie man ist. Bei dem Zwang, sich selbst innerlich und äußerlich ständig reinigen zu müssen, sind zusätzliches Trinken von Citrin-Wasser und Waschungen mit diesem anzuraten. Für Entspannungsbehandlungen ist das Auflegen des Steins auf die Crab-Apple-Zone am Rücken über der linken Niere zu empfehlen.*

Diamant

Der Diamant ist der bekannteste und begehrteste Edelstein überhaupt. Im Verhältnis zur gesamten Edelsteingewinnung beträgt der Anteil der Diamantenproduktion rund 90%. Grund für seine Beliebtheit ist zweifelsohne das unvergleichliche «Feuer», das dieser Stein aufgrund seiner hohen Lichtbrechung, die von keinem anderen Stein übertroffen wird, in geschliffenem Zustand besitzt. Weißes Licht wird von ihm in ein breites Spektralband zerlegt, was sein funkelndes Aussehen bewirkt. Eine besondere Schliffart, der sog. Brillantschliff, sorgt zudem durch viele kleine Flächen (Facetten), an denen das Licht jeweils gebrochen wird, für ein besonders intensives Farbspiel. Auf diese Art geschliffene Diamanten werden im allgemeinen Sprachgebrauch als Brillanten bezeichnet, obwohl auch andere Edelsteine (z. B. der Zirkon) mit Brillantschliff versehen werden.

Diamant bildet meist Kristalle in Oktaeder- oder Würfelform und kommt hauptsächlich in den Farben Farblos, Gelb und Braun, seltener auch in Grün, Blau, Rot, Rosa und Schwarz vor. Als härtester Stein der Erde** besteht er, im Gegensatz zu allen anderen Edelsteinen, nur aus einem einzigen Element, dem Kohlenstoff. Er bildet sich nur bei enorm hohem Druck und relativ hohen Temperaturen. Deshalb wird er vorwiegend in erloschenen Vulkanschloten oder auf sekundären Lagerstätten im Geröll von Flüssen gefunden. Synthetische Diamanten werden bei Temperaturen zwischen 1500–2400°C und einem Druck von 50000–100000 Atmosphären hergestellt. Sie dienen

---

* Vgl. *Neue Therapien mit Bach-Blüten 2,* S. 136
** Daher auch seine Bezeichnung «Diamant», abgeleitet von griech. *adamas,* der Unbezwingbare.

fast ausschließlich Industriezwecken und werden kaum in der Schmuckindustrie verwendet, da lupenreine künstliche Diamanten in der hierfür erforderlichen Größe nahezu ebenso teuer sind wie natürliche.

Diamant wurde im Altertum als Stein der Sonne angesehen, weil er an ihren Glanz erinnert, der alle Farben in sich trägt und diese durch sein Funkeln sichtbar macht.[47] Man sprach ihm die Fähigkeit zu, Macht und Charakterstärke zu verleihen, Schutz zu gewähren und den Frieden zu erhalten.[48] Er sollte nicht nur schlechte Träume und böse Gedanken verscheuchen, sondern auch den Teufel, der – laut Hildegard von Bingen – dem Stein feindlich gesonnen sei, weil dieser seiner Macht widerstehen würde.[49] An anderer Stelle schreibt sie: «Es gibt Menschen, die ihrem Wesen nach und auch unter teuflischem Einfluß böswillig sind und darum auch gerne schweigen. Wenn sie aber reden, haben sie einen bohrenden Blick und geraten manchmal außer sich, wie wenn sie von Wahnsinn gelenkt würden; sie besinnen sich aber rasch wieder. Solche Leute sollen oft, oder noch besser fast dauernd, einen Diamant in den Mund nehmen. Die Wirkung dieses Steins ist so groß und kräftig, daß er Bösartigkeit und das Böse auslöscht, das im Menschen steckt.»[50] Den Stein sollte man dabei tunlichst nicht verschlucken, denn – schenkt man indischen Quellen Glauben – kann dies nicht nur teuer, sondern sogar sehr gefährlich, wenn nicht gar tödlich enden.[51] Beweise für derartige Behauptungen gibt es freilich nicht. Eine massive Erstverschlimmerung in naturheilkundlichem Sinne wäre allerdings denkbar. Zwar sind biologische Heilmittel, die für einen Patienten nicht passen, in der Regel für diesen vollkommen unschädlich; geeignete Arzneien, noch dazu in Überdosierung verabreicht, können jedoch üble Verschlimmerungen nach sich ziehen.

In der heutigen Edelsteintherapie gilt der Diamant als Symbol der «Reinheit, Klarheit und Erleuchtung». Er soll helfen, «in Herz und Wollen Harmonie mit dem göttlichen Denken zu bringen»[52] und gleichzeitig Schutz vor negativen Schwingungen und Gedanken bieten. Nach Sharamon/Baginski ist er «vor allem jenen eine unschätzbare Hilfe, die den Weg der Selbsterkenntnis und der Vervollkommnung mit allen Konsequenzen beschritten haben.»[53] Ferner soll er Selbstbewußtsein und Stolz verleihen, gleichzeitig aber auf die Härten in uns selbst aufmerksam machen. Personen mit hartem Charakter sei daher anzuraten, vorsichtig mit diesem Stein umzugehen und davon abzusehen, ihn als Schmuck längere Zeit zu tragen, da sonst die Gefahr bestehe, daß sie hochmütig, abweisend und verschlossen werden.[54]

Dem Diamanten werden außerdem starke Reinigungsqualitäten zugeschrieben, weshalb er sich überall dort einsetzen lasse, «wo eine Klärung, Läuterung oder körperliche Reinigungsprozesse in Gang gesetzt oder forciert werden sollen.»[55] Er soll Blase und Niere kräftigen, Steinbildungen verhindern und auch bei Gleichgewichtsstörungen hilfreich sein.

Indikationen aufgrund der von mir durchgeführten Testung:

- Traurigkeit, verbunden mit völliger Lustlosigkeit und Antriebsschwäche
- freudloser Zustand; alles erscheint dunkel, düster, leer und ohne jeden Sinn
- Argwohn; wittert hinter allem etwas Böses
- Einbildung, im Raum befänden sich negative Schwingungen
- *Neigung, andere zu bevormunden*
- Selbstgefälligkeit; findet sich ganz toll
- heftiges Weinen und lautes Schluchzen wegen Gedächtnislücken; kann sich an einiges nicht mehr erinnern
- Einschlafen mitten im Gespräch
- dumpfer, benommener, aber geistig vollkommen klarer Zustand
- angegriffene Verfassung (Katergefühl) wie nach einer durchzechten Nacht
- Gähndrang, obwohl wach
- Einbildung, sich zu drehen, aber ohne Schwindelgefühl

- plötzliches unwillkürliches Sichschütteln
- Druckgefühl im Kopf, als ob dieser platzen wollte
- hochgradiger Druck im Hals mit Würgereiz und erschwertem Schlucken
- Nackensteifigkeit mit der Unfähigkeit, den Kopf zu drehen
- heftiger Druck auf der Brust wie von einer zentnerschweren Last
- drückende Schmerzen im Herzbereich
- schmerzhaftes Einschnürungsgefühl im Oberbauch
- krampfartige Magenschmerzen
- Rückenschmerzen im Bereich der Brustwirbelsäule
- krampfartige Schmerzen im Unterleib

Diamant ist das Pendant zur Bach-Blüte **Chicory**. Als Rohstein in einem Lederbeutel um den Hals oder auch in Form von Schmuck getragen hilft er, sich aus emotionalen Abhängigkeiten zu befreien und Raum für die eigene Entwicklung und die anderer zu lassen. Er unterstützt den inneren Ablösungsprozeß und die Hinwendung zur eigenen Persönlichkeit. Auf diese Weise ermöglicht er eine Kommunikation mit anderen in Freiheit, d. h. ohne falsche Erwartungen und Ansprüche, die letztendlich doch nur zu Enttäuschungen führen.

Bei Gedächtnislücken ist eine Anwendung auf der Chicory-Zone auf dem linken Oberschenkel* sinnvoll. Diese beginnt kurz oberhalb der linken Kniescheibe und endet etwa eine Hand breit unterhalb der Leiste. Allerdings ist vorher zu überprüfen, ob es sich bei dem Problem nicht um gedankliche Blackouts des Chestnut-Bud- oder um Konzentrationsstörungen des Clematis-Typs handelt. Eine Auratestung ** der obengenannten Zone kann hierüber Aufschluß geben.

---

* Vgl. Neue Therapien mit Bach-Blüten 2, S. 129
** Vgl. Neue Therapien mit Bach-Blüten 2, S. 45 ff.

Epidot

Epidot ist ein Mineral aus einer sehr komplexen Calcium-Aluminium-Eisensilikatverbindung, das sowohl in Kristallform als auch als derbe, körnige Masse vorkommt. Seine Farbpalette umfaßt verschiedene Grüntöne und reicht von gelbgrün bis hin zu grünschwarz, wobei Kristalle auch in durchsichtiger bis durchscheinender Form anzutreffen sind.

Klinozoisit, eine hellgrüne bis grünbraune, derbe, eisenarme Varietät, ist undurchsichtig und mit rosafarbigen bis weißen Quarzbestandteilen durchwachsen, die dem Stein ein geflecktes Aussehen verleihen und zu Verwechslungen mit Buntjaspis führen. Pistaziengrün-altrosa gesprenkelte Exemplare, irrtümlicherweise oft als Pistazit (eine eisenreiche Epidotart) bezeichnet, erfreuen sich derzeit steigender Beliebtheit. Sie sind hauptsächlich als Schmeichelsteine erhältlich, wobei in zunehmendem Maße auch Ketten, Donuts und Anhänger im Handel angeboten werden.

In der Edelsteintherapie findet Epidot kaum Beachtung und wird in der einschlägigen Literatur auch nur selten erwähnt. Meiner Erfahrung nach besitzen die oben angeführten *pistaziengrün-altrosa gesprenkelten Exemplare* der Spielart Klinozoisit jedoch hervorragende therapeutische Eigenschaften, die bislang größtenteils unbekannt sind.

An körperlichen Wirkungen wird beim Epidot – ohne genauere Spezifizierung – lediglich ein positiver Einfluß auf Herz, Verdauungstrakt und Gleichgewichtssinn angegeben.[56] Als seelische Indikationen werden Liebeskummer, Eifersucht, Minderwertigkeitsgefühle und Selbstmitleid angeführt. Außerdem soll der Stein hilfreich sein, «wenn man sich über seine Gefühle gegenüber Neuem oder Gewohntem nicht oder nicht mehr im klaren ist.»[57]

Indikationen aufgrund der von mir durchgeführten Testung:

- Gedächtnislücken; kann sich an einiges nicht mehr erinnern
- Blackout; die Gedanken sind plötzlich weg; weiß nicht mehr, was er gerade eben sagen wollte
- unkonzentriert und in Gedanken nicht bei der Sache; schweift ständig vom Thema ab
- starkes Eingenommensein von sich selbst
- Neugier
- Lustlosigkeit und ausgesprochen schlechte Laune; verträgt keinen Spaß
- Lieblosigkeit mit dem Verlangen, andere zu ärgern
- Abneigung gegen jegliche Arbeit
- große allgemeine Unruhe und Nervosität
- Juckreiz am ganzen Körper
- benommenes, eingenebeltes Gefühl im Kopf wie bei Trunkenheit
- erschwertes Denken; der Kopf fühlt sich an wie leer
- ausgeprägtes Schwächegefühl
- extremer Erschöpfungszustand; fühlt sich hundeelend und völlig kaputt
- Ohrenrauschen
- starke Lichtempfindlichkeit der Augen; sieht Sternchen
- Fremdkörpergefühl im Hals, als ob etwas steckengeblieben wäre
- heftiges Aufstoßen, bei dem Nahrung mit hochgewürgt wird
- schmerzhafte Muskelverkrampfung am Nackenansatz
- Beklemmungsgefühl in der Brust
- anfallartiges Herzrasen, verbunden mit Schmerzen im Herzbereich
- schmerzhafte Verkrampfung der Rückenmuskulatur im Bereich der Brustwirbelsäule
- schneidende Magenschmerzen
- laut hörbares Rumoren im Darm
- massive Blähungen mit anhaltendem Aufstoßen und Abgang von Winden

- starke Auftreibung des Leibes, verbunden mit heftiger Übelkeit
- Juckreiz am Anus
- extreme Unruhe in den Beinen

Die pistaziengrün-altrosa gesprenkelte Spielart der Epidotvarietät Klinozoisit entspricht der Bach-Blüte **Chestnut Bud**. Als Schmeichelstein in der Hosentasche oder in einem Lederbeutel um den Hals getragen kann der Stein motivieren, Begonnenes zu Ende zu führen und Ordnung in ein bestehendes Chaos zu bringen. Er verhilft zu mehr Konzentration und spornt dazu an, größere Aufmerksamkeit auf unser Tun zu lenken, um so wiederholte Fehler zu vermeiden. Bei aktuellen Erinnerungslücken und gedanklichen Blackouts ist es empfehlenswert, ihn herauszunehmen und auf die Chestnut-Bud-Zone im Bereich des rechten Oberschenkels* zu legen. Diese liegt auf der inneren Hälfte der Oberschenkeloberseite. Sie beginnt eine Hand breit unterhalb der Leiste und erstreckt sich bis zum Knie.

Fluorit

Fluorit, auch Flußspat genannt, ist ein sehr weit verbreitetes Mineral. Er bildet sich aus heißen, wäßrigen Lösungen in Felsgängen und wächst so auch auf anderen Mineralien, z. B. auf Quarzen und Erzmineralien. Sein Name ist vom lateinischen fluere (fließen) abgeleitet, da Fluorit sehr leicht schmilzt. Außerdem ist er relativ weich. Er bildet meist Würfel oder oktaedrische Doppelpyramiden, ist aber manchmal auch als scheinbar strukturloser Brocken zu finden, der beim Spalten jedoch in Oktaeder zerfällt.

Fluorit kommt in fast allen Regenbogenfarben vor. Es gibt ihn in Farblos, Weiß, Zartrosa, Gelb, Braun, Grün, Blau, Violett

---

* Vgl. *Neue Therapien mit Bach-Blüten 2,* S. 121

und Purpur. Die größte therapeutische Wirkung besitzt meiner Erfahrung nach der purpurne. Dieser kommt jedoch äußerst selten vor und ist deshalb vom Preis her unerschwinglich. Daneben erweist sich auch der grüne als besonders wirksam, weswegen ich hauptsächlich mit diesem Stein arbeite. Der violette ist ebenfalls zu empfehlen. Er wirkt sanfter und nicht ganz so intensiv. Bei extremen Verkrampfungszuständen ist dieser dem grünen vorzuziehen. Von der Verwendung gemischtfarbiger Fluorite rate ich ab, da sie nahezu wirkungslos sind.

In der Edelsteintherapie wird Fluorit mit dem zentralen Nervensystem in Verbindung gebracht. Er gilt als «wirkungsvolles Hilfsmittel bei jeder Art von geistiger Verwirrung»[58] und soll auch bei Störungen des Gehirns, Parkinson-Syndrom und Alzheimerscher Krankheit eine Wirkung zeigen.[59] Angeblich soll er die Konzentrationsfähigkeit stärken und den Intellekt steigern, weshalb er oft als «Stein der Genies» bezeichnet wird.[60] Ferner soll er helfen, «intuitiv erkanntes Wissen klar und transparent zu machen, so daß das bisher bloß Geahnte plötzlich wissenschaftlich nachvollziehbar und in sich schlüssig wird.»[61]

Fluorit gilt auch als gute Meditationshilfe. Seine Wirkung scheint darin zu bestehen, daß er körperliche Blockaden auflöst, die den Menschen davon abhalten, seine Aufmerksamkeit nach innen zu richten.[62] Edelsteinbehandler legen ihn als Therapieeinstieg auf blockierte Zonen. Ist die Stauung beseitigt, verwenden sie die für die jeweiligen Probleme angezeigten Steine. Fluorit hilft, die festgefahrenen Gefühle zu lösen, die zu den physischen Blockaden geführt haben. Er unterstützt den Prozeß, alte Verhaltensmuster aufzugeben, belastende Verpflichtungen im Innern loszulassen, «sich in der Arbeit frei zu fühlen, innerlich frei, in den Familienbindungen frei und seine Gebundenheit und Verantwortung trotzdem zu akzeptieren.»[63] Zu empfehlen ist er deswegen jedem, «der unter Druck arbeiten muß und dabei einen klaren und ruhigen Geist bewahren möchte.»[64]

Indikationen aufgrund der von mir durchgeführten Testung:

- *gesteigerte Wachheit und Klarheit im Kopf,* verbunden mit einem Kribbeln und Jucken der Kopfhaut
- Kopfhaut fühlt sich an wie in Watte gepackt
- Sinnestäuschung: der Kopf fühlt sich wie abgetrennt an, und die gesamte Wahrnehmung scheint nur noch dort zu sein
- Bewußtseinstrübung, verbunden mit einer verzerrten Wahrnehmung (nur noch ein Teil des Gesichtsfeldes wird registriert, der Rest verschwimmt; im Extremfall lösen sich die Konturen vollständig auf)
- Empfindung einer Stille und Leere, einem seltsamen Gefühl, weder klar noch dumpf, weder real noch irreal
- *Eindruck, alles wirke fremd; der eigene Körper scheint keinen Bezug zur Umgebung mehr zu haben*
- Verlust des Bezugs zur Realität (man starrt nur noch vor sich hin – ein angespannter, trotzdem aber sinn- und zielloser Zustand)
- Gefühl von Traurigkeit, Sinnlosigkeit und Leere
- völlige Lustlosigkeit und Apathie
- *Empfindung, innerlich wie abgestorben zu sein*
- nervöser Juckreiz am ganzen Körper; die Kleidung wird unerträglich, da sie zu kratzen scheint
- *unterschwellige Wut und innere Auflehnung gegen diesen Zustand*
- Kribbeln der Gesichtshaut
- Tränen und Jucken der Augen, wie wenn man unausgeschlafen und verkatert ist
- Zähneknirschen
- Nackenschmerzen
- Druck im Hals und oberen Brustbereich, über dem linken Schlüsselbein, in der rechten Stirnhälfte und der rechten Augenbraue
- unangenehmes Druckgefühl im Oberbauch, das Übelkeit auslöst
- Stuhldrang wie bei Durchfall, begleitet von heftigem Rumoren im Darm

- starke Schmerzen im Bauch, die bis zum Rücken strahlen
- Darmkrämpfe
- Verkrampfung im unteren Bereich der Brust- und in der Lendenwirbelsäule, die sich fast wie steif anfühlt

Fluorit ist das Pendant zur Bach-Blüte **Oak** und paßt für Menschen, die aus falsch verstandenem Pflichtgefühl Raubbau an ihrer Gesundheit treiben und sich in Phasen von Erschöpfung mit großer Willensanstrengung dazu zwingen, durchzuhalten und weiterzumachen. Der Stein hilft, das eingefahrene Verhaltensmuster abzulegen und Tiefpunkte bewußt wahrzunehmen und zu akzeptieren. Er eignet sich vor allem hervorragend zum Auflösen der aus der ständigen innerlichen Anspannung resultierenden körperlichen Blockaden.

Sehr effektiv ist das Tragen einer relativ kurzen Fluoritkette für einen Zeitraum von einer halben bis einer Stunde täglich, da diese den Körper gleich an drei Oak-Zonen* berührt. Alternativ dazu lassen sich Donuts oder Schmeichelsteine einsetzen, wobei diese den ganzen Tag über an einem Lederband um den Hals bzw. in der Hosentasche getragen werden können.

Als gezielte Entspannungstherapie empfiehlt sich das Auflegen auf die Zone im oberen Bereich der Brust. Diese beginnt am Oberrand des Schlüsselbeins und erstreckt sich von dort eine Hand breit nach unten.**

Hämatit

Hämatit, aufgrund seiner chemischen Zusammensetzung auch Eisenglanz oder Roteisenstein genannt, ist vor allem unter der Bezeichnung *Blutstein* bekannt. Beim Schleifen «blutet» er, d. h., das Schleifwasser färbt sich durch die Beimengung des zermah-

---

* Vgl. *Neue Therapien mit Bach-Blüten 2,* S. 197–199
** Vgl. *Neue Therapien mit Bach-Blüten 2,* S. 197

lenen Eisenoxids blutrot. Der Stein ist von schwarz-silbriger Farbe und glänzt metallisch. Er wirkt irgendwie kalt und unnahbar.

Aufgrund seiner Signatur wird er seit eh und je Blutkrankheiten zugeordnet und wird bei Blutarmut empfohlen, da er die Aufnahme von Eisen anregen soll. Gleichzeitig schreibt man ihm eine vitalisierende und regenerierende Wirkung auf den gesamten Körper zu, weshalb seine Verwendung bei allgemeinen Schwächezuständen, Genesung nach schwächenden Krankheiten und Operationen sowie nervlichen Zusammenbrüchen angeraten wird. Er soll außerdem einen zu schnellen Puls beruhigen und zu einem tiefen Schlaf verhelfen. Seine nierenähnliche Form gilt als Symbol für seinen angeblichen Einfluß auf die Nierenfunktion. Blutreinigende Eigenschaften und Wirkungen bei Abszessen, Hautunreinheiten, Geschwüren und Ekzemen[65] sowie Krampfadern werden ebenfalls berichtet. Zur Stillung von Blutungen legte man ihn in früheren Zeiten direkt auf offene Wunden.[66]

Indikationen aufgrund der von mir durchgeführten Testung:

- *Freudlosigkeit; alles erscheint sehr ernst*
- *stark angespannter und verkrampfter Zustand*
- äußerst unangenehmes Spannungsgefühl im Kopf, das sich wie ein Reifen um die Stirn legt
- Benommenheit im Kopf, verbunden mit heftiger Übelkeit
- Schwindel mit dem Eindruck zu fallen
- Nervosität
- Juckreiz im Gesicht und in der Kopfhaut
- Zahnfleischbluten
- starke Verkrampfung der gesamten Schulter- und Nackenmuskulatur
- Schmerzen in den Schultergelenken
- heftiger Druck auf der Brust, der bis zum Rücken ausstrahlt
- starkes Beklemmungsgefühl in der Brust, das die Atmung erschwert

- Herzstiche
- Druck im Oberbauch
- Rumoren im Darm
- kneifende Schmerzen zwischen dem unteren Ende des rechten Rippenbogens und dem Darmbeinkamm

Hämatit entspricht der Bachschen Essenz **Rock Water** und ist hilfreich bei Personen, die zu starren Prinzipien neigen und ihr Leben strengen Regeln unterwerfen. Er ist bei diesen Menschen unbedingt als Ergänzung zur Bach-Blütentherapie zu empfehlen, da die ständige Unterdrückung des Lustprinzips und die daraus resultierende emotionale Kälte langfristig keine wirklich positive Entwicklung zulassen und der Behandlungserfolg ohne die Auflösung der alten Gedankenmuster meist unbefriedigend bleibt. Bis sich jedoch eine deutliche Veränderung der eingefahrenen Denk- und Verhaltensweise zeigt, muß Rock Water oft mehrere Monate lang eingenommen werden. Eine begleitende Anwendung von Hämatit, in Form eines Schmeichelsteins in der Hosentasche oder als Donut an einem Lederband um den Hals getragen, kürzt hier die Behandlungsdauer deutlich ab.

Nachts sollte der Hämatit auf jeden Fall abgelegt werden, da es sonst zu unerwünschten Reaktionen wie seltsamen Stimmungsanwandlungen und unangenehmen Spannungskopfschmerzen kommen kann. Der Grund hierfür liegt darin, daß Edelsteine – wie bereits beschrieben – bei der nächtlichen Anwendung wesentlich intensiver wirken, weil die Kontrollmechanismen im Schlaf nahezu ausgeschaltet sind. Der Hämatit wirkt hier direkt auf das Unterbewußtsein, indem er nicht akzeptierte Gedankenmuster mit Macht an die Oberfläche holt. Sogar vor selbstauferlegten Tabus kennt er keinen Halt. Er geht, wie der Volksmund sagt, ans «Eingemachte». Als Folge wird die derart forcierte Auflösung alter Strukturen schmerzhaft bewußt.

Interessant ist die Tatsache, daß Hämatit mikroskopisch klein in fast allen Gesteinen vorkommt. Es fragt sich, ob die Wirkung von Rock Water, der Bachschen Essenz aus heilkräftigem Wasser einer Felsenquelle, allein auf der energetischen Aufladung des Wassers im Erdinneren beruht oder ob die Spuren von Hämatit im Gestein hierfür mitverantwortlich sind.

Heliotrop

Heliotrop ist ein undurchsichtiger dunkelgrüner Stein mit roten Tupfern, die auf Beimengungen von Eisenoxid zurückzuführen sind. Aufgrund der Ähnlichkeit dieser Flecken mit Blutstropfen wird der Stein häufig auch Blutjaspis genannt. Diese Bezeichnung ist nicht korrekt. Heliotrop und Jaspis zählen zwar beide zur Gruppe der Chalcedone*, sind jedoch zwei verschiedene Steinarten.[67] Gelegentlich wird Heliotrop auch irreführend als Blutstein bezeichnet, was auf eine wörtliche Übersetzung seiner englischen Benennung «bloodstone» zurückzuführen ist. Im deutschen Sprachgebrauch versteht man unter Blutstein jedoch nur den Hämatit. Verarbeitet wird Heliotrop vorwiegend zu Tafelsteinen für Herrenringe oder zu kunstgewerblichen Gegenständen.

In der einschlägigen Literatur werden vom Heliotrop vorwiegend körperliche Wirkungen genannt. Er soll die Entgiftung des gesamten Organismus anregen, das Blut reinigen, den Lymphfluß in Gang bringen und Leber, Niere und Milz in ihrer Funktion unterstützen. Daneben werden ihm durchblutungsfördernde und allgemein kräftigende Eigenschaften zugeschrieben. Außerdem soll er bei Blasenbeschwerden, Blutungen aller Art und speziell bei Nasenbluten hilfreich sein.

Seelisch soll Heliotrop positive Eigenschaften wie Mitgefühl und Demut fördern[68] und sich besonders für Personen eignen, die sich erden müssen.[69]

---

* Vgl. Tabelle der Edelsteingruppen im Anhang, S. 286/287

Indikationen aufgrund der von mir durchgeführten Testung:

- Gefühl von Freude und Zufriedenheit ohne äußeren Anlaß
- aufsteigende Erinnerungen an die Vergangenheit, die ein angenehmes Gefühl hinterlassen
- Sehnsucht nach früher
- Sehnsucht nach einer weiten Ferne, die hinter dem Horizont liegt
- Frustration über die Gegenwart; Wut über das Hier und Jetzt
- aggressives Verhalten aus Unzufriedenheit
- absolute Abneigung gegen die augenblickliche Situation; Widerwille beim Anblick der Umgebung
- aufsteigende Übelkeit und Ekelgefühle
- Weigerung, das Hier und Jetzt anzunehmen
- Rachegelüste gegen vermeintliche Schuldige an der gegenwärtigen unbefriedigenden Situation
- keinerlei Kompromißbereitschaft, um die jetzigen Schwierigkeiten zu lösen
- Müdigkeit und Gefühl der Abgekämpftheit
- nebulöser Zustand; alles verschwimmt
- Verlust des Bezugs zur Realität; die Beziehung zur Umgebung schwindet; alles erscheint fremd
- Eindruck, wegzudriften in eine weite, unbestimmte Ferne
- Vor-sich-Hinstarren
- Zustand absoluter geistiger Leere und trotzdem starker körperlicher Anspannung
- Verkrampfungen im ganzen Körper; kann nicht loslassen, da alle Muskeln angespannt
- starkes Zittern des Kopfes
- kitzelndes Gefühl im Rachen
- Schmerzen auf der Schulterrückseite im Bereich der Schultergelenke
- drückende Schmerzen in der Herzgegend; Empfindung, als sei das Herz von einer Faust umklammert
- Druck im Oberbauch
- krampfartige Schmerzen im Bereich zwischen Nabel und unterem Ende des rechten Rippenbogens

Heliotrop ist das Pendant zur Bach-Blüte **Honeysuckle**. Er eignet sich für Personen, die in ihrem Denken und Fühlen mehr in der Vergangenheit als in der Gegenwart leben und sich nach früheren Zeiten zurücksehnen, in denen ihrer Ansicht nach alles viel besser und schöner war. Da der Stein nur selten als Schmuck zur Verfügung steht, ist man meist gezwungen, auf Trommelsteine auszuweichen, die in einem Beutel längere Zeit um den Hals getragen werden sollten. Daneben werden im Handel Heliotropscheiben in verschiedenen Größen angeboten, die sich als Anhänger an einer Kette oder einem Lederband tragen lassen.

Für spezielle Anwendungen empfiehlt sich die Honeysuckle-Zone auf der linken Brustseite, die sich beim Mann im Bereich der Brustwarze, bei der Frau etwas darüber befindet.*

Honigcalcit

Calcit, als Mineral auch Kalkspat genannt, ist das formenreichste und – neben Quarz – am häufigsten verbreitete Mineral der Erdoberfläche. Neben einigen hundert verschiedenen Formen von Calcitkristallen sind etwa 2000 Kombinationen bekannt, die in Klüften, Erzgängen, Hohlräumen von Erzgängen und Blasengängen von Erzgußgesteinen zu finden sind. Ihre Vielfalt reicht von derben, linsenförmigen, prismatischen, nadeligen, tafelförmigen bis hin zu strahligen oder gar kugeligen Objekten. Relativ häufig sind rhomboedrische Doppelkristalle, sog. Zwillinge. Das Mineral selbst ist farblos, weiß, gelb oder braun. Durch Fremdbeimengungen ergeben sich jedoch zusätzlich zahlreiche andere Farbtöne.

Calcit wird in der Edelsteintherapie kaum verwendet. Indikationen sind in der einschlägigen Literatur so gut wie nur beim grünen zu finden. Der hellbraune Honigcalcit wird nach den mir vorliegenden Unterlagen nirgends genannt. Lediglich Katrina

---

* Vgl. *Neue Therapien mit Bach-Blüten 2*, S. 173

Raphaell schreibt einem gewissen Goldcalcit eine anregende Wirkung auf höhere mentale Fähigkeiten zu. Er soll helfen, geistig wach und scharfsinnig zu werden.[70] Daneben ist Orangecalcit in Insiderkreisen für seinen fiebersenkenden Einfluß bei grippalen Infekten bekannt. Der Stein soll hierzu 15 Minuten lang auf den Kopf gelegt werden.

Indikationen aufgrund der von mir durchgeführten Testung:

- *Traurigkeit und Niedergeschlagenheit, kann aber nicht weinen*
- *Gefühl innerer Leere*
- Langeweile; hat zu nichts Lust
- Freudlosigkeit; nimmt alles sehr ernst
- *lähmende Antriebsschwäche*
- Müdigkeit, will nur schlafen; die Augen fallen ständig zu
- bleierne Schwere am ganzen Körper
- hochgradiges körperliches Schwächegefühl wie bei einem Kreislaufkollaps
- ausgesprochene Tranigkeit; nimmt alles wie im Halbschlaf wahr
- Stöhnen
- drückende Schmerzen in der Stirn, ausgehend vom Austrittspunkt des ersten Astes des Trigeminusnervs im Bereich des inneren Augenbrauenrandes
- benommenes Gefühl in der Stirn
- Augentränen und -jucken
- massiver Juckreiz in der Nase
- heftiger Niesreiz
- Fließschnupfen im Wechsel mit Nasenverstopfung
- starke Verschleimung im Nasen- und Stirnhöhlenbereich
- heller Pfeifton in den Ohren
- Heiserkeit
- Schluckbeschwerden
- wundes Gefühl im Bereich der Bronchien
- Hustenreiz
- stechende Schmerzen unterhalb des Brustbeins und im obe-

ren Bereich der Rippenbögen, die sich bis zu Krämpfen steigern
- permanente Verkrampfung der Oberbauchmuskulatur; der Bauch wird aus Anspannung häufig eingezogen
- der gesamte Bauch fühlt sich an wie wund

Honigcalcit* findet seine Entsprechung in der Bach-Blüte **Mustard** und ist hilfreich bei melancholischen Anwandlungen und depressiven Zuständen ohne jeglichen äußeren Anlaß. Da der Stein weder als Donut noch als Anhänger zur Verfügung steht, bleibt als Anwendung nur das Tragen in der Hosentasche oder in einem Lederbeutel um den Hals. Für gezielte Anwendungen empfiehlt sich die Mustard-Zone im unteren Bereich der linken Leiste.**

Jade, grün

Die Bezeichnung Jade stammt aus der Zeit der Eroberung Mittel- und Südamerikas durch die Spanier und leitet sich vom spanischen «piedra de ijada» ab, was soviel wie Lendenstein bedeutet, da man diesen als Schutz- und Heilmittel gegen Nierenleiden ansah.[71] Jade bildet dichte faserige bis körnige Aggregate und wird mitunter in großen Blöcken mit einem Gewicht von mehreren Kilogramm gefunden. Sie kommt in fast allen Farben vor. Zu Schmuck verarbeitet wird jedoch vorwiegend weiße und grüne Jade. Aufgrund ihrer zähen Konsistenz und der Tatsache, daß sie so gut wie keine Spaltbarkeit besitzt, wird sie seit Jahrtausenden zu Steinschnitzereien verwendet. Dabei wurden nicht nur Schmuckstücke, Talismane, verschiedene Arten von Schalen und Gefäßen angefertigt, son-

---

* Im Handel wird häufig Orangecalcit unter der Bezeichnung Honigcalcit angeboten. Dieser entspricht jedoch nicht der Bach-Blüte Mustard.
** Vgl. *Neue Therapien mit Bach-Blüten 2*, S. 192

dern auch – wie in Mexiko, Indien und China – große Bildnisse und Skulpturen. Allerdings wurde hierzu nicht immer die echte Jade – auch Jadeit genannt – verwendet, sondern oft auch der weniger wertvolle Nephrit, der farblich vom Jadeit kaum zu unterscheiden ist und heute noch oft fälschlicherweise als Jade verkauft wird.

Als wertvollste Jade gilt die chinesische, die angeblich aus Yünnan stammen soll. Dort wurde aber noch nie Jadeit gefunden. China importiert seinen gesamten Jadebedarf aus Tawmaw in Burma. In früheren Zeiten wurde fast die gesamte dortige Jadeproduktion nach China befördert und – aufgrund eines Monopols – erst von hier aus weiterverkauft.

Jade gilt im Osten als Symbol von Frieden und Ruhe. Aufgrund ihrer ausgesprochen beruhigenden, harmonisierenden und ausgleichenden Wirkung wird sie in zunehmendem Maße auch in der westlichen Edelsteintherapie eingesetzt. Sie soll vor allem Entspannung und Nervenregeneration bewirken und bei Unruhe, Rastlosigkeit und unruhigem Schlaf (besonders bei Kindern) eine große Hilfe darstellen. Zu Heilzwecken wird in der Regel nur grüne Jade verwendet. Nach meinen Erfahrungen ist die dunkelgrüne die wirksamste.

An körperlichen Indikationen sind vor allem Nieren- und Blasenleiden bekannt. Das Auflegen von Jade auf Niere und Blase (nach den Regeln der Akupunktur möglichst abends) sowie das morgendliche Trinken von Wasser, in dem sich 24 Stunden lang ein Jadestein befunden hat, gelten als altbewährt.[72] Jade soll ferner stark entwässern und durch einfaches Auflegen auf die betroffene Körperstelle bei Migräne, Neuralgien, Gürtelrose und Verbrennungen hilfreich sein. Ein positiver Einfluß wird auch bei Verdauungsstörungen und Grippe berichtet. Bei Geburten soll sie ebenfalls nützlich sein. Hierzu wird empfohlen, während der Entbindung ein Jadestück in der Hand zu halten oder am Körper zu tragen.[73]

Indikationen aufgrund der von mir durchgeführten Testung:

- *Empfindlichkeit gegen Geräusche*
- Wahrnehmung eingebildeter Geräusche
- *starke Lichtempfindlichkeit der Augen; alles blendet*
- *innerliche Anspannung*
- starke Nervosität
- Gefühl ausgeprägter körperlicher Schwäche; hält sich für einen Schwächling
- plötzliche Traurigkeit
- extreme Müdigkeit; die Augen fallen ständig zu
- Kopfschmerzen
- Hitzegefühl im ganzen Kopf, insbesondere im Hinterkopf
- Eiseskälte am Kopf
- heftiger Drehschwindel
- Druck auf den Ohren
- Rauschen in den Ohren
- Juckreiz in den Augen
- starke Verschleimung im Hals
- Druck in der Halsgrube
- heftige Schulterschmerzen, ausgelöst durch schmerzhafte Verkrampfung des Trapezmuskels
- Nackensteifigkeit
- Druck im oberen Bereich der Brust, direkt unterhalb des Schlüsselbeins
- Juckreiz zwischen den Schulterblättern
- extreme Spannungs- und Verkrampfungsgefühle im gesamten Bauch, die bis über die Rippenbögen hinausstrahlen
- Empfindung von Wundsein im Oberbauch
- laut hörbares Rumoren im Bauch
- Juckreiz am Anus
- Beine schwer wie Blei
- Schmerzen in den Beinen
- Beine eingeschlafen

Grüne Jade ist das Pendant zur Bach-Blüte **Mimulus** und eignet sich für Personen, die unter konkreten Ängsten leiden (z. B. der Angst vor Wasser, Gewittern, Spritzen oder unter Angst beim Autofahren, im Fahrstuhl, Flugzeug u. a.). Meist reagieren diese Menschen auch überempfindlich gegen äußere Reize wie Hitze, Kälte, Lärm oder auch grelles Licht. In Form eines Schmeichelsteins oder als Cabochon läßt sich Jade in der Hosentasche bei allen Situationen mitnehmen, die Angst oder auch großes Unbehagen erzeugen. Zur Wirkungsverstärkung kann man den Stein unauffällig herausnehmen und an die Mimulus-Zone auf der Innenseite des linken Oberarms* halten. Da es sich bei den geschilderten Ängsten und Überempfindlichkeiten in der Regel um chronische Zustände handelt, sind längeres Tragen eines Jadesteins sowie gezielte Anwendungen auf entsprechenden Mimulus-Zonen sinnvoll. Hierzu eignen sich besonders die Zonen über der rechten Niere** und zwischen den Schulterblättern**. Verspannungen an diesen Stellen sind zudem als Hinweis auf einen, u. U. latenten, Mimulus-Zustand zu werten.

Jaspis, rot

Jaspis ist eine undurchsichtige Chalcedonart***, die in allen Erdfarben und in unterschiedlichen Variationen vorkommt. Er ist meist verschiedenfarbig und enthält stets Fremdstoffe, die bis zu 20 % seines Volumens ausmachen können und ihm ein streifiges, geflecktes oder geflammtes Aussehen verleihen. Je nach Erscheinungsbild unterscheidet man verschiedene Jaspisarten wie Buntjaspis, Streifenjaspis, Leopardenjaspis, Popjaspis, Landschaftsjaspis oder Zebrajaspis.

Roter Jaspis ist die bekannteste und beliebteste Spielart des

---

* Vgl. *Neue Therapien mit Bach-Blüten 2*, S. 190
** Vgl. *Neue Therapien mit Bach-Blüten 2*, S. 187
*** Vgl. Tabelle der Edelsteingruppen im Anhang, S. 286/287

Jaspis. Er wird in Form von Spaltenausfüllungen oder Knollen gefunden und verdankt seine Farbe dem Gehalt an Eisenoxid. In der Schmuckindustrie wird er zu Cabochons, Kugeln für Edelsteinketten und neuerdings auch Donuts verarbeitet. Daneben dient er wie alle anderen Jaspisarten zur Herstellung kunstgewerblicher Gegenstände und Steinmosaike. Im Altertum fertigte man aus Jaspis zylinderförmige Rollsiegel.

Roter Jaspis gilt als «Stein der Materie, der uns mit der elementaren Kraft der Erde verbindet.»[74] Er soll unsere Erdverbundenheit fördern und die Verbindung zwischen Körper und Geist festigen.[75] Angeblich verbessert er das Gedächtnis, verleiht Mut und Tatkraft[76] und stärkt den Willen zum Guten.

Körperlich wird dem Stein eine belebende und kräftigende Wirkung zugesprochen. Er soll bei Erschöpfungszuständen, Verdauungsbeschwerden, Blähungen, Verstopfung, Übelkeit, Magenleiden, Geruchsverlust sowie Menstruationsbeschwerden hilfreich sein und einen positiven Einfluß auf Leber, Nieren und Geschlechtsorgane – insbesondere Gebärmutter und Eileiter – ausüben. Selbst Schwangerschaftsübelkeit soll er lindern und die Geburt erleichtern.

Indikationen aufgrund der von mir durchgeführten Testung:

- Langeweile
- Nervosität und Unruhe
- starke innerliche Verkrampfung
- flaues, leeres Gefühl im Kopf
- Schwarzwerden vor den Augen wie bei einem Kreislaufkollaps
- heftiger Schwindel
- Übelkeit, die im Kopf empfunden wird
- schlagartige Müdigkeit
- ausgeprägtes Schwächegefühl; fühlt sich sehr elend
- Frieren
- plötzliches Hitzegefühl am ganzen Körper
- ekelhafte Kopfschmerzen, als ob der Kopf bersten wollte

- Juckreiz in der Nase
- Fließschnupfen
- Nackensteifigkeit
- Schulterschmerzen im Bereich des Trapezmuskels
- Schmerzen in den Schultergelenken, besonders vorne
- schneidende Schmerzen in der Brust, wie von einem Messer
- heftiges Kribbeln am Rücken
- kneifende Schmerzen im unteren Bereich der Brustwirbelsäule
- Druckgefühl im gesamten Bauch
- schneidende Bauchschmerzen
- Übelkeit, die vom Bauch ausgeht
- schmerzhafter Druck auf der Blase
- plötzlicher heftiger Harndrang
- Schmerzen auf der Innenseite des linken Knies

Roter Jaspis ist die Entsprechung der Bach-Blüte **Gentian** und eignet sich für pessimistische Menschen, die an allem und jedem zweifeln, sich ständig Sorgen machen und bereits bei geringfügigen Schwierigkeiten den Mut verlieren. Als Donut oder Schmeichelstein am Körper getragen, verhilft er zu einer positiveren Einstellung und verleiht die Kraft, auch in unbefriedigenden Situationen durchzuhalten und auf ein günstigeres Ergebnis zu hoffen.

Für Entspannungsbehandlungen empfiehlt sich die Gentian-Zone auf der linken Bauchseite[*]. Den Stein legt man dazu am besten drei Finger breit oberhalb des Nabels auf den Bauch und rückt ihn von hier aus eine Hand breit nach links.

---

[*] Vgl. *Neue Therapien mit Bach-Blüten 2*, S. 142

Karneol

Karneol ist eine rote, durchscheinende Abart des Chalcedons*, die in Farbtönungen von orangerot über blutrot bis zu bräunlichrot vorkommt. Die letztere ist sehr leicht mit dem braunroten Sarder zu verwechseln.

Die schönsten Karneole kommen aus Indien, wo durch langes Liegen in der Sonne eine Farbverbesserung von bräunlich zu rot eintritt.[77] Bei den meisten im Handel befindlichen Exemplaren handelt es sich in Wirklichkeit um Achate aus Brasilien und Uruguay, die in Idar-Oberstein durch Eisennitratlösung gebeizt und anschließend gebrannt wurden. Da diese in Aufbau und chemischer Zusammensetzung mit natürlichem Karneol identisch sind, gelten sie nicht einmal als Fälschung, sondern werden völlig selbstverständlich unter der Bezeichnung Karneol verkauft. Sie unterscheiden sich jedoch vom «echten» Karneol durch ihre homogene Färbung. Dieser zeigt im Durchlicht eine eher gestreifte Tönung und eine mehr oder weniger wolkige Farbverteilung.

Karneol wird seit dem Altertum eine blutstillende und zornmildernde Wirkung zugeschrieben. Die hl. Hildegard v. Bingen empfiehlt ihn speziell bei Nasenbluten. Hierzu soll er in erwärmten Wein gelegt werden, von welchem der Betroffene anschließend trinken soll.[78] Zur Behandlung von Zahnfleischbluten und blutenden Wunden wird der Karneol noch heute empfohlen. Er soll außerdem bei Verletzungen und Verbrennungen hilfreich sein. Von einem positiven Einfluß auf Blutgefäße und Kreislauf wird ebenfalls berichtet, wobei Durchblutungsstörungen, Blutstauung und Krampfadern als mögliches Indikationsgebiet genannt werden. Ferner soll der Stein die Leber sowie sämtliche Verdauungs- und Ausscheidungsorgane in ihrer Funktion unterstützen und sowohl verdauungsfördernd als auch blutreinigend

---

* Vgl. Tabelle der Edelsteingruppen im Anhang, S. 286/287

wirken. Als weitere Einsatzmöglichkeiten werden in der einschlägigen Literatur Rheuma, Nervenschmerzen, Unterleibsprobleme aller Art (insbesondere Unfruchtbarkeit und sexuelle Probleme) sowie Untergewicht angeführt.
Psychisch wird dem Karneol eine stimulierende und gleichzeitig erdende Wirkung zugesprochen.[79] Er soll vor allem bei Menschen hilfreich sein, die geistesabwesend, verwirrt oder unkonzentriert sind.[80] Nach Ursula Klinger-Raatz bringt der Karneol «immer freudige, aktive Vitalität» und «kann damit neue Lebenskräfte wecken und schöpferische Prozesse anbahnen.»[81]

Indikationen aufgrund der von mir durchgeführten Testung:

- *Traurigkeit*
- Gefühl von Sinnlosigkeit und Leere
- *das Denken kreist einzig um die Frage «Warum nur?»*
- Antriebsschwäche und Lustlosigkeit
- starke Benommenheit mit geistigem «Wegtreten»; starrt nur noch vor sich hin
- ausgeprägtes Schwächegefühl
- körperliche Erschlaffung; es fällt schwer, aufzustehen und sich zu etwas aufzuraffen
- Juckreiz am ganzen Körper
- heftige Schmerzen im Hinterkopf und an der Schädelbasis
- Augenbrennen
- Augentränen, verbunden mit verschwommenem Sehen
- Zahnfleischbluten
- trockener Hals
- Hals zugeschwollen und wund; erschwertes Schlucken
- Rumoren im Bauch
- massive Blähungen
- heftiger Druck im Oberbauch, der die Atmung blockiert; dadurch gezwungen, tief durchzuatmen
- starke Atembeklemmung
- schmerzhaftes Druck- und Verkrampfungsgefühl im Nabelbereich und im Nabel selbst

Karneol entspricht der Bach-Blüte **Star of Bethlehem** und ist sehr hilfreich, um Blockaden aufzulösen, die auf seelischen Verletzungen in der Vergangenheit beruhen. Hierzu legt man den Stein – anfangs möglichst täglich – für etwa 20 Minuten auf den Nabel* und versucht, sich mit geschlossenen Augen zu entspannen und zuzulassen, was geschieht. Es ist möglich, daß dabei Bilder längst vergangener Geschehnisse aufsteigen und die Erinnerung daran wieder lebendig wird.

Gleichzeitiges Verdampfen von Patchouliöl in der Aromalampe kann die Wirkung des Karneols unterstützen, ebenso meditative Musik im Hintergrund, wenn sie als angenehm empfunden wird. Zusätzliches Tragen eines Karneols als Schmeichelstein in der Hosentasche oder als Donut an einem *langen Lederband* über einen längeren Zeitraum ist sinnvoll. Bei der Verwendung als Anhänger besteht die Gefahr, daß der Stein die Star-of-Bethlehem-Zone in der Mitte der Brust** berührt und dadurch eine Überstimulation hervorruft. Durch Verwendung einer *sehr kurzen Silber- oder Goldkette* läßt sich dies vermeiden.

Kunzit

Kunzit ist eine erst seit Beginn dieses Jahrhunderts bekannte, durchsichtige Spodumenart mit zarter rosa bis rosavioletter Tönung. Längere Lichteinwirkung läßt diese für Schmuckzwecke begehrten Farbtöne verblassen, so daß der Stein mit der Zeit farblos wird. Im Handel erhältliche rosa Kunzite sind oft durch Brennen in ihrer Farbe verstärkt. Für therapeutische Zwecke werden sie dadurch nahezu wertlos, zumal es sich dabei häufig um ursprünglich bräunliche und grünviolette Spodumen handelt.

---

* Vgl. *Neue Therapien mit Bach-Blüten 2*, S. 232
** Die Zone beginnt eine Hand breit unterhalb des oberen Schlüsselbeinrandes und endet ca. zwei Finger breit darunter. Vgl. *Neue Therapien mit Bach-Blüten 2*, S. 232

In der Edelsteintherapie wird Kunzit wegen seiner rosa Färbung dem Herzzentrum zugeordnet. Aufgrund dessen wird ihm die Fähigkeit zugesprochen, positive Eigenschaften wie selbstlose Liebe, Mitgefühl und inneren Frieden zu intensivieren oder gar hervorzubringen.

Nach meinen Erfahrungen ist der farblose Kunzit der wirksamere, weswegen ich die obige Interpretation nicht für relevant halte. Bestätigen kann ich jedoch die in der Literatur angegebene Fähigkeit, das emotionale Gleichgewicht wieder herzustellen und aufgewühlte Gedanken auszugleichen.[82]

An körperlichen Indikationen sind hauptsächlich Durchblutungsstörungen und Verspannungen im Schulterbereich bekannt. Antje und Helmut G. Hofmann empfehlen zur Körperentgiftung eine Kunzit-Auramassage über den Armen, bei der der Stein nur in der Aura bewegt wird, ohne den Körper zu berühren. Diese soll u. a. auch die Beine entstauen.[83]

Indikationen aufgrund der von mir durchgeführten Testung:

- Zustand starker geistiger Anspannung
- hellwach, trotzdem Eindruck, nicht ganz da zu sein
- dumpfes, benommenes Gefühl, das von der Stirn auszugehen scheint
- extreme Benommenheit mit Gleichgewichtsstörungen
- körperliches Schwächegefühl
- bleierne Schwere am ganzen Körper
- starke körperliche Unruhe
- grundlose Wut
- nervöse, zwanghafte, ruckartige Schulterbewegungen, die an das Schulterkreisen bei gymnastischen Übungen erinnern
- unkontrollierbare Muskelbewegungen am ganzen Körper
- eigenartige unkontrollierte Gesten und z. T. komisch wirkende nervöse Ticks
- der Kopf scheint wegzurollen, so daß man meint, ihn krampfhaft festhalten zu müssen
- heftiges Kribbeln der Kopfhaut

- leiser, sehr hoher Pfeifton im Ohr
- Druck auf den Schläfen, der seitlich bis zum Hals herunterzieht; der Kopf fühlt sich an wie im Schraubstock
- Schmerzen in der seitlichen Halsmuskulatur
- schneidender Schmerz in Rachen und Hals, der beidseitig zum Schlüsselbein ausstrahlt
- starkes Druckgefühl auf beiden Schultern, wie von einer schweren Last
- Trapezmuskel schmerzhaft verspannt, vor allem links
- Schmerzen in den Schultergelenken, insbesondere links
- brennende Schmerzen im oberen Bereich des linken Schulterblatts
- stechende Rückenschmerzen im Bereich der Brustwirbelsäule, wie von Messerstichen
- krampfartige Schmerzen im Unterbauch
- starke Verkrampfung im Dammbereich
- drückende Schmerzen in der Prostata
- Eindruck, beide Füße wären weg

Farbloser Kunzit ist das Pendant der Bach-Blüte **White Chestnut** und ist hilfreich, wenn Gedanken unaufhörlich im Kopf kreisen und den Betroffenen mit unkontrollierbarer Penetranz quälen. Bei Verkrampfungszuständen im Kopf und starker geistiger Anspannung empfiehlt es sich, einen Kunzit für etwa 20 Minuten an die White-Chestnut-Zone an der linken Seite des Hinterkopfs* zu halten oder – bei hartnäckigen Spannungszuständen – für mehrere Stunden mit einem Stirnband dort zu befestigen. Die Zone beginnt in Höhe der Oberkante des linken Ohres, 3 Finger breit hinter dem Ohr und erstreckt sich von dort je 3 Finger breit nach hinten und oben.

Eine weitere Anwendungsmöglichkeit besteht darin, den Stein während der Meditation auf die White-Chestnut-Zone an der Innenseite des linken Fußes** aufzulegen, um störende Ge-

---

* Vgl. *Neue Therapien mit Bach-Blüten 2*, S. 271
** Vgl. *Neue Therapien mit Bach-Blüten 2*, S. 272

danken besser abzuschalten. Im Schneidersitz befindet sich diese Zone ohnehin oben und ist leicht zugänglich. Sie beginnt am vorderen Knöchelrand und endet mit der großen Zehe.

Lapislazuli

Lapislazuli ist ein tiefblauer Stein mit goldenen Pyriteinschlüssen, die ihm ein Aussehen ähnlich dem nächtlichen Sternenhimmel verleihen. Die alten Ägypter nannten ihn deswegen «Bote des Himmels» und verehrten ihn wie viele andere Kulturen der Antike als heilig. Er galt als Stein der Weisheit, der geistige Klarheit erzeugen und seinen Träger mit übernatürlichen Fähigkeiten ausstatten sollte. Zu diesem Zweck wurden die Gewänder der Hohepriester und der königlichen Familie mit gemahlenem Lapislazuli gefärbt. Zusätzlich sollte dadurch deren Stellung als Vertreter Gottes und die darin begründete spirituelle Macht nach außen hin sichtbar gemacht werden.[84] Hierzu wurden auch geschliffene Steine in Kronen eingearbeitet. Das Tragen am Kopf sollte außerdem eine heilende Wirkung besitzen, weswegen Lapislazuli sehr häufig für Stirnbänder verwendet wurde. Als spezielle Arznei für bestimmte Krankheiten und als Gegenmittel für Gifte benutzte man vor allem den pulverisierten Stein.[85]

Lapislazuli gilt auch heute noch als Heilstein. Er soll kühlende, beruhigende, krampflösende, fiebersenkende, blutdrucksenkende und schlafördernde Eigenschaften besitzen. Es wird empfohlen, ihn in der Sonne oder in einer Schale mit warmem Wasser zu erwärmen und anschließend auf die betroffene Stelle aufzulegen. Bei Schwellungen, Entzündungen, allgemeinen Schmerzen, Neuralgien, Hautausschlägen und Insektenstichen soll sich diese Vorgehensweise bewähren,[86] ebenso das Auflegen auf die Stirn bei nervösen Kopfschmerzen. Weitere Anwendungsgebiete sind Entzündungen der Augen, Stauungen und Entzündungen im Halsbereich sowie Menstruationsbeschwerden. Bei Geruchs- und Geschmacksverlust wird die Verwendung von Nasensteckern, wie sie in Indien üblich sind, empfohlen.[87] Längeres Tragen des Steins am Körper soll sich angeblich auch positiv auf den Haarwuchs auswirken.[88]

Indikationen aufgrund der von mir durchgeführten Testung:

- tiefe Traurigkeit
- weinerliche Stimmung
- ungutes Gefühl
- *das ganze Denken kreist einzig um die Frage «warum nur?»*
- Teilnahmslosigkeit und sich Abfinden mit den Gegebenheiten
- Dahindämmern mit offenen Augen
- stiller, scheinbar ruhiger Zustand mit einem Gefühl brodelnder Unruhe in der Tiefe – ein weder verkrampfter noch völlig entspannter Schwebezustand
- dumpfes Gefühl im Kopf
- Benommenheit
- Schwindel
- Empfindung zu fallen
- Gefühl einer Leere
- Heißhunger
- Hitzegefühl
- innerliche Wut mit Anspannung im ganzen Körper
- Verkrampfungen im Nacken-, Bauch-, Genital- und Analbereich
- Gliederschmerzen
- stechende Schmerzen in der Mitte der Stirn, wie von einem Nagel
- Augenschmerzen
- nervöse Zuckungen im Gesicht
- Zähneknirschen
- Kloßgefühl im Hals mit Würgereiz und erschwertem Schlukken
- Druck im Oberbauch

- Übelkeit im Magen, verbunden mit Ekel vor sich selbst
- Brechreiz
- Rumoren im Darm mit Aufstoßen

Lapislazuli steht in dem Ruf, einen tiefen, erholsamen Schlaf und angenehme Träume zu schenken und außerdem dazu zu verhelfen, sich an diese besser zu erinnern. Man sollte sich allerdings dadurch nicht dazu verleiten lassen, ihn nachts unter das Kopfkissen zu legen, da dieser dann erhebliche Verwirrung stiften und genau *die* Wahnideen und Zwangsvorstellungen hervorbringen kann, die er sonst zu heilen vermag.[89] Nach Evi Laurich besitzt er die Eigenschaft, das zu verstärken, was man ist, unabhängig davon, ob es sich um positive oder negative Eigenschaften handelt.[90] Latente Schwierigkeiten können sich so bis hin zu psychischen Ausnahmezuständen steigern, wie ich mich bei einem mehr oder weniger versehentlichen Selbstversuch überzeugen konnte. In Unkenntnis dieser Warnung plazierte ich vor über zehn Jahren, als ich über die u. U. auch negativen Auswirkungen der Steine noch wenig wußte, einen Lapislazuli unter meinem Kopfkissen und vergaß ihn dort. Nach eineinhalb Wochen erlebte ich wie aus heiterem Himmel kurz aufeinanderfolgende Schwächeanfälle mit Schwarzwerden vor den Augen, verbunden mit der zwanghaften Vorstellung, irgendeine Pflicht vernachlässigt oder irgend etwas Wichtiges vergessen zu haben. Diese Einbildungen waren derart real und intensiv, daß ich schließlich begann, mich dafür bei den vermeintlich Betroffenen zu entschuldigen. Nach Entfernen des Steines waren die Symptome über Nacht wieder verschwunden. Wie sich erst viel später herausstellte, war die Verknüpfung dieser Anfälle mit Schuldgefühlen keine nur auf mich bezogene Reaktionsweise.

Lapislazuli entspricht der Bach-Blüte **Pine** und verkörpert das Seelenkonzept dieser Blüte, das letztendlich seinen seelischen und auch körperlichen Indikationen zugrunde liegt. Unter diesem Aspekt ist verständlich, wenn Daya Sarai Chocron schreibt: «Mit dem Lapis lernen wir, uns von Gedanken und Gefühlen zu lösen, die es verhindern, daß wir unserem wahren Selbst Ausdruck geben.«[91] *Schuldgefühle* und Erinnerungen an vergangene Fehler sind mit das größte Hindernis für unsere freie Entfaltung und letztendlich auch für unsere spirituelle Entwicklung. Die Verwendung des Lapislazulis als Stein der Meditation und Kontemplation im Altertum erscheint hieraus ebenfalls einsichtig.

Zu Behandlungszwecken legt man den Lapislazuli vorzugsweise auf die Pine-Zone im oberen Bereich des Solarplexus*, wo sich Schuldgefühle am häufigsten manifestieren, meist in Form von Spannungs- und Verkrampfungszuständen. Eine weitere wichtige Zone ist das Kreuzbein**, das sowohl eine Reflexzone für den Unterleib als auch für den Hinterkopf darstellt. Zusätzliches Tragen eines Donuts oder Schmeichelsteins über einen längeren Zeitraum ist empfehlenswert.

Magnetit

Magnetit, auch Magneteisenerz genannt, ist das am stärksten magnetische und zugleich eisenreichste Erz. Der Stein kommt überwiegend als derbe Masse in großen Eisenerzlagerstätten vor. Wesentlich seltener sind oktaedrische Kristalle (wie bei Fluorit) oder Rhombendodekaeder, die auf anderen Gesteinen auf- oder in diese eingewachsen sind. Magnetit ist pechschwarz und zeigt einen muscheligen Bruch. Geschliffen weist er einen matten Metallglanz auf und ist vom Hämatit äußerlich so gut wie nicht zu unterscheiden. Anhand des Magnetismus sind die beiden Steine jedoch leicht auseinanderzuhalten.

Magnetit ist bereits seit Urzeiten bekannt. Die Assyrer glaubten, der Stein könne ihre Manneskraft erhöhen und massierten hierzu ihren Körper mit Öl ein, in das sie einen Magnetit gelegt hatten.[92] Bei Kopfneuralgien und Wadenkrämpfen strichen die

---

* Vgl. *Neue Therapien mit Bach-Blüten 2*, S. 208
** Vgl. *Neue Therapien mit Bach-Blüten 2*, S. 207

alten Ägypter und Griechen mit einem Magnetit kreuzweise über die betroffene Stelle.⁹³ Die Zigeuner brachten den Stein mit dem Mond in Verbindung und glaubten, er könne einen guten, stärkenden Schlaf schenken und unangenehme Alpdrücke und lästige Traumgesichte verscheuchen.⁹⁴ Die hl. Hildegard empfahl ihn bei Wahnsinnigen und solchen, die infolge einer Wahnvorstellung außer sich waren.⁹⁵

Heute wird der Magnetit aufgrund seiner magnetischen Wirkung auf Akupunkturpunkte aufgelegt oder dort mit einem Pflaster befestigt. In dieser Art der Anwendung wird er inzwischen bei den verschiedenartigsten Beschwerden und Erkrankungen empfohlen, wobei der Heilungserfolg von der Wahl der entsprechenden Akupunkturpunkte abhängt und fast ausschließlich auf deren Stimulation zurückzuführen ist. Die Behandlung mit Magnetpflastern aus künstlich magnetisiertem Eisen ist in Japan seit langem bekannt und zeigt denselben Effekt. Magnetit selbst besitzt jedoch eine eigenständige Heilwirkung, die über den bloßen physikalisch meßbaren Magnetismus hinausgeht und auch unabhängig davon ist, auf welcher Körperstelle er plaziert wird. Bekannt sind seine blutreinigenden, kreislaufstimulierenden und allgemein stärkenden Eigenschaften. Nach Spießberger beruhigt er außerdem erregte Nerven und fördert die Konzentrationsfähigkeit und ernste Studien.⁹⁶

Indikationen aufgrund der von mir durchgeführten Testung:

- macht sich über andere lustig und lacht selbst über Fliegen
- lästert über alles mögliche
- Neigung, in einfältigen Reimen zu reden mit teilweise obszönem Inhalt
- lenkt das Gespräch ständig auf sexuelle Themen
- unwiderstehliche Neigung, unanständige Witze zu erzählen
- Arbeitsunlust und vollkommene Gleichgültigkeit; vertrödelt die Zeit
- albert aus Arbeitsüberdruß herum und vergißt darüber seine

Pflichten; reagiert verärgert, wenn er darauf angesprochen wird
- verhält sich uneinsichtig gegenüber Ermahnungen und ist keinen Argumenten zugänglich
- absoluter Widerwille gegenüber allem
- plötzliche Traurigkeit; alles erscheint auf einmal todernst
- unwiderstehliche Müdigkeit; schläft im Sitzen ein; der Kopf hängt vornüber
- starkes Frieren
- Juckreiz im Bereich der Kopfhaut
- Pfeifgeräusche im Ohr
- Fließschnupfen mit laut hörbarem Hochziehen der Nase statt zu schneuzen
- heftiger Juckreiz in der Nase; bohrt mit dem Finger in der Nase, ohne Rücksicht auf gutes Benehmen
- lautes Niesen, ohne die Hand vorzuhalten
- starke Blähungen, verbunden mit Aufstoßen in Form von rüpelhaft lautem Rülpsen
- unkontrollierter Stuhlabgang
- Juckreiz im Bereich der Schamhaare
- wollüstiges Kribbeln an den Geschlechtsorganen, verbunden mit plötzlichem heftigem Geschlechtstrieb

Magnetit entspricht der Bach-Blüte **Beech** und paßt für Menschen, die kein Verständnis für die Fehler anderer aufbringen können und sich häufig bereits an Kleinigkeiten stören. Manche reagieren vollkommen überschießend auf die Verhaltensweise ihrer Mitmenschen und fühlen sich oft schon durch deren bloße Gegenwart genervt. Vielfach leiden sie unter einer starken nervlichen Anspannung.

Magnetit kann hier als Rohstein in der Hosentasche oder in einem Beutel um den Hals getragen werden. Mittlerweile sind auch Anhänger sowie kleine Cabochons für die Verwendung als Magnetpflaster im Handel erhältlich. Schmuck aus Magnetit steht leider noch nicht zur Verfügung.

In Situationen, in denen man sich durch andere gestreßt fühlt, kann man zusätzlich einen Magnetit in die linke Hand nehmen und einige Zeit in der geschlossenen Faust halten. Wird hierzu ein möglichst großer Stein benutzt, ist die Beech-Zone in der Mitte der Handinnenfläche kaum zu verfehlen.*

Magnetit sollte wegen seiner starken magnetischen Eigenschaften sicherheitshalber nicht während der Schwangerschaft getragen werden. Personen mit einem Herzschrittmacher dürfen ihn nicht im Herz- und Rückenbereich anwenden. Das Mitnehmen in der Hosentasche ist dagegen ungefährlich.

Malachit

Malachit entsteht bei der Verwitterung von Kupfermineralien in der Oxidationszone von Kupfererzlagerstätten. Er bildet meist derbe Aggregate in körniger, knolliger, traubiger oder zapfenartiger Gestalt, die in geschliffener Form eine wellenförmige Bänderung aus hellgrünen und dunkelgrünen Lagen aufweisen. Wesentlich seltener sind strahlige, nadelige, haarförmige oder büschelige Kristalle.

Malachit ist einer der ältesten bekannten Steine und wurde bereits im Altertum von Ägyptern, Griechen und Römern als Schmuck- und Amulettstein benutzt. Den Ägyptern galt er sogar als heilig. Oft wurde der Kopfschmuck der Pharaonen von innen her mit Malachit ausgelegt, in der Annahme, dies würde ihnen helfen, weise zu reagieren.[97] Als Pulver zermahlen wurde Malachit im alten Ägypten als Augenschminke verwendet oder zusammen mit anderen Zutaten zu einer Paste verarbeitet, die schwaches Sehvermögen bessern oder gar Augenkrankheiten lindern sollte. Im Mittelalter wurde der Stein in Europa von Kindern und schwangeren Frauen getragen, da man glaubte, er besitze wachstumsfördernde Eigenschaften. Aus den Alpenlän-

---
* Vgl. *Neue Therapien mit Bach-Blüten 2*, S. 93

dern sind seit dem 16. Jahrhundert mit Malachiten besetzte «Wehenkreuze» bekannt, die Schwangeren als Amulett dienten.[98] Auch heute noch ist Malachit ein beliebter Schmuck- und Dekorstein und wird vorwiegend für Halsketten und Siegelringe verwendet. Daneben werden aus ihm kunsthandwerkliche Gegenstände wie Schalen, Vasen, Dosen, Aschenbecher, Platten, geschliffene Eier und Figuren gefertigt. Als Ringstein findet er aufgrund seiner geringen Härte wenig Verwendung, da er leicht verkratzt und dadurch sehr schnell matt wird.

In der heutigen Edelsteintherapie geht man davon aus, daß der Malachit krankmachende Energien aus dem Körper herauszuziehen vermag und gleichzeitig in der Lage ist, die Ursache bewußt zu machen, die für diese negative Schwingung verantwortlich ist.[99] Es wird daher empfohlen, ihn auf jede beliebige Stelle des Körpers aufzulegen, an der Disharmonie, Krankheit oder Schmerz herrscht. Der Stein soll die Aufarbeitung der zugrundeliegenden Problematik fördern und den Anstoß geben, «loszulassen und uns von alten Programmen und Bildern des Selbst zu befreien.»[100] Ferner sagt man ihm nach, er helfe zu erkennen, wie wir durch unser eigenes Verhalten bewirken, daß wir uns krank, elend, müde, ärgerlich oder wütend fühlen.[101] Laut Sharamon/Baginski soll er außerdem die Koordination der beiden Gehirnhemisphären fördern und somit für ein ausgewogenes Verhältnis zwischen Gefühl und Verstand sorgen.[102]

Altbekannt ist die nervenstärkende Wirkung des Malachits, weswegen er bei Depressionen und Schlafstörungen empfohlen wird. Er soll aber auch Urängste mildern, die Selbständigkeit fördern und bei Liebeskummer und Partnerschaftsproblemen hilfreich sein. An körperlichen Indikationen werden Herzschmerzen, Rheuma, Asthma, Milz- und Pankreasprobleme sowie Unregelmäßigkeiten im Menstruationszyklus angegeben. Wegen seiner stark entgiftenden Wirkung wird dringend empfohlen, den Stein nach jeder Anwendung zu reinigen. Salz sollte hierzu nicht benutzt werden, da der weiche Stein dadurch leicht verkratzt wird. Außerdem reagiert er empfindlich auf Säuren, insbesondere auf Salzsäure, weshalb vor einer innerlichen Einnahme von pulverisiertem Malachit ausdrücklich gewarnt werden muß. Das Steinmehl würde im Magen «verdaut» werden, wobei das freiwerdende Kupfer toxischen Charakter hätte.

Indikationen aufgrund der von mir durchgeführten Testung:

- Unruhe, verbunden mit Aktivitätsdrang
- nervöses Fingertrommeln
- Verlangen nach Action; braucht etwas Aufregendes
- *Rededrang; überlegt krampfhaft, was er anderen sagen könnte und legt sich Argumente zurecht, um ein Gespräch zu beginnen*
- *Aufgedrehtsein*
- Albernheit; findet alles lächerlich
- plötzliche Lustlosigkeit und Gefühl von Leere
- Gleichgültigkeit; würde am liebsten nur noch schlafen
- große Traurigkeit und Weinerlichkeit
- *Selbstmitleid («warum geht es mir so schlecht?»)*
- Bedürfnis, etwas im Mund zu haben (Lutscher, Schnuller, Zigaretten etc.)
- Langeweile; hängt herum, weil er nicht weiß, was er tun soll
- starke Müdigkeit, kann aber aufgrund innerer Unruhe nicht schlafen
- Hitzegefühl am ganzen Körper, verbunden mit starkem Schwitzen
- Kitzeln in der Nase mit Niesreiz
- Gefühl eines Fremdkörpers im Hals; versucht ihn hinunterzuschlucken
- Schmerzen auf den Schultern wie von einer schweren Last
- Druck im Herzbereich
- Spannungsgefühl im gesamten Bauch
- heftiger Druck im Oberbauch
- Übelkeit
- vermehrter Harndrang

Malachit ist die Entsprechung der Bach-Blüte **Heather** und ist daher nützlich für selbstbezogene Menschen, deren Gedanken nur um die eigene Person kreisen und die in ihrer emotionalen Bedürftigkeit oft sogar Zuwendung von anderen erzwingen. Als Donut an einem Lederband um den Hals getragen oder als Schmeichelstein für die Hosentasche hilft er, «Verantwortung für das eigene Leben zu übernehmen»[103] und gleichzeitig Verständnis und Liebe den Mitmenschen gegenüber zu entwickeln. Als Entspannungsbehandlung ist es empfehlenswert, ihn – anfangs möglichst täglich – für 15 Minuten auf die Zone im Herzbereich* aufzulegen. Diese befindet sich in der Mitte zwischen linker Brustwarze und Brustbeinmitte und erstreckt sich von dort ca. 3 Finger breit nach oben. Begleitende sanfte Musik im Hintergrund und Verdampfen von Clementinenöl in der Aromalampe wirken unterstützend.

Milchquarz

Milchquarz ist eine sehr weit verbreitete Quarzart**, die aufgrund von Flüssigkeitseinschlüssen eine milchig-trübe Farbe besitzt. Er wird nicht zu Schmuck verarbeitet und findet unter Sammlern kaum Beachtung. Heilwirkungen sind bei diesem Stein nahezu unbekannt. In der mir vorliegenden Literatur erwähnt ihn lediglich ein Autor und bringt ihn mit Kleinhirn und Atemzentrum in Verbindung.[104]

Indikationen aufgrund der von mir durchgeführten Testung:

- Nervosität, Unruhe und Aktivitätsdrang
- Traurigkeit, Niedergeschlagenheit
- *extreme Müdigkeit*

---

* Vgl. *Neue Therapien mit Bach-Blüten 2*, S. 157
** Vgl. Tabelle der Edelsteingruppen im Anhang, S. 286/287

- *bleierne Schwere im ganzen Körper, besonders in den Gliedmaßen*
- Hitze am ganzen Körper, verbunden mit starkem Schwitzen
- Schwindel
- Kopf fühlt sich an wie in Watte gepackt
- heftiger Juckreiz auf dem Kopf
- Druckschmerz in der Stirn
- Druck im Bereich der Augenbrauen, der sich wie Blei auf die Augen legt
- *Augen schwer und müde; alles wird wie durch einen Nebel wahrgenommen*
- Augentränen
- drückende Schmerzen in den Schultern im oberen Teil des Trapezmuskels
- Juckreiz im Brustbereich
- starker Druck auf der Brust wie von einem schweren Stein
- Stiche in der Herzgegend
- krampfartige Schmerzen in der Mitte der Brustwirbelsäule
- unangenehmes Druckgefühl im Magen
- heftige Übelkeit
- Schmerz in beiden Rippenbögen, wie wund
- schneidender Schmerz im oberen Bereich des rechten Rippenbogens
- unangenehmes Druckgefühl zwischen Unterrand des Schambeins und Genitalien
- Wadenkrämpfe

Milchquarz ist das Pendant zur Bach-Blüte **Olive** und ist hilfreich bei starken Erschöpfungszuständen, wie sie als Indikation dieser Blüte bekannt sind. Zur Behandlung werden möglichst große Brocken dieses Steins auf die Olive-Zonen im Schulterbereich (direkt auf dem Trapezmuskel)[*], im oberen Bereich des rechten Rippenbogens[**] und rechts des Nabels[***] aufgelegt.

---

[*] Vgl. *Neue Therapien mit Bach-Blüten 2*, S. 204
[**] Vgl. ebd., S. 205
[***] Die Zone beginnt ca. drei Finger breit rechts des Nabels und erstreckt

Schulterverspannungen infolge chronischer Überlastung lassen sich mildern, indem man kleine Milchquarzstücke mit Leukoplast auf die betroffenen Stellen klebt und ca. eine halbe Stunde lang dort beläßt.

Moosachat

Moosachat ist eine durchscheinende, farblose bis milchige Chalcedonart* mit grünen, moosartigen Einlagerungen aus Hornblende. Manchmal enthält er noch zusätzlich Einschlüsse aus rötlichem Eisenoxid. Gefunden wird er als Spaltenausfüllung oder auch als Geröll. In der Schmuckindustrie wird der Stein vorwiegend zu dünnen Platten geschliffen, damit die moosartige Struktur möglichst gut zum Ausdruck gelangt. Verarbeitet wird er zu Tafelsteinen, Cabochons, Broschen, Anhängern, Ketten und kunstgewerblichen Gegenständen.[105]

In der Edelsteintherapie wird dem Moosachat keine große Bedeutung beigemessen. Indikationen sind von ihm kaum bekannt. Aufgrund seines pflanzenartigen Aussehens wird ihm hauptsächlich die Aufgabe zugesprochen, Liebe zur Natur zu vermitteln, zu einem besseren Verständnis für Naturabläufe und Wachstumszyklen zu verhelfen und so die Fähigkeit zu fördern, mit Pflanzen umzugehen und sie zu hegen und zu pflegen. Er soll ferner erden und beruhigen und gut für Herz, Nieren und Augen sein. Nach Sharamon/Baginski verstärkt er «unsere Vitalität, verleiht Ausgeglichenheit, Harmonie und eine ruhige Selbstbeherrschung.»[106]

---

sich drei Finger breit nach außen und zwei Finger breit nach unten. Vgl. ebd., S. 205
* Vgl. Tabelle der Edelsteingruppen im Anhang, S. 286/287

Indikationen aufgrund der von mir durchgeführten Testung:

- *Zweifel an den eigenen Fähigkeiten* («Das kann ich nicht, das schaffe ich nicht»)
- Gedanken kreisen ständig um die Frage: «Warum muß ich das tun?»
- *Angst, sich zu blamieren*
- *völlige Entmutigung;* will nicht mehr und läßt sich treiben
- tiefe Traurigkeit
- weinerliche Stimmung
- heftiges Weinen mit Fließschnupfen («heult Rotz und Wasser»)
- lautes Wehklagen
- starker innerlicher Druck; würde am liebsten laut schreien oder gar davonlaufen
- Zittern und Wackeln des Kopfes
- Nervosität
- starkes Aufgedrehtsein
- intensives Wärmegefühl am ganzen Körper
- heftiges Schwitzen
- Eindruck, körperlich an Größe zuzunehmen
- Schwindel, mit dem Gefühl umzukippen
- Müdigkeit und Schlappheit
- dumpfes Gefühl im Kopf, das kurze Zeit später schlagartig verschwindet
- dumpfer Druck in der Stirn
- Nasenverstopfung
- vermehrter Schleim im Hals, verbunden mit erschwertem Schlucken
- Rumoren im Bauch
- Aufstoßen
- starke Blähungen mit intensivem Abgang von Winden
- leichte Übelkeit
- flaues Gefühl im Bauch oberhalb des Nabels
- Druckgefühl im Bereich oberhalb des Nabels, das sich mit der Zeit über den gesamten Oberbauch ausbreitet

- Rückenschmerzen
- beidseitige Lendenschmerzen in Höhe des Nabels
- Verkrampfung im Bereich der Prostata

Moosachat ist die Entsprechung der Bach-Blüte **Larch** und eignet sich daher für Personen mit mangelndem Selbstvertrauen, die ständig an ihren eigenen Fähigkeiten zweifeln und unter der Angst leiden, zu versagen. Als Schmeichelstein in der Hosentasche oder in einem Lederbeutel um den Hals getragen ist er auch hilfreich bei Prüfungsängsten, wobei man mit der Anwendung bereits eine Woche vor der Prüfung beginnen sollte.

Für gezielte Anwendungen eignet sich vor allem die Larch-Zone oberhalb des Nabels. An dieser Stelle wird meist das flaue Gefühl im Bauch verspürt, das häufig mit Erwartungsängsten gekoppelt ist. Die Zone beginnt direkt am Nabel und erstreckt sich etwa eine Hand breit dreiecksförmig nach oben.*

Onyx

Unter der Bezeichnung Onyx versteht man sowohl eine einfarbig-schwarze Chalcedonart** als auch einen Chalcedon-Lagenstein, bestehend aus schwarzer Grundschicht und weißer Oberlage. Der Onyx-Marmor oder Onyx-Alabaster, der in Kurzform ebenfalls als Onyx bezeichnet wird, ist dagegen eine sehr weiche Kalksteinart, die ebenfalls gebändert ist und in grünen, braunen und weißen Farbtönungen vorkommt.

Einfarbig-schwarzer Onyx, von dem im folgenden die Rede sein soll, ist im Handel nur schwer erhältlich. Meist wird unter der Bezeichnung Onyx schwarz gefärbter Achat angeboten, der für die Edelsteintherapie vollkommen wertlos ist. Die Fälschung ist vom Original jedoch relativ gut zu unterscheiden:

---

* Vgl. *Neue Therapien mit Bach-Blüten 2*, S. 183
** Vgl. Tabelle der Edelsteingruppen im Anhang, S. 286/287

Gefärbter Achat ist homogen schwarz und glänzt sehr intensiv, während echter Onyx eher stumpf wirkt, mehr zu Grauschwarz tendiert und bisweilen von feinen helleren Schlieren durchzogen wird. Manche Imitationen wirken allerdings täuschend echt. Dies wird dadurch erreicht, daß gefärbte Achate in raffinierter Weise leicht rauh angeschliffen und wenig poliert zu Edelsteinketten oder Ohrhängern weiterverarbeitet werden. Sie hinterlassen beim Betrachter jedoch einen etwas unnatürlichen Eindruck. Echter Onyx ist nur in getrommelter Form oder als Donut erhältlich, so gut wie nie als Schmuck.

In der Edelsteintherapie werden dem Onyx vielfältige Wirkungen zugeschrieben. Die hl. Hildegard v. Bingen empfiehlt ihn gleich für mehrere Indikationen. Bei Schmerzen im Herz oder in der linken Seite rät sie, einen Onyx in den Händen oder am Körper zu erwärmen und ihn anschließend über dampfenden Wein zu halten, den Weintopf aber zuvor vom Feuer zu nehmen. Wenn der Dampf sich am Stein niedergeschlagen und sich, wie Hildegard es nennt, mit dessen «Ausdünstung» vermischt hat, legt man diesen in den Wein, den man dem Patienten sogleich zum Trinken reicht.[107] Zur Behandlung von Magenleiden soll täglich aus derart zubereitetem Onyx-Wein mit Mehl und Hühnereiern eine Suppe gekocht werden.[108] Bei schwachen Augen oder Augengeschwüren empfiehlt sie, einen Onyx in einem bronzenen, kupfernen oder stählernen Gefäß fünfzehn oder dreißig Tage in Wein zu «beizen» und anschließend herauszunehmen. Mit einer geringen Menge von dem Wein, der in dem Gefäß belassen werden müsse, soll man jede Nacht die Augenlider bestreichen.[109] An weiteren Erkrankungen, bei denen der Onyx hilfreich sein soll, nennt Hildegard Milzprobleme, Fieber und Depressionen. Bei diesen Beschwerden soll der Stein intensiv betrachtet und dann in den Mund genommen werden. In der übrigen Literatur finden sich an körperlichen Indikationen tränende Augen, Ohrenerkrankungen, Gehörstörungen, Eiterungen, Herzschwäche, Kreislaufstörungen und Beschwerden im Bereich der Beine.

Hinsichtlich seiner psychischen Wirkungen verbindet man

den Onyx mit Eigenschaften wie «Kraft und innere Stärke.»[110] Er soll uns dabei helfen, «an uns zu arbeiten, unsere Schwachstellen zu entdecken und zu überwinden.»[111] Nach Evi Laurich besitzt er die Fähigkeit, «Negatives nach außen zu bringen (ins Bewußtsein), um es durch Positives zu ersetzen.»[112] Außerdem vermittle er «Kraft, die Wirklichkeit zu sehen und die anstehenden Probleme zu lösen.»[113] Onyx soll sich insbesondere für Personen eignen, die unbekümmert, flüchtig, oberflächlich und unbesonnen sind.[114] Diese Menschen lasse er sich «in sich kehren, überhaupt verinnerlicht sein.»[115]

Indikationen aufgrund der von mir durchgeführten Testung:

- *grundlose Heiterkeit*
- plötzliche Empfindung einer tiefen Stille
- veränderte Sinneswahrnehmung; die Umgebung erscheint irgendwie anders, und vertraute Dinge wirken ungewohnt
- Gefühl von Ausdehnung und Weite
- Empfindung von Leichtigkeit im Kopf
- schlagartige Müdigkeit, verbunden mit Lustlosigkeit und Trägheit
- abrupte Wachheit, verknüpft mit Unruhe und Nervosität
- Aktivitätsdrang
- Zwang zu schnellem, tiefem Atmen
- Schwindel
- Eindruck zu fallen
- dumpfes, eingenommenes Gefühl im Kopf, insbesondere in der Stirn
- äußerst unangenehmes Spannungsgefühl im Kopf, wie von einer engen Haube
- extreme Verkrampfungszustände in Kopf und Gesicht, ausgehend von der Mitte der Stirn, die dazu zwingen, die Augen zusammenzukneifen
- stechender Schmerz in der Mitte der Stirn, der von einem Punkt etwas oberhalb des inneren Randes der linken Augenbraue ausstrahlt

- Augenschmerzen
- Juckreiz in der Nase
- Zähneknirschen
- Halstrockenheit
- Kloßgefühl im Hals
- Schmerzen und Verkrampfungen im Bereich der Brustwirbelsäule
- heftiger Juckreiz zwischen den Schulterblättern
- unangenehmes Druckgefühl im Oberbauch, das Übelkeit auslöst
- Rumoren im Bauch
- starke Blähungen, verbunden mit häufigem Aufstoßen
- massiver Druck im Bauch wie von einem schweren Stein
- krampfartige Schmerzen im Bereich beider Rippenbögen
- extreme Verkrampfung im Solarplexus
- heftiger Druck auf der Blase mit vermehrtem Harndrang
- Juckreiz im Bereich der Schamhaare

Onyx entspricht der Bach-Blüte **Agrimony** und paßt für oberflächliche Menschen, die ihre Sorgen und Nöte hinter einer Fassade von Fröhlichkeit und Sorglosigkeit verbergen und nie ihr wahres Gesicht zeigen. Onyx kann hier helfen, inneres Vertrauen zu entwickeln, um die verdrängten Gefühle anzunehmen und umzuwandeln. Für mich ist er der Stein der Meditation überhaupt, da er die Bereitschaft fördert, ins Unterbewußtsein hinabzutauchen und sich dort dem eigenen Schatten zu stellen. Er kann uns unterstützen in dem Bemühen, den verschütteten Zugang zur eigenen Tiefe wieder zu öffnen, indem er hilft, innerlich loszulassen. Zu diesem Zweck läßt er sich in jede Form der Meditation mit hineinnehmen. Man kann ihn dabei einfach in der Hand halten oder unter den rechten Oberschenkel legen, wo sich eine große Agrimony-Zone befindet.[*] Für Entspannungsübungen in Rückenlage empfiehlt sich das Auflegen des Steins auf die Agrimony-Zone am linken Unterbauch, direkt

---

[*] Vgl. *Neue Therapien mit Bach-Blüten 2*, S. 85

oberhalb der Schamhaargrenze.* Daneben ist längeres Tragen am Körper in Form eines Donuts oder Schmeichelsteins sinnvoll.

Pyrop

Pyrop ist eine tiefrote, durchscheinende Granatart**, die mit dem sehr ähnlichen Almandin-Granat äußerst leicht zu verwechseln ist. Beide Steine werden im allgemeinen Sprachgebrauch als Granat (ohne Zusatz) bezeichnet. Sie weichen farblich nur um Nuancen voneinander ab und lassen sich in geschliffener Form mit bloßem Auge so gut wie nicht voneinander unterscheiden. In rohem Zustand erweist sich dies als wesentlich einfacher.*** Almandin bildet Kristalle in Form der für alle Granatarten typischen Rhombendodekaeder mit klaren Kanten, Pyrop dagegen eher rundliche Körner, die wie dunkler, zusammengebackener Sand aussehen und deren Kristallform nur noch zu erahnen ist.

Granat ist ein altbekannter Schmuckstein, der früher wegen seines günstigen Preises oft als Alternative zum teuren Rubin für Ringe, Broschen, Armreifen, Colliers und Ohrringe benutzt wurde. Inzwischen ist er ein wenig aus der Mode gekommen.

In der Edelsteintherapie schreibt man dem Granat (eine strenge Abgrenzung zwischen Pyrop und Almandin gibt es auch hier leider nicht) aufgrund seiner roten Farbe eine anregende Wirkung auf den Kreislauf und die Fortpflanzungsorgane zu. Er soll die Blutbildung unterstützen, die Blutzirkulierung fördern und den Geschlechtstrieb stimulieren. Leidenschaftlichen Menschen wird daher von seinem Gebrauch abgeraten.

---

* Vgl. *Neue Therapien mit Bach-Blüten 2*, S. 82
** Vgl. Tabelle der Edelsteingruppen im Anhang, S. 286/287
*** Vgl. Farbtafel VI

Der Stein soll ferner bei Gedächtnisschwäche, Verkalkung, rheumatischen und arthritischen Beschwerden, Hautkrankheiten und Furunkeln hilfreich sein. Bei Entzündungen wird empfohlen, ihn direkt auf die erkrankte Stelle zu legen.[116] Viele tragen ihn auch als Schutz vor Ansteckung längere Zeit bei sich.

Im Bereich der Psyche soll er Antriebskraft, Willensstärke, Mut und Tatendrang steigern, Freude und Lebenskraft schenken, uns bei unserer Arbeit anspornen und helfen, uns zu zentrieren. Nach Christian Weltler beseitigt er außerdem störende Gedanken und verleiht Mut und Unerschrockenheit.[117]

Indikationen aufgrund der von mir durchgeführten Testung:

- *Eindruck, nicht ganz da zu sein*
- *Gefühl, wegzudriften;* der Körper wird nicht mehr wahrgenommen
- Langeweile
- große Schläfrigkeit
- *dämmert mit offenen Augen vor sich hin*
- der ganze Körper fühlt sich schwer an
- Benommenheit
- verschwommenes Sehen
- heller Ton im Ohr
- ekelhafte Kopfschmerzen
- äußerst unangenehmes Spannungsgefühl in Stirn und Nakken
- bohrende Stirnkopfschmerzen
- vermehrter Speichelfluß
- Spannungs- und Verkrampfungszustände im Bereich der Schultermuskulatur
- Schmerzen in der rechten Hand
- heftiger Druck auf der Brust; das Atmen fällt schwer
- extrem langsame, tiefe Atemzüge
- starke Verkrampfung im Bereich der Bauchmuskulatur
- heftige Schmerzen im Bereich beider Rippenbögen
- *eiskalte Füße*

Pyrop ist das Pendant zur Bach-Blüte **Clematis**. Als Rohstein in einem Lederbeutel um den Hals oder in der Hosentasche getragen hilft er, einen stärkeren Bezug zur Realität herzustellen und sich von Fantasien und Tagträumen zu lösen, in die sich manche vor dem rauhen Alltag flüchten. Unkonzentriertheit, Unachtsamkeit und Desinteresse am täglichen Leben lassen sich so allmählich bessern.

Die in der einschlägigen Literatur zu findende Auffassung, Almandin habe die gleiche Wirkung wie Pyrop, kann ich nicht teilen, zumindest was seine Anwendungsmöglichkeiten in Zusammenhang mit der Bach-Blüte Clematis betrifft. Die von mir anhand der Testung auf Clematis-Zonen ermittelten Indikationen beziehen sich nur auf den Pyrop. Der Almandin zeigt dort keinerlei Wirkung.

Rauchquarz

Rauchquarz ist eine dem Bergkristall sehr ähnliche Quarzart*, die ihrer rauchbraunen Farbe den Namen verdankt. Die ebenfalls vorwiegend in alpinen Klüften zu findenden Einzelkristalle oder auch Kristallgruppen weisen eine zarte hellbraune bis dunkelbraune Tönung auf und sind in der Regel durchsichtig. Undurchsichtige schwarze Exemplare werden auch als Morion bezeichnet und gelten als besonders kostbar. Allerdings handelt es sich bei den im Handel erhältlichen Morionen meist nicht um Naturfunde, sondern um hellere Rauchquarze, die mit Hilfe von Röntgenstrahlen oder durch radioaktive Bestrahlung dunkler gefärbt wurden. Sie blassen jedoch mit den Jahren wieder nach. Bei Temperaturen von 300–400° C entfärbt sich Rauchquarz.

Rauchquarz soll das abstrakte Denken fördern[118] und bei Ge-

---

* Vgl. Tabelle der Edelsteingruppen im Anhang, S. 286/287

dächtnisschwäche und Vergeßlichkeit hilfreich sein.[119] Ferner wird ihm zugeschrieben, er verleihe Stabilität und fordere uns dazu heraus, die Verantwortung für das eigene Leben zu übernehmen.[120] Er soll insbesondere Menschen helfen, die schwach und haltlos sind, und wird vor allem bei Niedergeschlagenheit und Depressionen empfohlen. Körperlich soll er eine Wirkung auf das Nervensystem, das Stütz- und Bindegewebe und die Bauchspeicheldrüse besitzen.

Indikationen aufgrund der von mir durchgeführten Testung:

- *Unsicherheit; stellt viele unsinnige Fragen*
- *Selbstzweifel*
- Einbildung, etwas an der Kleidung sei an einer peinlichen Stelle nicht in Ordnung
- Desinteresse
- Antriebslosigkeit
- Traurigkeit
- weinerliche Stimmung
- starke Benommenheit mit einem äußerst dumpfen Gefühl im Kopf; fühlt sich dadurch ziemlich mitgenommen
- vermehrter Hunger und Durst
- Steifigkeitsgefühl am ganzen Körper
- dumpfer Druck in der Stirn
- übergroße Lichtempfindlichkeit der Augen
- nervöses Augenzucken
- die Augen fallen ständig zu
- metallischer Geschmack im Mund
- vermehrte Speichelbildung
- Eindruck, der Nacken fühle sich dick und pelzig an
- stechende Schmerzen in der rechten seitlichen Halsmuskulatur
- schmerzhafte Verkrampfung der gesamten Schulter- und Nackenmuskulatur
- krampfartige Schmerzen im Oberbauch

Rauchquarz entspricht der Bach-Blüte **Cerato** und paßt für Menschen, die an Unsicherheit leiden und ständig andere um Rat fragen, da sie ihrer eigenen Meinung mißtrauen. Der Stein kann hier als Schmeichelstein in der Hosentasche oder auch in einem Beutel um den Hals getragen werden, wobei eine regelmäßige Anwendung über einen längeren Zeitraum erforderlich ist. Von einer therapeutischen Verwendung von Einzelkristallen ist aus denselben Gründen wie beim Bergkristall abzuraten.

Rhodochrosit

Rhodochrosit ist ein relativ weicher Stein, der in verschiedenen Rosa- bis Rottönen vorkommt. Sein Name leitet sich von den griechischen Begriffen *rhodon* (Rose) und *chros* (Farbe) ab. Wegen seiner Farbe wird er auch Himbeerspat oder – aufgrund seiner Zusammensetzung – Manganspat genannt. Rhodochrosit bildet sich in heißen, wäßrigen Erzgängen, in der Verwitterungszone von Manganlagerstätten und bei der Metamorphose manganhaltiger Sedimente. Er kommt sowohl in Form himbeerfarbener, durchscheinender Kristalle wie auch als derbe, undurchsichtige Masse vor. Letztere Art ist wegen ihrer interessanten weißen Bänderung sehr beliebt und wird für Schmuckzwecke zu Cabochons, Kugeln für Halsketten und kunstgewerbliche Gegenstände verarbeitet. Rhodochrositkristalle finden dagegen keine Verwendung als Schmuck, da sie sich wegen ihrer geringen Härte nicht als Ringstein eignen.

Bekannt ist Rhodochrosit erst seit etwa 50 Jahren. Es gibt daher keinerlei Überlieferungen bezüglich seiner Heilwirkung. Die heute in der einschlägigen Literatur aufgeführten Indikationen beruhen hauptsächlich auf einer Interpretation seiner Farbe und der daraus abgeleiteten Zuordnung zum Herzchakra, die ich nicht teile. Insbesondere bei den angegebenen psychischen Wirkungen handelt es sich meines Erachtens vielfach um Spekulationen, die sich weder durch meine Testung bestätigen, noch in irgendeiner Weise einen Zusammenhang mit der dem Rhodochrosit entsprechenden Bach-Blüte erkennen lassen. Ich jedenfalls bin nicht davon überzeugt, daß der Stein das Herz erwärmt und sanfte Gefühle der Zuneigung, Zärtlichkeit, Liebe und des Mitgefühls erweckt. Es mag sein, daß man bei der Betrachtung des Steins aufgrund der zarten Rosafärbung derartige Gefühlsregungen assoziiert; wird der Stein jedoch am Körper getragen, womöglich noch unter der Kleidung, erzeugt er diese Eigenschaften keineswegs. Genausowenig kann ich nachvollziehen, daß der Stein magnetisch wirksam sein soll und Kraftfelder um seinen Träger legen würde. Jeder Stein, der Typenmittel* seines Trägers ist, bringt dessen Aura zur Resonanz und verstärkt so die energetische Ausstrahlung dieser Person.

An körperlichen Indikationen des Rhodochrosits werden in der Literatur Augenleiden, Verdauungsstörungen und Erkrankungen der Atemwege angeführt. Des weiteren wird ihm eine beruhigende Wirkung auf das Herz zugeschrieben sowie die Fähigkeit, Energieblockaden im Solarplexus zu lösen und uns dadurch von emotionalem Druck zu befreien, der uns belastet.[121]

Indikationen aufgrund der von mir durchgeführten Testung:

- *tiefe Bedrückung; muß sich beherrschen, um nicht in Tränen auszubrechen*
- Müdigkeit
- Nervosität
- grundlose Freude
- über den ganzen Körper rieselnde warme Schauer
- Gefühl, als ob der Kopf ganz heiß wäre
- Juckreiz am Hinterkopf
- Schwindel
- starkes Frösteln mit Zähneklappern
- Augenjucken
- Jucken der Nase

---

* Vgl. *Neue Therapien mit Bach-Blüten 2*, S. 31

- fader Geschmack im Mund
- starker Druck und extreme Trockenheit im Hals; das Schlukken ist erschwert
- Schmerzen im Rachen
- stechender Schmerz im Bereich der linksseitigen Nackenmuskulatur
- Druck auf der linken Brustseite wie von einer schweren Last
- heftige Schmerzen im Herzbereich
- schmerzhafte Verkrampfung der Rückenmuskulatur im Bereich der Brust- und Lendenwirbelsäule; der Rücken fühlt sich an wie wund
- starke Anspannung im Solarplexus
- unangenehmer Druck im Oberbauch, verbunden mit Übelkeit
- massive Blähungen mit starker Auftreibung des Bauches
- laut hörbares Gluckern und Blubbern im Bauch
- Schmerzen im gesamten Bauch, wie wund
- lästiges Druckgefühl im Unterleib, das Unruhe auslöst
- Juckreiz im Bereich der Schamhaare
- unangenehmes Kitzelgefühl am Anus
- Hände und Füße fühlen sich an wie wund
- Füße schwer wie Blei
- Kribbeln der Fußsohlen

Rhodochrosit ist die Entsprechung der Bach-Blüte **Gorse** und eignet sich daher für Personen, die nach vielen Fehlschlägen den Mut in scheinbar aussichtslosen Situationen verloren haben und bezweifeln, daß sich jemals etwas an ihrer Lage ändern könnte. Sie sind überaus stark deprimiert, vollkommen hoffnungslos und können nicht mehr glauben, noch einmal eine Chance zu bekommen.

Da dieser Gemütszustand eine massive Therapieblockade darstellt – schließlich glaubt der Betroffene selbst nicht mehr an einen Erfolg –, sollte die Anwendung wegen der stärkeren Wirkung möglichst auf einer entsprechenden Reflexzone stattfinden. Hierfür eignet sich vor allem die Gorse-Zone auf der unteren Hälfte des linken Rippenbogens.* Tägliche Behandlungen über einen längeren Zeitraum sind sinnvoll, wobei der Stein zusätzlich als Donut oder Schmeichelstein am Körper getragen werden sollte.

Rhodonit

Rhodonit ist ein altrosa bis fleischroter Stein aus Mangansilikat mit schwarzen moosartigen Einlagerungen aus Manganoxid. Er wird meist in Form von derben, körnigen, undurchsichtigen Massen in metamorphen Manganerzlagerstätten gefunden. Ganz selten trifft man auch durchsichtige, tafelige Kristalle an. In der Schmuckindustrie wird der Stein vorwiegend zu Cabochons und Kugeln für Halsketten verarbeitet. Daneben verwendet man ihn zur Herstellung kunstgewerblicher Gegenstände.

Dem Rhodonit wird eine beruhigende und ausgleichende Wirkung auf das Gemüt zugeschrieben.[122] Er soll Ausgewogenheit, Klarheit, Entscheidungsfähigkeit,[123] Festigkeit und Sicherheit vermitteln, inneren Frieden und Ruhe fördern und Stille in verwirrte oder aufgewühlte Gedanken bringen.[124] Ferner gilt er als Stein der Tat, mit dessen Hilfe sich viel verändern lassen soll, so zum Beispiel die Verwirklichung noch unentwickelter Fähigkeiten.[125]

Körperlich soll Rhodonit einen positiven Einfluß auf Herz und Lunge besitzen, das Gehör verbessern und den Gleichgewichts- und Koordinationssinn stabilisieren.[126]

Indikationen aufgrund der von mir durchgeführten Testung:

- oftmaliger Wechsel von Wachheit und Müdigkeit
- Schläfrigkeit, verbunden mit Gleichgültigkeit
- starke Müdigkeit mit viel Gähnen

---

* Vgl. *Neue Therapien mit Bach-Blüten 2*, S. 150

- Traurigkeit
- Eindruck von Stille
- plötzliche Wachheit
- Unruhe
- starker Aktivitätsdrang
- nervöses Fingertrommeln
- ausgeprägtes Schwächegefühl; das Reden fällt schwer
- bleierne Schwere am ganzen Körper
- Juckreiz am gesamten Körper
- Frieren
- benommener, eingenommener Kopf
- starker Schwindel wie beim Karussellfahren, verbunden mit dem Eindruck zu fallen
- Hitzegefühl am ganzen Kopf
- Brennen auf der Kopfhaut
- Schmerz auf der linken Seite der Stirn
- verschwommenes Sehen
- Jucken in Nase und Ohren
- vermehrte Speichelbildung mit dem Verlangen, auszuspukken
- Bleigeschmack im Mund
- Kratzen im Hals mit Drang zu Räuspern
- Nackensteifigkeit, verbunden mit heftigen Schmerzen
- massive Schmerzen in der Brust
- Kribbeln am Rücken
- Schmerzen im Bereich des rechten Rippenbogens
- Druck oberhalb des Nabels, der Übelkeit erzeugt
- Druck rund um den Nabel

Rhodonit ist das Pendant zur Bach-Blüte **Scleranthus**. Er paßt für Menschen, die unter Unentschlossenheit leiden, häufig zwischen zwei Möglichkeiten hin- und hergerissen sind, ständig in dem Gefühl leben, zwischen zwei Stühlen zu sitzen und deshalb innerlich unruhig und rastlos sind und zu extremen Stimmungsschwankungen neigen.

Da es sich hierbei in der Regel um einen chronischen Zustand handelt, sollte Rhodonit über einen längeren Zeitraum am Körper getragen werden. Für Entspannungsbehandlungen eignet sich besonders die Scleranthus-Zone auf der Stirn über dem linken Auge*. Der Stein kann dort aufgelegt oder – bei Entspannungsübungen im Sitzen – mit einem Stirnband befestigt werden.

Rosenquarz

Rosenquarz – gelegentlich auch Rosaquarz genannt – ist eine grobkörnige, durchscheinende Quarzart**, die ihrer zarten bis intensiven Rosafärbung den Namen verdankt. Er wird fast ausschließlich in Form von derben Massen gefunden und ist von der Konsistenz her dem Milchquarz sehr ähnlich. Gut ausgebildete Kristalle sind überaus selten. Verarbeitet wird der Stein zu Cabochons, Kugeln für Edelsteinketten und zu kunstgewerblichen Gegenständen.

In der Edelsteintherapie wird Rosenquarz aufgrund seiner Farbe dem Herzzentrum zugeordnet. Daraus abgeleitet werden eine ganze Reihe von Wirkungen, die dieser Stein besitzen soll. Insbesondere wird ihm die Fähigkeit zugeschrieben, positive Eigenschaften wie Sanftheit, Zärtlichkeit, Zuneigung, Liebe, Vertrauen und Verzeihen zu verstärken oder gar hervorzubringen. Er soll uns darin unterstützen, «Sanftes, Weiches, Liebliches zu zeigen und zu leben, aber auch in unserem Gegenüber diese Gefühle zu achten.»[127] Ferner soll der Stein Herzenswunden bereinigen und heilen, «die durch Härte, Grobheit, Ablehnung oder durch die Unachtsamkeit anderer Menschen im Laufe unseres Lebens entstanden sind.»[128] Mit seiner Hilfe können wir angeblich lernen, «uns selbst wieder anzunehmen und zu lieben.»[129]

---

* Vgl. *Neue Therapien mit Bach-Blüten 2*, S. 230
** Vgl. Tabelle der Edelsteingruppen im Anhang, S. 286/287

Als Indikationen für eine Edelsteinbehandlung mit Rosenquarz gelten Erkrankungen der Stirnhöhle, Nase, des Dickdarms, psychosomatische Herzerkrankungen, die auf emotionale Verletzungen zurückzuführen sind, Nervosität, Unruhe, Depressionen und Schlafstörungen.[130] Verhärtetes Narbengewebe, das regelmäßig mit einem Rosenquarz massiert wird, soll mit der Zeit wieder weicher werden.

Indikationen aufgrund der von mir durchgeführten Testung:

- gesteigerte Wachheit; fühlt sich leicht überdreht
- Gefühl von Helligkeit und Licht im Raum
- *gute Laune, könnte jetzt allen alles verzeihen*
- grundlose Traurigkeit
- unwiderstehliche Müdigkeit; die Augen fallen ständig zu; muß sie mit großer Anstrengung offenhalten, was zu Schmerzen in der Augenmuskulatur führt
- völlige Übermüdung; alles strengt sehr an
- ausgeprägtes körperliches Schwächegefühl; es kostet Mühe, Arme und Beine zu bewegen
- bleierne Schwere am ganzen Körper
- *vollkommene Energielosigkeit; fühlt sich ausgelaugt und leer*
- Krankheitsgefühl; fühlt sich fiebrig und sehr elend
- Schwindel
- plötzlicher Juckreiz am ganzen Körper, verbunden mit Unruhe und Nervosität
- drückender Schmerz in der Stirn
- krampfartige Schmerzen im Bereich der Augen
- starke Lichtempfindlichkeit der Augen
- Fließschnupfen
- heftige Schmerzen im Bereich der Nackenmuskulatur
- starke Schulterbeschwerden, hervorgerufen durch eine schmerzhafte Verkrampfung des Trapezmuskels
- nagender Schmerz, der von der Schulter in den Oberarm zieht
- Druck auf der Brust

- starker Druck auf dem ganzen Bauch wie von einer schweren Last
- Übelkeit
- heftiger Schmerz im Oberbauch
- Rumoren im Darm wie bei Durchfall
- intensiver Druck auf der Blase mit starkem Harndrang
- Jucken im Bereich der Füße, vor allem zwischen den Zehen

Rosenquarz entspricht der Bach-Blüte **Centaury** und ist demnach hilfreich bei Menschen, die zu mitfühlend, zu weich und zu hilfsbereit sind und sich dadurch sehr leicht ausnutzen lassen. Ihre tiefsitzende Angst, von anderen nicht mehr geliebt zu werden, führt zu einem äußerst rücksichtsvollen Verhalten, das bis zur Aufgabe der eigenen Interessen und Bedürfnisse zugunsten anderer gehen kann.

Rosenquarz empfehle ich nur als Schmeichelstein in der Hosentasche oder als Anhänger an einer *kurzen* Kette zu tragen. Donuts – aus praktischen Gründen meist an einem langen -Lederband getragen, um sie bequem über den Kopf an- und ablegen zu können – berühren in der Regel die Centaury-Zone an der unteren Brusthälfte, was beim Rosenquarz nicht erwünscht ist, da es bei längerem Tragen zu einer massiven Überstimulation kommen kann. Für gezielte Anwendungen ist jedoch gerade diese Zone zu empfehlen, wobei der Stein höchstens eine halbe Stunde dort aufgelegt werden darf. Die Zone beginnt an der Stelle, an der beide Rippenbögen zusammenstoßen, und endet etwa 4 Finger breit darüber.* Bei akuten Schwächezuständen kann man auch einen Schmeichel- oder Rohstein in die rechte Hand nehmen, da sich auf deren Innenseite ebenfalls eine Centaury-Zone** befindet.

Abschließend möchte ich noch darauf hinweisen, daß Rosenquarz der wichtigste Stein zum Schließen der Aura ist. Das heißt

---

* Vgl. *Neue Therapien mit Bach-Blüten 2*, S. 100
** Vgl. *Neue Therapien mit Bach-Blüten 2*, S. 106

jedoch nicht, daß Löcher durch seine Anwendung verschwinden. Löcher in der Aura bedeuten, daß sich die Persönlichkeit nicht in Einklang mit ihrem höheren Selbst befindet. Anhand der Topographie der Bach-Blüten-Hautzonen läßt sich von der betroffenen Körperstelle ablesen, um welches spezielle Problem es sich hierbei handelt bzw. welche Bach-Blüte in Frage kommt. Centaury-Menschen besitzen aufgrund ihrer mangelnden Abgrenzungsfähigkeit eine sehr weiche Auragrenze, die oft kaum tastbar ist. Daraus resultiert für die Betroffenen häufig eine unkontrollierte Energieabgabe an die Umgebung, die sich in Form von unerklärlichen Schwächezuständen in Gegenwart anderer bemerkbar macht. Auf Seminaren ist es immer wieder verblüffend, wie sich eine solche Aura nach Einnahme eines Tropfens Centaury innerhalb von Sekunden verändert und für andere Kursteilnehmer auf einmal eindeutig tastbar wird.*

Rosenquarz als Pendant zu Centaury verleiht der Aura ebenfalls eine festere Konsistenz und stärkt die energetische Abgrenzung zur Umgebung. Er soll angeblich vor schädlichen Strahlungen aus Fernsehgeräten und Computerbildschirmen schützen, was aus dem oben Gesagten durchaus verständlich ist. Allerdings glaube ich nicht, daß es genügt, einen Rosenquarz zu diesem Zweck einfach auf den Fernsehapparat zu stellen. Meiner Ansicht nach kann er nur dann wirken, wenn er sich innerhalb der Aura der zu schützenden Person befindet. Er vermag sicherlich nicht, physikalisch meßbare Strahlen zu neutralisieren, eine Unterstützung der körpereigenen Abwehrmechanismen gegenüber derartigen schädlichen Einflüssen von außen ist jedoch denkbar.

---

* Das Erfühlen und Ertasten der Aura und die damit mögliche Bach-Blütendiagnostik aus der Aura sind fester Bestandteil meiner Seminare. Informationen darüber sind erhältlich bei: Internationales Zentrum für Neue Therapien, Postfach 1712, D-63407 Hanau u. Fax 0 61 81/2 46 40

Rubin

Rubin ist einer der kostbarsten Juwelen und wird seit Jahrtausenden für besonders edlen Schmuck von Königen, weltlichen und geistlichen Fürsten sowie für sakrale Gegenstände verwendet. Sein Name leitet sich von lat. rubens (rot) ab und weist auf seine Farbe hin, die von hell- bis dunkelrot variiert. Am begehrtesten sind tiefrote Exemplare mit einem Hauch von Blau. Die Farbverteilung des Rubins ist allerdings oft ungleich, wodurch der Stein ein streifiges oder gar fleckiges Aussehen besitzt. Um dies auszugleichen, werden Rubine minderer Qualität heute häufig durch Brennen farbveredelt.

Rubin bildet sich in Form eingewachsener Kristalle in metamorphen Gesteinen, insbesondere in Gneisen und Marmoren. Bei der Verwitterung dieser Gesteine wird der Rubin frei und sammelt sich in sog. Seifen (durch Wasser zusammengeschwemmte Edelsteinansammlungen).[131] Er wird als sechsseitige Prismen, tafelige Kristalle oder auch als tonnenförmige Masse gefunden. Roh wirkt der Stein stumpf und fettig, während er geschliffen einen diamantähnlichen Glanz besitzt. Qualitativ hochwertige Rubine werden daher mit Facettenschliff versehen, der deren Feuer zur Geltung bringt. Minderwertige Exemplare mit störenden Einschlüssen schleift man zu Cabochons. In grünen Zoisit eingewachsene Rubine werden aufgrund ihres dekorativen Charakters zur Herstellung kunsthandwerklicher Gegenstände verwendet.

In früheren Zeiten nannte man den Rubin Karfunkel. Die gleiche Bezeichnung wurde jedoch auch für den Granat und roten Spinell verwendet. Erst um 1800 erkannte man seine Zugehörigkeit zur Korund-Gruppe*, der zweithärtesten Edelsteinart nach dem Diamant.[132] Mittelalterliche Quellen über die Heilwirkung des Karfunkel sind daher mit Vorsicht zu genießen, da

---

* Vgl. Tabelle der Edelsteingruppen im Anhang, S. 286/287

nicht immer zweifelsfrei feststeht, um welchen Stein es sich dabei tatsächlich handelt.

Rubin wird mit dem Herzzentrum und positiven Eigenschaften wie Liebe, Hingabe an höhere Ideale und Mitgefühl in Verbindung gebracht. Er soll helfen, körperliche und geistige Liebe miteinander in Einklang zu bringen und gleichzeitig die Liebe für die Mitmenschen, die Schöpfung und für Gott zu wecken.[133] Ferner soll er das Feuer der Verwandlung und Läuterung in sich tragen, Leidenschaften zügeln und Disharmonien auflösen. In der Partnerschaft fördert er angeblich das Streben nach Unabhängigkeit und Freiheit.[134]

Bezüglich seiner körperlichen Wirkung gilt der Rubin als einer der besten Heilsteine für das Herz und den Blutkreislauf. Er soll das Herz kräftigen, die Durchblutung anregen, den gesamten Körper aktivieren und beleben und bei Schwächezuständen, niedrigem Blutdruck, Blutarmut und Menstruationsbeschwerden hilfreich sein. Da er die Durchblutung der Augen anregen soll, wird er auch bei Augenleiden empfohlen.

Indikationen aufgrund der von mir durchgeführten Testung:

- Nervosität und *Aktivitätsdrang*
- *wiederholt das Gesagte mehrmals*
- reagiert wütend auf Störungen
- spricht im Kommandoton und gibt auf Fragen patzige Antworten
- starker Überdruß mit Abneigung gegen alles und jeden
- Traurigkeit
- ausgeprägte Müdigkeit; die Augen fallen zu
- häufiges Gähnen
- Hitzegefühl
- dumpfes Gefühl im Kopf
- extremer Drehschwindel mit Eindruck zu fallen, verbunden mit starker Übelkeit und heftigem Brechreiz; fühlt sich sterbenselend

- helles Pfeifen in den Ohren
- Jucken in Nase und Ohren
- Farbenblindheit
- intensivere Wahrnehmung der Farben
- Schmerzen im Kieferwinkel
- Trockenheit und Kratzen im Hals, das zu häufigem Räuspern zwingt
- Einschnürungsgefühl außen am Hals, verbunden mit Würgereiz; das Schlucken fällt schwer
- Schmerzen und Verkrampfungen im Bereich der rechten Halsmuskulatur
- Druck auf der Brust wie von einem schweren Gewicht; die Atmung fällt schwer
- vereinzelte tiefe Atemzüge
- Schmerz in der Mitte der Brust, der sich nach hinten zieht und zur Verkrampfung der Rückenmuskulatur zwischen den Schulterblättern führt
- Stiche in der Außenseite der linken Brust im Bereich zwischen Achselfalte und Höhe der Brustwarze
- Druck- und Einschnürungsgefühl im Bereich des Magens, verbunden mit Übelkeit
- Druck auf der Blase mit vermehrtem Harndrang

Rubin ist das Pendant zur Bach-Blüte **Vervain** und paßt für Menschen, die zum Überschwang neigen und in ihrer Überbegeisterung oft keine Grenzen kennen. Sie engagieren sich gerne leidenschaftlich für eine Sache und versuchen andere selbst dann noch zu überzeugen, wenn diese keinerlei Interesse zeigen. In ihnen brennt ein Feuer, das sich zeitweise in Form von kaum zu kontrollierenden Gefühlsaufwallungen oder plötzlichen Begierden bemerkbar macht.

Rubin kann hier als Rohstein in einem Beutel um den Hals oder auch in Form von Schmuck getragen werden, wobei die Größe des Steins meiner Erfahrung nach keine große Rolle spielt. Ringe und Anhänger mit Rubin-Cabochons sind heute bereits zu relativ erschwinglichen Preisen im Handel erhältlich.

Für gezielte Anwendungen eignen sich vor allem die beiden Zonen über der Schilddrüse auf der linken und rechten Halsseite.* Das Auflegen der Steine an dieser Stelle hat eine beruhigende Wirkung und führt zu einer allgemeinen Entspannung und Entkrampfung.

Nach Michael und Ginny Katz wurden Rubine in früheren Zeiten für negative Zwecke mißbraucht.[135] Man mag zu solchen Angaben stehen, wie man will, Tatsache ist, daß es Rubine gibt, die sehr seltsame Energien abstrahlen. Aus diesem Grund sollten Rubine vor der ersten Anwendung gewissenhaft gereinigt werden.

Saphir

Der Saphir zählt zu den kostbarsten Edelsteinen der Erde. Neben Rubin und Diamant schmückte er einst Zepter und Kronen der Könige, Ringe der Kardinäle und Brustplatten der Hohepriester. Heute noch ziert er besonders erlesene Schmuckstücke.

Die Bezeichnung Saphir bezog sich früher nur auf die blaue Varietät des Korund**, dem nach dem Diamant zweithärtesten Stein. Inzwischen versteht man unter Saphir «alle nicht roten Korunde*** mit Edelsteinqualität.»[136] Blauer Saphir wird nach wie vor als Saphir ohne Zusatz bezeichnet, während andersfarbige durch eine qualifizierende Beifügung (z. B. grüner Saphir, violetter Saphir) gekennzeichnet werden. Der farblose Saphir wird auch Leukosaphir, der orangegelbe Padparadscha genannt.

Saphir (d. h. dessen blaue Spielart) gibt es in verschiedenen Blautönungen von hellblau bis indigo. Der tiefblaue Farbton vieler

---

   * Vgl. *Neue Therapien mit Bach-Blüten 2*, S. 248 f.
  ** Vgl. Tabelle der Edelsteingruppen im Anhang, S. 286/287
 *** Rote Korunde heißen Rubin.

im Handel erhältlicher Exemplare kommt in der Natur sehr selten vor und wird meist durch Brennen bei sehr hohen Temperaturen (über 1000° C) künstlich erzeugt. Verwendet werden dazu meist grünlich-graue oder farblose bis weiße Saphire.[137]

Saphir gilt seit alters als «Stein des Glaubens und des Seelenfriedens».[138] Nach Hildegard von Bingen symbolisiert er «die vollkommene Liebe zur Weisheit, denn durch seine Kraft verleiht er dem Menschen einen klaren Verstand, vertreibt Geisteskrankheit, Zorn und Ungeduld.»[139] Gemäß buddhistischer Tradition regt er «ein Bedürfnis nach Gebet, Devotion, spiritueller Erleuchtung und innerem Frieden an.»[140] Als Meditationshilfe, wie ihn die Yogis gebrauchen, führt uns der Saphir «von den Oberflächlichkeiten des Lebens fort zu tiefem Erleben, von der Flüchtigkeit des Augenblicks zu ewigen Werten, von der Angst zum Glauben.»[141] Nach Michael und Ginny Katz kann er uns außerdem helfen, unser Denken zu ordnen und zwischen nützlichen und unnützen Gedanken zu unterscheiden. Gedankenmüll, d. h. unkonstruktive, negative Gedanken, ließen sich so leichter über Bord werfen, was zu mehr Klarheit des Geistes führen soll.[142] Die hl. Hildegard behauptet gar, der Saphir könne die intellektuellen Fähigkeiten verstärken und einen klaren Verstand und ein ungetrübtes Erkenntnisvermögen hervorbringen.[143]

Als gesichert gilt seine ausgesprochen beruhigende Wirkung bei Nervosität und Schlaflosigkeit. Im indischen Ayurveda wird er überdies bei Geisteskrankheiten empfohlen. An körperlichen Indikationen werden in der einschlägigen Literatur Schmerzen aller Art, sämtliche Augenerkrankungen sowie Augenschmerzen und Sehschwäche, Nasenbluten, Magenprobleme, Verdauungsstörungen, Schwindelanfälle, übermäßiges Schwitzen, Fieber und ein erhöhter Blutdruck angegeben. Zur Therapie soll der Stein jeweils auf die betroffene Stelle gelegt werden, z. B. bei Augenproblemen auf die Augen, bei Nasenbluten auf die Stirn. Bei Hauterkrankungen und Hautunreinheiten sollen Waschungen und Trinkkuren mit Saphirwasser hilfreich sein.[144] Asthmatikern wird das Tragen eines Saphirs über dem Herzen empfohlen.[145]

Indikationen aufgrund der von mir durchgeführten Testung:

- seltsame Bewußtseinstäuschung; Eindruck, da und doch nicht da zu sein; die Identifikation mit der Umgebung schwindet; *das Wahrgenommene erscheint wie auf einem Foto ohne Bezug zur eigenen Person*
- Eindruck einer tiefen Stille, ohne Gedanken, ohne Gefühle und ohne körperliche Empfindung
- bewegungsloses Verharren in dieser Stille
- nervöse Zuckungen am ganzen Körper
- *große Nervosität*
- plötzliche Hitzewallungen mit starkem Schweißausbruch
- Heißhunger
- Drehschwindel wie nach Karussel fahren
- Druckgefühl auf der Kopfhaut wie von einer engen Haube
- ekelerregende Spannungszustände im Kopf; der gesamte Kopf fühlt sich an wie im Schraubstock
- Schmerzen an Hinterkopf und Nackenansatz
- unangenehmes Spannungsgefühl in der Mitte der Stirn, verbunden mit starkem psychischem Unwohlsein
- drückende Schmerzen zwischen den Augen im Bereich des sogenannten «dritten Auges»
- Druck auf den Augen
- heftige Schmerzen in den Augen, die deshalb ständig zusammengekniffen werden
- verschwommenes Sehen
- Augen fallen ständig zu, obwohl nicht müde
- heiße Ohren
- scharfer Fantasiegeruch in der Nase
- Fließschnupfen mit heftigem Niesreiz
- starke Verschleimung mit erschwertem Schlucken, da der Schleim den Rachen hinunterläuft
- heftiges Druckgefühl im Hals im Bereich des Adamsapfels

- Räusperzwang
- Schmerzen im Bereich der Schulterblätter
- Druck auf der Brust
- Einschnürungsgefühl im gesamten Brustkorb
- kurze, flache Atemzüge
- hektisches Atmen bis zur Hyperventilation
- Druck auf dem Magen, der Übelkeit auslöst
- massive Blähungen
- starke Verkrampfung im Bereich der Prostata
- extreme Unruhe in den Beinen, die sich ständig in Bewegung befinden

Saphir ist die Entsprechung der Bach-Blüte **Cherry Plum**. Als Schmuck oder als Rohstein in einem Beutel um den Hals getragen leistet er gute Dienste bei Menschen, die psychisch stark unter Druck stehen und unfähig sind, innerlich loszulassen. Besonders zu empfehlen ist daher seine Anwendung bei Entspannungs- und Meditationsübungen. Man braucht sich dabei nur in der richtigen Weise auf den Stein zu setzen, da sich eine Cherry-Plum-Zone im Genitalbereich befindet. Bei der Frau liegt diese direkt unterhalb der Klitoris*, beim Mann beginnt sie am Hodenansatz und erstreckt sich zwei Fingerbreit nach hinten**.

Die Benutzung von Saphirschmuck sollte nicht unkontrolliert über einen längeren Zeitraum erfolgen, da u. U. eine Überdosierung möglich ist. Einige Autoren vermerken, daß der Saphir nicht für jedermann geeignet sei, wobei leider jegliche Auswahlkriterien fehlen. Meiner Ansicht nach beruhen negative Reaktionen dieser Art vorwiegend auf dem von mir beobachteten Phänomen, daß Edelsteine negative Gemütszustände, wie sie bei den homologen Bach-Blüten beschrieben werden, verstärken oder gar aus einem Latenzstadium hervorbringen können, wenn die hauptsächliche Blockade auf der emotionalen Ebene (d. h. im Astralkörper) liegt. Dies kann vor allem bei

---

* Vgl. *Neue Therapien mit Bach-Blüten 2*, S. 120
** Vgl. *Neue Therapien mit Bach-Blüten 2*, S. 119

Cherry Plum sehr brisant werden. In diesem Fall ist eine vorläufige Unterbrechung der Edelsteinanwendung und eine Weiterbehandlung mit der zugehörigen Bach-Blüte sinnvoll.*

Sarder

Sarder ist eine relativ wenig bekannte, rotbraune, durchscheinende bis undurchsichtige Chalcedonart**. Er ist dem Karneol sehr ähnlich und leicht mit diesem zu verwechseln. Der Unterschied zwischen beiden Steinen liegt darin, daß die dunkle rotbraune Farbe des Sarders durch Eisenhydroxid verursacht wird, während die mehr hellere rote bis rötlichbraune Färbung des Karneols von Eisenoxid herrührt.

Sarder findet in der Edelsteinmedizin kaum Verwendung und wird fast nur in den Schriften der hl. Hildegard von Bingen erwähnt. Diese schreibt ihm die Fähigkeit zu, durch die ihm innewohnende Kraft hereinbrechende Seuchen abzuwenden.[146] Er soll hilfreich sein bei allerheftigstem Fieber, das sich in Form von Schüttelfrost und äußerlicher Hitze der Haut äußert.[147] Insbesondere Begleiterscheinungen von Infektionen sollen ihrer Ansicht nach gut auf eine Behandlung mit Sarder ansprechen. «Wenn ein Mensch an ganz massiven Verseuchungen und Krankheitszuständen im Kopfbereich erkrankt, so daß er davon ganz verrückt wird, binde er einen Sarderstein über den Scheitel mit Hilfe einer Wollkappe oder einem Tuch von reinem Leder... Wer durch eine Krankheit das Gehör verliert, der tauche diesen Sarderstein in reinen Wein, und, feucht gemacht, wickele er ihn in ein ganz dünnes Tüchlein und stecke dieses ins taube

---

* In chronischen Fällen ist die Einnahme mehrerer Blüten nach den im ersten Band der Neuen Therapien mit Bach-Blüten beschriebenen Regeln empfehlenswert, da die zugrundeliegende Problematik in der Regel komplexer Natur ist.
** Vgl. Tabelle der Edelsteingruppen im Anhang, S. 286/287

Ohr. Dann gebe er noch zartes Werg* darüber. Er soll es oft machen, und er wird das Gehör wiedererlangen.«[148] Ebenfalls hilfreich soll der Sarder bei schwangeren Frauen sein, wenn diese, von Schmerz überwältigt, nicht gebären können.[149]

Indikationen aufgrund der von mir durchgeführten Testung:

- *totale Apathie und Antriebsschwäche; läßt sich vollkommen treiben*
- *tiefe Traurigkeit, aber unfähig zu weinen*
- unwiderstehliche Müdigkeit
- vor sich Hindämmern mit halb geöffneten Augen
- völlige Erschöpfung
- Eindruck, total ausgelaugt zu sein
- extreme Benommenheit und Schwindel, dadurch gänzlich unfähig zu handeln
- vollkommen abgestumpfter Zustand mit dem Eindruck, nicht ganz da zu sein
- bleierne Schwere am ganzen Körper, insbesondere im Bereich des Kopfes, der Arme und der Beine
- heftige Nackenschmerzen, die beim Drehen des Kopfes unerträglich werden
- knirschende und knackende Geräusche beim Kopfdrehen
- Taubheitsgefühl im Mundbereich
- heftiges Sodbrennen
- rauher Hals mit starkem Hustenreiz
- ausgesprochen flache Atmung
- drückende Schmerzen im Herzbereich
- Gefühl, am ganzen Rücken wund zu sein, besonders zwischen den Schulterblättern
- Schmerzen in der rechten Ellbeuge
- Gurgeln im Bauch, verbunden mit einem unangenehmen Völlegefühl
- vom Magen aufsteigende Übelkeit; Brechreiz

---
* feine Abfallfasern von Hanf oder Flachs

- der gesamte Bauch fühlt sich an wie wund
- schneidende Schmerzen im Oberbauch
- Juckreiz am Anus

Sarder ist die Entsprechung der Bach-Blüte **Wild Rose**. In einem Lederbeutel um den Hals getragen hilft er, Antriebslosigkeit und Trägheit zu überwinden, die auf einer innerlichen Kapitulation beruhen.

In der Übergangsphase, wenn dieser Zustand vom Bewußtsein her überwunden ist, der Körper jedoch noch längere Zeit im Stadium der Resignation verharrt und bereits auf geringfügige Anstrengungen mit Schwächezuständen, Kopfschmerzen und Schwindel reagiert, ist das Auflegen auf die Wild-Rose-Zone im Bereich des 7. Halswirbels* zu empfehlen. An dieser Stelle sind sämtliche Akupunktur-Meridiane, die zum Kopf führen, spinnwebartig miteinander vernetzt. Ist diese Hautzone blockiert, wird dadurch der Kopf vom Körper energetisch abgehängt, was zu den beschriebenen Symptomen führt.

Schneeflockenobsidian

Obsidian entsteht aus kieselsäurehaltigem Magma, das bei Vulkanausbrüchen so schnell erkaltet, daß es nicht auskristallisieren kann. Das so entstandene amorphe Gesteinsglas splittert muschelartig und bildet scharfe Kanten. In der Steinzeit wurden verschiedene Arten von Werkzeugen sowie Pfeil- und Speerspitzen daraus hergestellt. Auch die Indianer verwendeten Obsidian zu diesem Zweck. Die Azteken fertigten daraus sogar Vasen an.[150] Schwarzer Obsidian mit weißen, flockenartigen Einschlüssen wird als Schneeflockenobsidian bezeichnet und findet heute zur Herstellung von Schmuck oder kunsthandwerklichen Gegenständen Verwendung.

---

* Vgl. *Neue Therapien mit Bach-Blüten 2*, S. 277

In der Edelsteintherapie wird er vorwiegend bei Personen eingesetzt, die «dazu neigen, in spirituelle Höhen abzuheben und dabei den Boden unter den Füßen verlieren, weil sie vergessen, daß sie immer noch an das irdische Dasein gebunden sind.»[151] Er gilt als «Stein der Erde, der uns Standhaftigkeit und Erdverbundenheit lehrt, der uns mit seiner kraftvollen Schwingung auf den Boden der Tatsachen bringt.»[152] Meist wird er in Form eines Schmeichelsteins benutzt und in der Hosentasche längere Zeit mit sich herumgetragen. Bei Heilbehandlungen legt man ihn auf die Energiezentren in den Handinnenflächen, um diese aufzuladen. Dies soll den Energiefluß im Körper fördern, Energiemangel ausgleichen und stärkend auf die gesamte Blutzirkulation wirken.[153] Daneben wird über einen positiven Einfluß bei Durchblutungsstörungen berichtet, insbesondere bei kalten Füßen. Zur Erhöhung der Wirkung und zur intensiveren Erdung kann zusätzlich je ein Schneeflockenobsidian an den Fußsohlen plaziert werden.

Weitere Indikationen, bei denen sich dieser Stein bewähren soll, sind Erfrierungen (die betroffenen Stellen damit abreiben), Venenstauungen (sanft von unten nach oben streichen) und Energiestörungen in der Wirbelsäule (ebenfalls entlangstreichen, wobei es meiner Ansicht nach sinnvoll ist, nach den Regeln der Akupunktur zu verfahren, d. h. von oben nach unten zu streichen).[154] Ferner wird ihm ein positiver Einfluß auf den Magen-Darmtrakt und die Muskulatur zugeschrieben.[155]

Der Schneeflockenobsidian soll – wie angeblich alle schwarzen Steine – die Schattenseite der Persönlichkeit vermehrt zeigen und verdrängte Ängste und Konflikte an die Oberfläche des Bewußtseins bringen. Viele Autoren warnen deshalb vor einem durch die Anwendung dieses Steines ausgelösten Läuterungsprozeß, der nicht von jedermann verkraftet werden würde. Eine Autorin spricht gar von erbarmungslosen Veränderungen, die der Stein imstande wäre, hervorzurufen, und die geradezu zerstörerische Ausmaße annehmen könnten.[156] Ich halte diese Darstellung für etwas übertrieben, zumal der Eindruck entsteht, daß aufgrund der Zuordnung des Obsidians zum Planeten Pluto astrologische Anschauungen in den Stein hineininterpretiert wurden.

Meiner Erfahrung nach wirkt der Schneeflockenobsidian vor allem aufbauend und kraftspendend bei Ermüdungs- und Schwächezuständen und kann bei übertrieben langer Anwendung allenfalls zu einer leichten Unruhe führen, ähnlich dem Überdrehtsein nach zuviel Kaffeegenuß. Infolge Erschöpfung wird zwar die Schattenseite der Persönlichkeit oft erlebt; deren vermehrte Wahrnehmung durch «Wachwerden» ist jedoch nicht so dramatisch wie das An-die-Oberfläche-des-Bewußtseins-Treten verdrängter oder gar bewußt verleugneter Gefühle bei der Anwendung von Onyx bzw. Hämatit.

Indikationen aufgrund der von mir durchgeführten Testung:

- *sich ausbreitende Gleichgültigkeit und Passivität;* läßt sich völlig treiben und dämmert mit offenen Augen dahin
- Traurigkeit; möchte am liebsten weinen
- Gefühl von Leere
- *überwältigende Müdigkeit;* um nicht einzuschlafen, können die Augen nur unter äußerster Anstrengung offengehalten werden
- völlige Erschöpfung; der Betroffene kann nicht mehr und will nicht mehr
- ausgeprägter Schwächezustand, bei dem besonders die Arme erschlaffen
- absolutes Unbehagen; fühlt sich hundeelend
- starker Verdruß über diesen Zustand; will sich nicht damit abfinden
- nervöser Juckreiz am gesamten Oberkörper, insbesondere an Hinterkopf und Nacken
- drückender Kopfschmerz im Scheitelbereich
- benommenes Gefühl im Kopf
- nervöses Jucken im Gesicht, vor allem in Nase und Ohren
- verschwommenes Sehen
- Augen tränen vor Erschöpfung

- Augenbrennen
- flaues Gefühl in der Brust
- Empfindung einer drückenden Last auf dem Herzen, als ob ein schwerer Stein darauf liege
- Verlangen, tief durchzuatmen
- Schmerz in der Brust, wie wund
- Druck in der Magengegend, der Übelkeit auslöst
- Brechreiz
- Bauchschmerzen

Der Schneeflockenobsidian entspricht der Bach-Blüte **Hornbeam**. Als Donut an einem Lederband um den Hals getragen oder als Schmeichelstein für die Hosentasche ist er in Phasen großer Erschöpfung ausgesprochen hilfreich. Die beste Wirkung zeigt er jedoch bei einer gezielten Anwendung auf der Hornbeam-Zone im Bereich der rechten Ellbeuge*. In Zeiten starker geistiger Beanspruchung, insbesondere dann, wenn man sich mit Feuereifer auf seine Aufgaben stürzt, kann man ihn auch vorsorglich tragen, um Schwächezuständen vorzubeugen. Allerdings sollte seine Verwendung nicht dazu animieren, Raubbau mit den eigenen Kräften zu betreiben.

Smaragd

Smaragd ist eine sehr bekannte und ausgesprochen kostbare Beryllart**, die ihrem Gehalt an Chrom die intensiv grüne Farbe verdankt. Bei erlesenen Stücken ist diese so einzigartig, daß sie unter der Bezeichnung «Smaragdgrün» Eingang in den allgemeinen Sprachgebrauch gefunden hat. Weniger wertvolle Exemplare sind mehr gefleckt oder gestreift und variieren etwas in ihrem Farbton. Der Stein kommt als stengelige, sechsseitige

---

* Vgl. *Neue Therapien mit Bach-Blüten 2*, S. 178
** Vgl. Tabelle der Edelsteingruppen im Anhang, S. 286/287

Prismen, eingewachsen in metamorphe Gesteine, insbesondere Glimmerschiefer, vor. Er ist durchsichtig bis durchscheinend und besitzt einen glasartigen Glanz.

Der bereits im Altertum bekannte Smaragd wurde von den Ägyptern, Griechen, Römern, Etruskern, Skythen, Phöniziern und Indern hochgeschätzt. Er galt als ganz besonderes Juwel und wurde häufig an Kronen oder Turbanen befestigt, so daß sich das Licht beim Bewegen des Kopfes von ständig wechselnden Seiten darin spiegelte und der Stein in seinem einzigartigen Grün funkelte. Inkas und Azteken verwendeten Smaragde in ihren Tempeln und bei religiösen Zeremonien. Die frühchristliche Kirche ließ Abendmahlskelche aus Smaragd anfertigen.[157]

Uralt ist auch dessen Anwendung zu Heilzwecken: Ägyptische Wöchnerinnen trugen im Altertum einen Smaragd, um die Geburt zu erleichtern.[158] Bei Entzündungen der Augen legte man kleine Smaragdstücke in die Augenwinkel. Müde Augen kräftigte man mit Smaragdwasser.[159]

Die hl. Hildegard v. Bingen empfiehlt den Smaragd gleich bei einer ganzen Reihe von Erkrankungen: Bei Schmerzen im Bereich des Herzens, des Magens oder in der Seite rät sie, den Stein direkt am Körper zu tragen, so daß er warm werde. Bei Finger- oder Nagelbettvereiterungen soll man ein Leinentuch auf das Geschwür legen und den Stein daraufbinden. Bei Infektionen wie Grippe, Malaria usw. schlägt sie vor, den Stein in den Mund zu schieben, damit er vom Speichel feucht werde, darauf diesen wieder herauszunehmen und diesen Vorgang mehrmals zu wiederholen. Bei Kopfschmerzen legt sie nahe, den Stein anzuhauchen, bis er warm und feucht sei und damit Stirn und Schläfen einzureiben. Bei starker Verschleimung regt sie an, einen speziell zubereiteten Smaragdwein zu trinken oder in Form einer mit Bohnenmehl zubereiteten Suppe einzunehmen. Bei Epilepsie rät sie, dem Betroffenen sofort nach dem Hinfallen einen Smaragd in den Mund zu stecken, damit dieser früher aus seinem Dämmerschlaf erwache[160], ein Verfahren, das nicht gerade ungefährlich ist, da der Stein u. U. verschluckt werden könnte.

Nach der neueren Literatur soll der Smaragd des weiteren in der Lage sein, den Blutdruck zu normalisieren, Herz und Gedächtnis zu stärken und rheumatische Beschwerden zu lindern. Er wird auch in Zusammenhang mit Krebs genannt[161], wobei es vollkommen illusorisch ist, mit Hilfe eines Edelsteins Krebs heilen zu wollen. Zur Behandlung der seelischen Ursachen dieser Krankheit scheint er jedoch von Bedeutung zu sein, wie der Zusammenhang mit der nachfolgend aufgeführten Bach-Blüte vermuten läßt.*

Smaragd gilt allgemein als Symbol des «Wachstums und der Regeneration auf allen Ebenen im Körper, Denken, Fühlen und Handeln»[162]. Er versinnbildlicht «Neugeburt und Entwicklung eines wieder aufgeladenen und schönen physischen Körpers»[163]. Seine Wirkung soll sich vor allem auf unseren feinstofflichen Körper erstrecken, wo er offenbar krankmachende Energien, Stauungen und Blockaden auflöst. Über diese Harmonisierung der feinstofflichen Ebenen erfrischt und verjüngt er, wie man behauptet, unser ganzes Wesen.[164] Gleichzeitig vermittelt er Ruhe und Ausgeglichenheit und löst Nervenanspannungen.[165]

Indikationen aufgrund der von mir durchgeführten Testung:

- Traurigkeit, Niedergeschlagenheit
- intensive Müdigkeit
- Wegdriften in einen nebulösen, nicht zu erklärenden Zustand; nur noch die nächste Umgebung wird wahrgenommen, alles andere scheint nicht zu existieren
- Vor-sich-Hinstarren mit offenem Mund
- Gedankenzudrang
- Blick ständig nach unten gesenkt
- stark herunterhängende Augenlider
- große Gleichgültigkeit
- wirkt sehr träge, reagiert langsam und bewegt sich fast im Zeitlupentempo

---

* Vgl. *Neue Therapien mit Bach-Blüten 3*, S. 91 f.

- extrem dumpfer, eingenommener Kopf; Zustand wie nach Einnahme von Betäubungsmitteln
- Schwindel
- starkes Hitzegefühl am ganzen Körper
- tränende Augen
- starke Verschleimung der Nase; der Schleim läuft ständig den Rachen hinunter und kann nur schwer geschluckt werden
- unangenehmes Kloßgefühl im Hals, verbunden mit erschwertem Schlucken
- heftiger Druck in der Kehlgrube; Hals fühlt sich an wie zugeschnürt
- Schmerzen im vorderen Bereich beider Schultergelenke
- rechter Arm fühlt sich an wie ausgerenkt
- saures Aufstoßen mit Brennen in der Speiseröhre
- Schluckauf
- schnelle, flache Atemzüge
- zusammenkrampfendes Gefühl in der Brust
- Atembeklemmung wie bei Asthma
- heftige Übelkeit mit dem Gefühl, als ob sich der Magen zusammenziehen würde
- krampfartige Bauchschmerzen
- stechende rechtsseitige Rückenschmerzen

Smaragd ist das Pendant zur Bach-Blüte **Red Chestnut**. Er ist somit angezeigt bei Menschen, die in ständiger Angst und Sorge um andere leben, deren gesamtes Denken oft nur noch um das Wohlergehen ihrer Liebsten kreist und die darüber das Bewußtsein ihrer selbst verlieren. Vielfach endet diese Selbstentfremdung erst durch eigene schwere Krankheit.

Smaragd sollte hier in einem Lederbeutel *über einen längeren Zeitraum* um den Hals getragen werden. Zu diesem Zweck genügen getrommelte Stücke geringerer Qualität, die zu erschwinglichen Preisen im Handel erhältlich sind. Sinnvoll ist ein zusätzliches Trinken von Smaragdwasser, wobei zu dessen Herstellung nicht derselbe Stein benutzt werden sollte.

Sodalith

Sodalith ist bekannt als tiefblauer, undurchsichtiger Schmuckstein, der dem Lapislazuli zum Verwechseln ähnlich sieht. Er kommt jedoch auch in Grau, Weiß oder Farblos vor und bildet teilweise in Hohlräumen vulkanischer Gesteine winzige Kristalle. Für Schmuckzwecke wird nur die tiefblaue Spielart verwendet, die in derben Massen in magmatischen Gesteinen eingewachsen gefunden wird und roh stumpf und unscheinbar aussieht. Erst durch Schleifen erhält sie ihre glasartig glänzende Oberfläche. Im Gegensatz zum Lapislazuli, der goldene Pyriteinlagerungen in sich trägt, wird Sodalith von grauen und weißen Schlieren aus Kalk durchzogen. In seltenen Fällen findet man jedoch auch bei ihm Pyriteinschlüsse.

Verarbeitet wird Sodalith meist zu Cabochons oder Kugeln für Halsketten. Darüber hinaus werden auch kunsthandwerkliche Gegenstände aus ihm gefertigt.

In der Edelsteintherapie wird ihm eine beruhigende, harmonisierende, emotional ausgleichende und nervenstärkende Wirkung zugeschrieben. Er soll zugleich aber auch Eigenschaften wie Mut und Ausdauer fördern.[166] Des weiteren soll er einen positiven Einfluß auf das Stoffwechselsystem ausüben, eine gestörte Schilddrüsenfunktion ins Gleichgewicht bringen und erhöhten Blutdruck normalisieren. Als weitere Indikationen werden Schwierigkeiten mit der Stirnhöhle, der Nase und den Augen genannt.[167] Aufgrund seiner tiefblauen Farbe wird er dem Stirnchakra zugeordnet, woraus verschiedene Eigenschaften abgeleitet werden. Diese erscheinen mir jedoch aus den bereits genannten Gründen fragwürdig.

Indikationen aufgrund der von mir durchgeführten Testung:

- **Ungeduld***
- *hektische Unruhe*
- extreme körperliche Ruhelosigkeit mit starkem Bewegungsdrang
- ständig in Bewegung; kann keinen Moment stillsitzen
- *schnelle, hastige, ruckartige Bewegungen*
- nervöses Wackeln mit dem Kopf
- fortwährendes Lecken an den Lippen und Herumrühren mit der Zunge im Mund
- Hitzegefühl im Kopf
- Kribbeln der Kopfhaut
- Erektionen ohne Anlaß
- nervöser Juckreiz am ganzen Körper; kratzt sich ständig
- körperliche Erschlaffung; sitzt vollkommen in sich zusammengesunken da
- Kopf fühlt sich schwer an; läßt ihn nach vorne hängen
- Hochziehen der Augenbrauen und weites Aufreißen der Augen, um zu verhindern, daß diese vor Müdigkeit zufallen
- schüttelt sich, um sich wachzuhalten
- Schwindel
- Farbtäuschung; alles erscheint grünstichig
- absurde Visionen und Einbildungen von Geistern
- Fremdkörpergefühl in den Augen; kneift diese immer wieder zusammen
- Augenbrennen
- Nasenverstopfung
- abscheuliche Kopfschmerzen; der Kopf fühlt sich an wie im Schraubstock
- äußerst heftige Schmerzen im oberen Bereich des Nackens
- schmerzhafte Verkrampfung der Schulter- und Nackenmuskulatur

---

* Die Versuchsperson will den Test immer wieder abbrechen, da er ihr zu lange dauert.

- starke Schmerzen im Bereich der Leber
- Kribbeln der Fußsohlen

Sodalith entspricht der Bach-Blüte **Impatiens** und ist hilfreich bei ungeduldigen, hektischen Personen, die stets in Eile sind und sich selbst oft ohne jeden äußeren Anlaß bis zur Erschöpfung hetzen. Als Donut oder Schmeichelstein am Körper getragen nimmt er die nervöse Anspannung und mildert das erhöhte innere Tempo ab.

Zur allgemeinen Beruhigung und Vorbereitung auf einen tiefen, erholsamen Schlaf kann man einen getrommelten Sodalith vor dem Einschlafen für etwa 15 Minuten auf die Impatiens-Zone am Kopf* auflegen. Zu empfehlen ist auch eine morgendliche Entspannungsbehandlung im Bett kurz vor dem Aufstehen, um den Tag mit mehr Ruhe und Gelassenheit angehen zu lassen. Die Zone befindet sich genau an der Stelle, an der sich nervöse Menschen häufig kratzen. Sie beginnt drei Finger breit hinter dem vorderen Haaransatz in der Mittellinie des Kopfes und endet drei Finger breit dahinter. Damit der Stein nicht mit der Hand festgehalten werden muß, kann man ihn mit Hilfe eines Schals an dieser Stelle befestigen.

Topas, gelb

Topas ist ein kostbarer Edelstein, der in den Farben gelb, rotbraun, rosa, blaßgrün, hellblau und farblos vorkommt. Am häufigsten sind gelbe Exemplare mit einem Stich ins Rötliche, die als säulenförmige, flächenreiche Kristalle mit Längsrillung gefunden werden. Topas ist glasartig durchsichtig, weist aber vielfach Einschlüsse auf, die seinen Wert als Schmuckstein erheblich mindern. Lupenreine Topase werden im Facettenschliff, farblose sogar im Brillantschliff verarbeitet und finden Verwen-

---

* Vgl. *Neue Therapien mit Bach-Blüten 2*, S. 180

dung für besonders exklusiven Schmuck. Weniger wertvolle Stücke werden dagegen zu Cabochons geschliffen und sind zu einigermaßen erschwinglichen Preisen im Handel erhältlich. Für therapeutische Zwecke ist es allerdings ratsam, nur Rohsteine einzukaufen, da sich diese leichter von anderen billigeren Steinen unterscheiden lassen, die fälschlicherweise in der Schmuckindustrie als Topas bezeichnet werden. Die nachstehende Tabelle zeigt, um welche Steine es sich hierbei tatsächlich handelt.

Goldtopas	= Citrin oder gebrannter Amethyst
Madeiratopas	= braunroter Citrin oder gebrannter Amethyst
Quarztopas	= goldgelber Citrin
Rauchtopas	= Rauchquarz

Bei Topasen mit einem Länderbeinamen sollte man ebenfalls vorsichtig sein. Der «böhmische Topas» ist z. B. in Wirklichkeit ein Citrin, «orientalischer» oder auch «indischer Topas» ist ein gelber Saphir. Um diesem Verwirrungsspiel ein Ende zu bereiten, wurde die Bezeichnung **Edeltopas** eingeführt, die als einzige die Gewähr dafür bietet, daß es sich um einen echten Topas handelt.

In der Edelsteintherapie findet sowohl gelber als auch blauer Topas Verwendung, wobei beide eine völlig unterschiedliche Wirkung besitzen. Dem gelben Topas, von dem im folgenden die Rede sein soll, wird eine beruhigende, harmonisierende und ausgleichende Wirkung auf das Nervensystem zugeschrieben. Gleichzeitig soll er stimmungsaufhellende Eigenschaften besitzen und imstande sein, trübe Gedanken aufzulösen und Fröhlichkeit zu fördern. Er wird empfohlen bei Angst, Zorn, Nervosität, Schlaflosigkeit (Topaswasser vor dem Schlafengehen trinken), Depressionen, Erschöpfungszuständen und sogar Nervenzusammenbrüchen. Des weiteren soll der Stein blockierte Gefühle und Stauungen im Solarplexus auflösen und emotionale Verletzungen lindern. Nach Spießberger ist er angeblich auch hilfreich

bei Trunksucht, wenn man dem Süchtigen pulverisierten Topas in den Wein schüttet und ihm außerdem einen Stein um den Hals hängt.[168]
Insgesamt soll gelber Topas größere Bewußtheit, Wachheit, Klarheit, Konzentrationskraft und Kreativität vermitteln,[169] Empfindungen von Herzenswärme und Liebe wecken und unserem Geist helfen, sich über die Begrenzungen alltäglicher Sorgen zu erheben.[170]
An körperlichen Indikationen werden Appetitlosigkeit, Verdauungsprobleme, Wirbelsäulenbeschwerden, Krampfadern und Hämorrhoiden genannt. Außerdem soll der Stein die Geschmacksnerven stimulieren, das Herz kräftigen und positiv auf die Leber wirken. Nach Hildegard v. Bingen ist er zudem nützlich bei Fieber, Milzleiden und Sehschwäche.[171]

Indikationen aufgrund der von mir durchgeführten Testung:

- *aufkeimende Wut*
- *Aggressivität*
- Schnauben vor Wut
- Zähneknirschen
- extrem schlechte Laune
- wortkarg
- *kurz angebunden; gibt nur knappe Antworten mit aggressivem Unterton*
- plötzliche übergroße Wachheit mit dem Gefühl, überdreht zu sein
- Unruhe, Nervosität, ruckartige Bewegungen
- Kopfschmerz wie nach einem Schlag mit einem Hammer auf den Kopf
- Juckreiz in der Nase
- heftiger Juckreiz im Bereich der Oberlippe
- Zahnfleisch fühlt sich wie geschwollen an
- zäher Schleim im Hals, der sich nur schwer schlucken läßt
- krampfartige Schmerzen in der linksseitigen Halsmuskulatur
- Hunger ohne Appetit

- Magenkrämpfe
- heftige Magenschmerzen wie von einem Messer, das bis zum Rücken durchsticht
- kneifende Schmerzen im Bereich der Lendenwirbelsäule
- Juckreiz im Genitale
- heftiger Juckreiz am Harnröhrenausgang
- Schmerzen im linken Hüftgelenk
- Juckreiz auf der Oberseite des linken Oberschenkels

Gelber Topas ist die Entsprechung der Bach-Blüte **Willow** und paßt für Menschen, die verbittert sind und denen es schwerfällt, zu verzeihen. In einem Beutel längere Zeit um den Hals getragen kann er helfen, den angestauten Haß loszulassen, innerlich freier und gelöster zu werden und auf andere Menschen wieder unvoreingenommen zugehen zu können.

Für gezielte Anwendungen empfiehlt sich die Zone im Bereich der Lendenwirbelsäule (1.–4. Lendenwirbel)*. Personen im Willow-Zustand sind dort meist verspannt und leiden auch häufig an dieser Stelle unter Rückenschmerzen.

Türkis

Türkis ist ein relativ weicher, himmelblauer, blau- oder hellgrüner, undurchsichtiger Stein mit einem wachsartigen Glanz. Häufig ist er von anderen, dunkleren Mineralien aderförmig durchwachsen und wird dann als Türkismatrix bezeichnet. Der Name Türkis selbst bedeutet «türkischer Stein», da früher sein Handelsweg vom damaligen Hauptfundort im Nordosten Persiens stets über die Türkei führte und viele deshalb annahmen, er käme von dort. Daneben wird der Stein aber auch in Afghanistan, Tibet, Ägypten, Israel, Australien, Mexiko und im Südwesten der USA gefunden. Er kommt auf Klüften verwitterter,

---

* Vgl. *Neue Therapien mit Bach-Blüten 2*, S. 284

tonerdereicher Gesteine vor und bildet meist derbe Massen als Spaltenausfüllungen, traubige Überzüge oder Knollen. Nur ganz selten findet man winzige, rhomboederähnliche Kristalle. Türkis ist als Schmuck sehr beliebt und wird hauptsächlich zu Cabochons und Kugeln für Ketten verarbeitet. Leider reagiert er äußerst empfindlich auf äußere Einflüsse und verfärbt sich unter Einwirkung von Hautschweiß, Hautcremes, Sonnenölen und verschiedenen anderen Kosmetika in ein unansehnliches Grün. Türkisringe sollten deshalb beim Händewaschen vorsichtshalber abgenommen werden. Aber auch Temperaturen über 250° C, wie sie bei unvorsichtigem Löten von Türkisschmuck auftreten können, und längere, intensive Lichteinwirkung führen zu dieser unerwünschten Farbänderung. Um das Eindringen schädlicher Substanzen zu vermeiden, die diesen unangenehmen Effekt verursachen, werden z. T. die vorhandenen Poren in Öl- oder Paraffinbädern oder mit Hilfe von Plastikmassen verschlossen.[172] Auf die Wirksamkeit als Heilstein hat diese Art der Behandlung keinen Einfluß.

Folgenschwerer ist die Tatsache, daß im Handel die verschiedensten Arten von Fälschungen angeboten werden, die von Nichtfachleuten nur schwer von echten Türkisen zu unterscheiden sind. Die harmloseste Form ist das Nachfärben blasser Exemplare, die dadurch eine intensive türkisblaue Farbe erhalten und deshalb wesentlich teurer verkauft werden können. Da es sich hierbei um echte Türkise handelt, sind sie für therapeutische Zwecke ebenfalls zu gebrauchen. Vollkommen wirkungslos sind Steine, die aus Türkis-Schleifpulver bestehen, das mittels Klebstoff zusammengebacken wurde. Viele der im Handel billig angebotenen Splitterketten bestehen aus diesem Material; echte Türkisketten dagegen sind verhältnismäßig teuer. Als gezielte Fälschung werden hauptsächlich gefärbte Howlithe und Magnesite* angeboten, die ebenfalls eine dunkle Aderung besitzen und dem echten Türkis relativ ähnlich sehen. Seltener anzutreffen sind Imitationen aus gefärbtem Chalcedon, Glas, Porzel-

---

* Vgl. Farbtafel II

lan, Kunstharz und Elfenbein. Diese sind aufgrund ihrer durchgehend homogenen Färbung wesentlich einfacher zu unterscheiden.

Der Türkis wurde von vielen antiken Kulturen geachtet und teilweise sogar als heilig verehrt, so z. B. im alten Ägypten und Persien. Zur Zeit Zarathustras galt er dort als Symbol der Reinheit. In Tibet werden heute noch die Gebetsmühlen mit Türkisen geschmückt. Die Indianer halten den Türkis für einen Beschützer und Wächter von Körper und Seele.[173] Er gilt bei ihnen als mächtiger Schutzstein, der negative Schwingungen vom Körper abhält. Diese Auffassung wird auch in der Edelsteintherapie vertreten. Es wird angenommen, daß der Türkis unsere Aura vor allen schädlichen Einflüssen aus der Astralwelt schützt, wozu außer belastenden Schwingungen auch ungebetener Besuch aus anderen Sphären und schwarzmagische Attacken gerechnet werden. Redner soll der Stein vor feinstofflichen Angriffen bewahren und ihren Worten mehr Kraft verleihen.[174]

An körperlichen Indikationen werden Stauungen im Hals-, Brust- und Herzbereich,[175] sämtliche Erkrankungen der Atemwege, Herzschwäche und Augenerkrankungen genannt. Evi Laurich empfiehlt den Türkis außerdem bei Knochenbrüchen,[176] Eliette v. Siebenthal bei Depressionen.[177]

Indikationen aufgrund der von mir durchgeführten Testung:

- innere Abwehrhaltung mit dem Gedanken «Ich will das nicht!»
- heftige innere Wut und starke Ablehnungsgefühle
- Verlangen, andere tätlich anzugreifen
- innere Distanz zu geliebten Menschen
- Empfindung einer inneren Leere mit dem Gefühl, innerlich wie abgestorben zu sein
- Freudlosigkeit; alles erscheint grau in grau
- Antriebslosigkeit; hat zu nichts Lust
- starke Traurigkeit und Niedergeschlagenheit
- Verlangen zu weinen

- absolutes Unverständnis über seinen Zustand; weiß nicht, wie ihm geschieht
- Müdigkeit
- körperliches Schwächegefühl
- bleierne Schwere am ganzen Körper
- vermehrte sexuelle Gedanken
- vom Rücken aufsteigende Hitzewallungen
- körperliche Unruhe; muß sich ständig bewegen
- Nervosität
- heftiger Juckreiz am ganzen Körper
- nervöses Kopfschütteln und -drehen
- Druck in der Stirn, der Schwindel auslöst
- Druck auf der rechten Seite des Nasenrückens an der Stelle, wo die Brille aufsitzt
- heftiges Jucken an der Nase
- Kraftlosigkeit im Bereich der Kaumuskulatur; Kauen und Reden fallen schwer
- extreme Schmerzen im Bereich der Schultermuskulatur
- Druck unterhalb des Schlüsselbeins, beidseitig
- starke Atembeklemmung; bekommt schlecht Luft
- heftiges Aufstoßen

Türkis ist das Pendant zur Bach-Blüte **Walnut** und ist hilfreich bei Menschen, die dazu neigen, sich in Neubeginnsituationen von anderen Personen, äußeren Umständen oder gesellschaftlichen Zwängen verunsichern zu lassen und Schwierigkeiten haben, ihre bereits getroffenen Entscheidungen in die Tat umzusetzen. Wie die Bach-Blüte schützt der Türkis vor äußerer Beeinflussung auf allen Ebenen und verhindert so die Übernahme von negativen Schwingungen und auch von Krankheitssymptomen anderer.

Als Trommelstein in einem Lederbeutel, als Anhänger oder Donut (auf Qualität achten!) sollte er längere Zeit um den Hals getragen werden, wobei aus der bereits erwähnten Empfindlichkeit des Türkis gegen Schweiß direkter Hautkontakt zu meiden ist. Es ist sinnvoll, den Stein auch dann noch eine Zeitlang weiterzubenutzen, wenn sich die äußeren Umstände geändert oder geklärt haben, da sich hinter der momentanen Beeinflußbarkeit oft ein eingefahrenes Verhaltensmuster verbirgt.

Uwarowit

Uwarowit ist eine sehr seltene Granatart*, die ihrem Gehalt an Chrom die smaragdgrüne Farbe verdankt. Er entsteht bei der Metamorphose chromhaltiger Gesteine oder der Umwandlung von Chrommineralien in heißen, wäßrigen Lösungen in Felsgängen und bildet meist winzige Kristalle in Form der für alle Granatarten typischen Rhombendodekaeder, die in der Regel auf andere Mineralien aufgewachsen oder in diese eingewachsen sind. Größere Kristalle mit einem Durchmesser von einem Zentimeter oder mehr sind extrem selten und preislich unerschwinglich. Aus diesem Grund findet der Uwarowit als Schmuck kaum Verwendung. Er ist daher lediglich in Spezialgeschäften für Sammler und auf Edelsteinmessen erhältlich. Beim Kauf ist zu beachten, daß er mit dem ebenfalls grünen und weit weniger wertvollen Grossular-Granat verwechselt werden kann.

In der Edelsteintherapie ist der Uwarowit vollkommen unbekannt. Meiner Erfahrung nach ist er jedoch ein sehr wichtiger Heilstein.

Indikationen aufgrund der von mir durchgeführten Testung:

- Empfindung von Totenstille
- Eindruck, wacher und klarer als sonst zu sein
- Illusion, größer zu sein
- Unruhe
- schneller, hektischer Atem

---

* Vgl. Tabelle der Edelsteingruppen im Anhang, S. 286/287

- Eindruck zu fallen, als ob der Boden unter den Füßen weggezogen würde
- Beben des ganzen Körpers wie bei Schüttelfrost
- *panische Angst*
- *Verlangen zu entfliehen*
- völlige Hilflosigkeit; fühlt sich als Opfer
- Gefühl schrecklicher Verzweiflung
- Empfindung, es nicht mehr auszuhalten
- verzweifeltes Weinen mit lautem Schluchzen
- Eindruck, vollkommen ausgelaugt zu sein
- Gefühl, innerlich wie wund zu sein
- existentielle Traurigkeit
- bleierne Schwere am ganzen Körper
- brennende Hitze am ganzen Körper, die teilweise unerträglich wird
- extremes Schwitzen
- Kribbeln an verschiedenen Stellen des Körpers
- über den Kopf rieselnde Schauer; die Haare stehen zu Berge
- Kribbeln der Kopfhaut
- Druck im Kopf
- Schwindel
- Summton im Ohr
- feines Rauschen in den Ohren
- stark eingeschnürter Hals, verbunden mit Würgereiz
- Schmerzen beim Schlucken
- Druck auf der Brust; die Atmung fällt schwer
- stechender Schmerz in der Mitte der Brust
- flaues Gefühl im Bauch
- Übelkeit
- äußerst elendes Empfinden, verbunden mit heftigem Brechreiz
- Bauchschmerzen bis hin zu -krämpfen
- Schauer über den ganzen Rücken, vom Steißbein aufsteigend

Uwarowit ist die Entsprechung der Bach-Blüte **Rock Rose** und eignet sich hervorragend zum Auflösen von Blockaden, die durch akute Panikzustände verursacht wurden. Hierzu legt man den Stein auf die Rock-Rose-Zone am linken Unterbauch, die in Höhe des Nabels beginnt und sich etwa drei Finger breit nach unten erstreckt*. Zusätzlich sollte ein Uwarowit in einem Lederbeutel über einen längeren Zeitraum um den Hals getragen werden.

Zirkon, braun

Zirkon bildet meist undurchsichtige, trübe Kristalle mit Größen bis zu mehreren Zentimetern, die in Pegmatiden und magmatischen Gesteinen eingewachsen sind. Diese werden in der Industrie zu Zirkonoxid verarbeitet, das zur Herstellung von feuerfestem Porzellan dient. Sehr viel seltener sind kleine, durchsichtige Kristalle, die für Schmuckzwecke brauchbar sind. Diese entstehen in vulkanischen Gesteinen und werden bei deren Verwitterung durch Wasser zusammengeschwemmt und in sog. Seifen angereichert. Sie kommen in den Farben Rot, Rosa, Orange, Gelb, Grün, Blau, Braun, Farblos und Weiß vor, wobei graubraune und rotbraune am häufigsten sind. Gelbrote bis rotbraune Exemplare werden als Hyazinth bezeichnet.

Geschliffene Zirkone besitzen aufgrund ihrer hohen Lichtbrechung, die der des Diamanten sehr ähnlich ist, ein besonders funkelndes Aussehen. Farblose Zirkone werden deshalb häufig als preiswerter Ersatz für Brillanten verwendet. Da sie sehr selten sind, werden billige braune Zirkone bei Temperaturen zwischen 800 und 1000° C gebrannt, wodurch sie je nach Ausgangsmaterial farblos oder auch blau werden. Beim Zirkonia, der ebenfalls als Brillanten-Imitation eingesetzt wird, handelt es sich um einen rein synthetischen Stein und nicht um einen Zirkon.

In der Edelsteintherapie wird Zirkon kaum benutzt, da es über

---

* Vgl. *Neue Therapien mit Bach-Blüten 2*, S. 220

seine Heilwirkung relativ wenige verläßliche Quellen gibt. In der mittelalterlichen und antiken Literatur wird zwar häufig der Hyazinth genannt; man verstand damals darunter jedoch sowohl die o. g. Zirkonart als auch die gesamte Korundgruppe (Rubin, Saphir).[178] Hildegard von Bingen schreibt dem Hyazinth eine heilende Wirkung bei trüben und geschwürigen Augen, allergischen und fieberhaften Hautausschlägen, Herzschmerzen, Wahnvorstellungen, krankhaftem Lachen und übersteigertem Sexualtrieb[179] zu. Da sich ihre Ausführungen jedoch nur auf den Hyazinth beziehen, bleibt ungewiß, ob die von ihr genannten Indikationen auch auf den braunen Zirkon übertragbar sind, der heute üblicherweise zu therapeutischen Zwecken herangezogen wird. Der Hyazinth selbst ist relativ schwer zu beschaffen.

Nach der gegenwärtigen Literatur über die Heilwirkung des Zirkons soll dieser (unter dem Vorbehalt, daß dabei nicht klar zwischen dem braunen Zirkon und dem Hyazinth unterschieden wird) einen positiven Einfluß auf Lunge, Leber, Milz und Bauchspeicheldrüse ausüben. Ferner wird ihm eine anregende Wirkung auf den gesamten Stoffwechsel und ein entspannender Effekt auf den Solarplexus zugeschrieben. Er soll außerdem dazu beitragen, den Geist zu beruhigen und helfen, verdrängte Eigenschaften wie Zartheit und die Fähigkeit, zuhören zu können, wiederzuentdecken.[180]

Indikationen aufgrund der von mir durchgeführten Testung:

- Neigung zu provozierenden Bemerkungen
- *Hang zum Kommandieren*
- *Aufbrausen über Kleinigkeiten*
- *Verlangen, etwas zu zerstören*
- plötzlich vollkommen grundlos aufkeimende Wut, gefolgt von einem heftigen Zornesausbruch
- Phasen von aggressiver Stimmung, die jedoch rasch wieder abklingen
- Gefühl der Zufriedenheit nach jedem Wutausbruch

- grundlose Heiterkeit mit regelrechten Lachanfällen
- extreme Müdigkeit; die Augen fallen ständig zu
- körperliches Schwächegefühl, verbunden mit äußerstem psychischen Unwohlsein
- angespanntes Wachsein wie nach Übernächtigung; muß sich stark zusammennehmen, um wachzubleiben
- dumpfer Druck im Kopf, wie verkatert
- der gesamte Körper fühlt sich verkrampft an
- angespannter, freudloser Zustand
- Rastlosigkeit; ständig in Bewegung
- überdreht, kann sich nicht entspannen; die Augen wollen sich nicht schließen lassen
- stechende Schmerzen in der Mitte der Stirn
- heftiger Juckreiz an der Nase
- vermehrte Speichelbildung
- Zähneknirschen
- Räusperzwang
- häufiges Aufstoßen
- Schultern fühlen sich schwer wie Blei an
- schmerzhaftes Leeregefühl im Magen, verbunden mit nagendem Hunger
- schmerzhaftes Einschnürungsgefühl in Oberbauch und Rücken wie von einem engen Reifen
- krampfhafte Schmerzen im oberen Bereich der Rippenbögen

Brauner Zirkon besänftigt das aufbrausende Temperament von **Vine**-Typen und beruhigt und entspannt deren gereizte Nerven. Langfristig angewandt hilft er, die emotionale Härte dieser Menschen aufzuweichen und positive Eigenschaften wie Offenheit und Verständnis für andere zu entwickeln. Neben dem Tragen als Rohstein in einem Lederbeutel um den Hals empfiehlt sich die Anwendung auf der Vine-Zone in der Mitte der Oberseite des rechten Oberarms.* Hierzu kann man den Stein in einen Schal einwickeln und an dieser Stelle festbinden.

---

* Vgl. *Neue Therapien mit Bach-Blüten 2*, S. 256

Anhang

Tabelle der Entsprechungen von Bach-Blüten, ätherischen Ölen und Edelsteinen

Nr.	Bach-Blüte	Ätherisches Öl	Edelstein
1.	Agrimony	Sandelholz	Onyx
2.	Aspen	Rosenholz	Bergkristall
3.	Beech	Opoponax	Magnetit
4.	Centaury	Thymian	Rosenquarz
5.	Cerato	Vetiver	Rauchquarz
6.	Cherry Plum	Meerkiefer	Saphir
7.	Chestnut Bud	Cascarilla	Epidot
8.	Chicory	Anis	Diamant
9.	Clematis	Eukalyptus	Pyrop
10.	Crab Apple	Lavendel	Citrin
11.	Elm	Zitrone	Chalcedon
12.	Gentian	Lemongras	Jaspis, rot
13.	Gorse	Orange	Rhodochrosit
14.	Heather	Clementine	Malachit
15.	Holly	Rose	Achat, braun
16.	Honeysuckle	Immortelle	Heliotrop
17.	Hornbeam	Birkenholz	Schneeflocken-obsidian
18.	Impatiens	Zypresse	Sodalith
19.	Larch	Bayfrüchte	Moosachat

Nr.	Bach-Blüte	Ätherisches Öl	Edelstein
20.	Mimulus	Cistrose	Jade, grün
21.	Mustard	Muskatellersalbei	Honigcalcit
22.	Oak	Ingwer	Fluorit
23.	Olive	Tabak	Milchquarz
24.	Pine	Perubalsam	Lapislazuli
25.	Red Chestnut	Magnolie	Smaragd
26.	Rock Rose	Tulsi	Uwarowit
27.	Rock Water	Hyazinthe	Hämatit
28.	Scleranthus	Ravensara	Rhodonit
29.	Star of Bethlehem	Patchouli	Karneol
30.	Sweet Chestnut	Jasmin	Azurit
31.	Vervain	Styrax	Rubin
32.	Vine	Schafgarbe	Zirkon, braun
33.	Walnut	Narzisse	Türkis
34.	Water Violet	Vanille	Chrysokoll
35.	White Chestnut	Geranium	Kunzit
36.	Wild Oat	Narde	Chrysopras
37.	Wild Rose	Grapefruit	Sarder
38.	Willow	Galbanum	Topas, gelb

Hinweis: Die Numerierung entspricht der der Topographie der Bach-Blüten-Hautzonen in «Neue Therapien mit Bach-Blüten 2». Die den Zonen zugeordneten ätherischen Öle bzw. Edelsteine können dort anhand dieser Nummern in der Übersichtstopographie S. 289 ff. aufgesucht werden.

Tabelle der Edelsteingruppen*

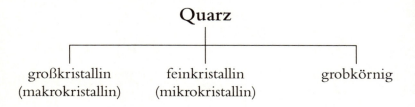

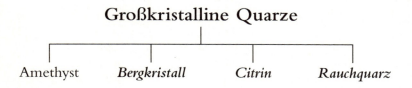

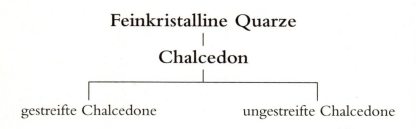

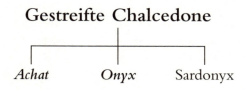

---

* Die in diesem Buch beschriebenen Steine sind **kursiv** gedruckt.

Anwendungsbeschränkungen und Nebenwirkungen ätherischer Öle

Anwendungsbeschränkungen

Folgende Öle sollten in den aufgeführten Situationen auf gar keinen Fall verwendet werden:

Alkoholgenuß:
- Muskatellersalbei

Bluthochdruck:
- Thymian

Epilepsie:
- Muskatellersalbei
- Thymian
- Zypresse

Schilddrüsenüberfunktion:
- Thymian

Schwangerschaft:
- Cistrose
- Muskatellersalbei
- Narzisse
- Tabak*
- Thymian
- Tulsi

In den ersten vier Monaten der Schwangerschaft zu meiden, später nur in geringer Dosierung bzw. verdünnt erlaubt:
- Rose

---

* Aus Sicherheitsgründen! In der Literatur werden keinerlei Angaben über diese Essenz gemacht.

Nebenwirkungen

Allergien:*
- Clementine
- Grapefruit
- Meerkiefer
- Orange
- Perubalsam
- Zitrone

Haut- und Schleimhautreizungen:*
- Grapefruit
- Ingwer
- Lemongras
- Thymian
- Tulsi
- Zitrone

Hautreizungen bei anschließender Sonnenbestrahlung:*
- Sandelholz
- Schafgarbe

Photosensibilisierung:**
- Clementine
- Grapefruit
- Orange
- Zitrone

Leberschädigende Wirkungen:***
- Meerkiefer
- Thymian

---

* Bei Verwendung als Creme, Massageöl oder Badezusatz.
** Bei Verwendung als Creme oder Massageöl, wenn man sich anschließend starker Sonnenbestrahlung oder UV-Licht (Sonnenbank etc.) aussetzt.
*** Insbesondere bei der innerlichen Einnahme, die vom Autor aus den bereits genannten Gründen nicht empfohlen wird.

Nierenschädigungen:[*]
- Meerkiefer
- Sandelholz

Potentiell toxische Wirkungen:
- Anis
- Narzisse[**]
- Bei innerer Anwendung alle Öle, die chemische Lösungsmittel enthalten. Hierzu gehören eine ganze Reihe der Absolues und Concretes sowie manche Billigessenzen.

Warnung: Ätherische Öle dürfen keinesfalls unverdünnt in die Augen gelangen! Sollte dies dennoch passieren, sind als Sofortmaßnahme die Augen mit viel klarem Wasser auszuspülen. Danach ist umgehend ein Arzt aufzusuchen!

Die in diesem Buch vorgestellten Behandlungsmöglichkeiten ersetzen keinen Arzt oder Heilpraktiker. Manifeste Erkrankungen sollten vor Selbstversuchen unbedingt diagnostisch abgeklärt werden. Massive körperliche Beschwerden oder ernsthafte seelische Probleme gehören grundsätzlich in die Hand eines erfahrenen Therapeuten.

---

[*] Insbesondere bei der innerlichen Einnahme, die vom Autor aus den bereits genannten Gründen nicht empfohlen wird.
[**] Durch die in der aromatherapeutischen Fachliteratur über diese Essenz nur spärlich vorhandenen Informationen nicht belegt, aufgrund von Hinweisen seitens der Phytotherapie jedoch zu vermuten.

Anmerkungen

1 Edward Bach, Die nachgelassenen Originalschriften, München 1991, Verlag Heinrich Hugendubel, S. 99–102

Kap. I, Grundlagen der Esoterischen Therapien

1 Samuel Hahnemann, Organon der Heilkunst, Heidelberg 1981, Haug Verlag, S. 38

Kap. II, Heilen mit Blütenessenzen nach Dr. Bach

1 Nach Nora Weeks, Edward Bach, Entdecker der Blütentherapie, München 1988, Hugendubel Verlag, S. 24
2 Nach ebd., S. 25
3 Nach ebd., S. 34
4 Nach ebd., S. 34
5 Nach ebd., S. 39

Kap. III, Heilen mit ätherischen Ölen

1 Nach Robert Tisserand, Das Aromatherapie Heilbuch, Aitrang 1990, Windpferd Verlag, S. 45
2 Nach ebd., S. 31

3 Nach Martin Henglein, Die heilende Kraft der Wohlgerüche und Essenzen, Zürich 1989, Oesch Verlag, S. 21
4 Nach ebd., S. 20
5 Nach ebd., S. 40
6 Nach Robert Tisserand, Das Aromatherapie Heilbuch, a. a. O., S. 45/46
7 Nach Martin Henglein, Die heilende Kraft der Wohlgerüche und Essenzen, a. a. O., S. 47
8 Nach Erich Keller, Duft und Gemüt, Münsingen-Bern 1991, Buchverlag Fischer Druck AG, S. 23
9 Nach ebd., S. 24
10 Nach Martin Henglein, Die heilende Kraft der Wohlgerüche und Essenzen, a. a. O., S. 66
11 Nach Robert Tisserand, Das Aromatherapie Heilbuch, a. a. O., S. 59
12 Nach Susanne Fischer-Rizzi, Himmlische Düfte, München 1989, Hugendubel Verlag, S. 21
13 Nach ebd., S. 21
14 Nach ebd., S. 20
15 Nach Erich Keller, Duft und Gemüt, a. a. O., S. 87
16 Suzanne Fischer-Rizzi, Himmlische Düfte, a. a. O., S. 69
17 Nach Erich Keller, Essenzen der Schönheit, München 1990, Goldmann Verlag, S. 100
18 Nach Dr. med. Beate Rieder und Fred Wollner, Duftführer, Buch ohne Verlag (Copyright by Fred Wollner, Börwang), S. 83
19 Nach S. Fischer-Rizzi, Himmlische Düfte, a. a. O., S. 50
20 Nach Dr. med. Beate Rieder und Fred Wollner, Duftführer, a. a. O., S. 11
21 Nach Erich Keller, Essenzen der Schönheit, a. a. O., S. 197
22 Nach Susanne Fischer-Rizzi, Himmlische Düfte, a. a. O., S. 40
23 René A. Strassmann, Duftheilkunde, Aarau 1991, AT Verlag, S. 89
24 Martin Henglein, Die heilende Kraft der Wohlgerüche und Essenzen, a. a. O., S. 110/111

25 Nach Susanne Fischer-Rizzi, Himmlische Düfte, a. a. O., S. 195
26 Nach Jean Valnet, Aromatherapie, München 1991, Heyne Verlag, S. 121
27 Dr. med. Beate Rieder und Fred Wollner, Duftführer, a. a. O., S. 16
28 Michael Kraus, Ätherische Öle für Körper, Geist und Seele, Pfalzpaint 1991, Verlag Simon und Wahl, S. 19
29 Nach Susanne Fischer-Rizzi, Himmlische Düfte, a. a. O., S. 196
30 Nach Michael Kraus, Ätherische Öle für Körper, Geist und Seele, a. a. O., S. 23
31 Nach Susanne Fischer-Rizzi, Himmlische Düfte, a. a. O., S. 196
32 Michael Kraus, Ätherische Öle für Körper, Geist und Seele, a. a. O., S. 23
33 Ebd., S. 23
34 Nach Susanne Fischer-Rizzi, Poesie der Düfte, Isny 1989, Joy Verlag, S. 80
35 Nach Dr. med. Beate Rieder und Fred Wollner, Duftführer, a. a. O., S. 19
36 Nach Monika Jünemann und Walburga Obermayr, Aromakosmetik, Aitrang 1990, Windpferd Verlag, S. 185
37 Nach Michael Kraus, Ätherische Öle für Körper, Geist und Seele, a. a. O., S. 28
38 Michael Kraus, Ätherische Öle für Körper, Geist und Seele, a. a. O., S. 29
39 Nach Susanne Fischer-Rizzi, Himmlische Düfte, a. a. O., S. 73
40 Nach ebd., S. 74
41 Nach ebd., S. 73
42 Nach Erich Keller, Duft und Gemüt, a. a. O., S. 102
43 Nach Susanne Fischer-Rizzi, Poesie der Düfte, a. a. O., S. 84
44 Nach Patricia Davis, Aromatherapie von A–Z, München 1990, Knaur Verlag, S. 257

45 Nach Prospekt, Duftende Essenzen und feine Körperöle, Firma Primavera, Sulzberg, S. 18
46 Susanne Fischer-Rizzi, Poesie der Düfte, a. a. O., S. 84
47 Nach ebd., S. 84
48 Nach Susanne Fischer-Rizzi, Himmlische Düfte, a. a. O., S. 82
49 Nach ebd., S. 83
50 Nach ebd., S. 81
51 Michael Kraus, Einführung in die Aromatherapie, Pfalzpaint 1989, Verlag Simon & Wahl, S. 44
52 Judy Howard/John Ramsell, Die Bach-Blüten, München 1991, Hugendubel Verlag, S. 23
53 Nach Patricia Davis, Aromatherapie von A–Z, a. a. O., S. 128
54 Nach ebd., S. 129
55 Nach Dr. med. Beate Rieder und Fred Wollner, Duftführer, a. a. O., S. 25
56 Nach S. Fischer-Rizzi, Himmlische Düfte, a. a. O., S. 200
57 Susanne Fischer-Rizzi / Dennis Savini / Irene Rüfenacht, Duft und Psyche, Sulzberg 1991, Joy-Verlag, S. 38
58 Nach ebd., S. 38
59 Nach Patricia Davis, Aromatherapie von A–Z, a. a. O., S. 138
60 Nach ebd., S. 139
61 Michael Kraus, Ätherische Öle für Körper, Geist und Seele, a. a. O., S. 41
62 Nach Susanne Fischer-Rizzi / Dennis Savini / Irene Rüfenacht, Duft und Psyche, a. a. O., S. 39
63 Nach Monika Jünemann und Walburga Obermayr, Aromakosmetik, a. a. O., S. 48
64 Nach Dr. med. Beate Rieder und Fred Wollner, Duftführer, a. a. O., S. 26
65 Nach Irmgard Wenzel, Heilen mit Blütenenergien nach Dr. Bach, Niedernhausen/Ts. 1991, Falken Verlag, S. 52
66 Dr. Bach, Gesammelte Werke, Grafing 1988, Aquamarin Verlag, S. 68

67 Nach Erich Keller, Das Handbuch der ätherischen Öle, München 1989, Goldmann Verlag, S. 116
68 Nach Erich Keller, Duft und Gemüt, a. a. O., S. 119
69 Susanne Fischer-Rizzi / Dennis Savini / Irene Rüfenacht, Duft und Psyche, a. a. O., S. 63
70 Michael Kraus, Ätherische Öle für Körper, Geist und Seele, a. a. O., S. 44
71 Ebd., S. 44
72 Ebd., S. 44
73 Ebd., S. 44
74 Nach Susanne Fischer-Rizzi, Himmlische Düfte, a. a. O., S. 84
75 Nach Erich Keller, Das Handbuch der ätherischen Öle, a. a. O., S. 116
76 Susanne Fischer-Rizzi, Himmlische Düfte, a. a. O., S. 84
77 Michael Kraus, Ätherische Öle für Körper, Geist und Seele, a. a. O., S. 45
78 Susanne Fischer-Rizzi / Dennis Savini / Irene Rüfenacht, Duft und Psyche, a. a. O., S. 41
79 Nach Dr. med. Beate Rieder und Fred Wollner, Duftführer, a. a. O., S. 27
80 Nach Susanne Fischer-Rizzi, Himmlische Düfte, a. a. O., S. 201
81 Nach Chandrashekhar G. Takkur, Ayurveda – die indische Heil- und Lebenskunst, Freiburg i. Br. 1987, Bauer Verlag, S. 168/204
82 Nach Patricia Davis, Aromatherapie von A-Z, a. a. O., S. 193
83 Nach ebd., S. 193
84 Michael Kraus, Ätherische Öle für Körper, Geist und Seele, a. a. O., S. 46
85 Nach Erich Keller, Duft und Gemüt, a. a. O., S. 109
86 Erich Keller, Das Handbuch der ätherischen Öle, a. a. O., S. 116
87 Nach Patricia Davis, Aromatherapie von A–Z, a. a. O., S. 195

88 Susanne Fischer-Rizzi, Himmlische Düfte, a. a. O., S. 93
89 Siegrid Schmitt, Durch Bachblüten zu Wohlbefinden und innerer Harmonie, München 1991, Verlag Gräfe und Unzer, S. 71
90 Nach Maggie Tisserand / Monika Jünemann, Zauber und Kraft aus Lavendel, Aitrang 1990, Windpferd Verlag, S. 16
91 Nach ebd., S. 18
92 Nach ebd., S. 19
93 Nach Martin Henglein, Die heilende Kraft der Wohlgerüche und Essenzen, a. a. O., S. 143
94 Ebd., S. 144
95 Susanne Fischer-Rizzi, Himmlische Düfte, a. a. O., S. 103
96 Ebd., S. 103
97 Nach Patricia Davis, Aromatherapie von A–Z, a. a. O., S. 242
98 Nach Monika Jünemann und Walburga Obermayr, Aromakosmetik, a. a. O., S. 52
99 Susanne Fischer-Rizzi, Himmlische Düfte, a. a. O., S. 103
100 Ebd., S. 103
101 Maggie Tisserand / Monika Jünemann, Zauber und Kraft aus Lavendel, a. a. O., S. 105
102 Nach S. Fischer-Rizzi, Himmlische Düfte, a. a. O., S. 109
103 Nach ebd., S. 109
104 Nach Patricia Davis, Aromatherapie von A–Z, a. a. O., S. 400
105 Nach ebd., S. 399
106 Nach ebd., S. 399
107 Michael Kraus, Einführung in die Aromatherapie, a. a. O., S. 56
108 Nach Susanne Fischer-Rizzi, Himmlische Düfte, a. a. O., S. 109
109 Nach Michael Kraus, Ätherische Öle für Körper, Geist und Seele, a. a. O., S. 63
110 Ebd., S. 64
111 Nach Susanne Fischer-Rizzi, Himmlische Düfte, a. a. O., S. 207

112 Nach Michael Kraus, Ätherische Öle für Körper, Geist und Seele, a. a. O., S. 97
113 Nach Dr. med. Beate Rieder und Fred Wollner, Duftführer, a. a. O., S. 39
114 René A. Strassmann, Duftheilkunde, a. a. O., S. 80
115 Nach Patricia Davis, Aromatherapie von A–Z, a. a. O., S. 273
116 Nach René A. Strassmann, Duftheilkunde, a. a. O., S. 81
117 Nach Patricia Davis, Aromatherapie von A–Z, a. a. O., S. 274
118 Nach Susanne Fischer-Rizzi, Himmlische Düfte, a. a. O., S. 126
119 Nach Dr. med. Beate Rieder und Fred Wollner, Duftführer, a. a. O., S. 42
120 Nach Robert Tisserand, Das Aromatherapie Heilbuch, a. a. O., S. 199
121 Nach ebd., S. 198
122 Ebd., S. 197
123 Patricia Davis, Aromatherapie von A–Z, a. a. O., S. 274
124 Nach ebd., S. 273
125 Nach Dagmar Fronius, Ätherische Öle und Aromatherapie, München 1992, Compact Verlag, S. 172
126 Michael Kraus, Einführung in die Aromatherapie, a. a. O., S. 70
127 Susanne Fischer-Rizzi, Poesie der Düfte, a. a. O., S. 101
128 Nach Erich Keller, Duft und Gemüt, a. a. O., S. 55
129 Nach Patricia Davis, Aromatherapie von A–Z, a. a. O., S. 273
130 Nach Susanne Fischer-Rizzi, Himmlische Düfte, a. a. O., S. 125
131 Monika Jünemann und Walburga Obermayr, Aromakosmetik, a. a. O., S. 54
132 Nach René A. Strassmann, Duftheilkunde, a. a. O., S. 79
133 Nach Johannes 12, 3–6
134 Nach Michael Kraus, Ätherische Öle für Körper, Geist und Seele, a. a. O., S. 73

135 Ebd., S. 73
136 Susanne Fischer-Rizzi, Poesie der Düfte, a. a. O., S. 102
137 Susanne Fischer-Rizzi / Dennis Savini / Irene Rüfenacht, Duft und Psyche, a. a. O., S. 59
138 Nach Susanne Fischer-Rizzi, Poesie der Düfte, a. a. O., S. 103
139 Nach Erich Keller, Duft und Gemüt, a. a. O., S. 117
140 Nach Gerhard Madaus, Lehrbuch der Biologischen Heilmittel, Bd. 8, Ravensburg 1989, Mediamed Verlag, S. 1961
141 Nach ebd., S. 1963
142 Nach Michael Kraus, Ätherische Öle für Körper, Geist und Seele, a. a. O., S. 76
143 Michael Kraus, Ätherische Öle für Körper, Geist und Seele, a. a. O., S. 77
144 Michael Kraus, Einführung in die Aromatherapie, a. a. O., S. 64
145 Nach Susanne Fischer-Rizzi, Himmlische Düfte, a. a. O., S. 137
146 Nach Dr. med. Beate Rieder und Fred Wollner, Duftführer, a. a. O., S. 46
147 Nach Julian & Martine Barnard, Das Bach-Blüten Wunder, München 1989, Heyne Verlag, S. 103
148 Nach Susanne Fischer-Rizzi, Poesie der Düfte, a. a. O., S. 106
149 Nach Erich Keller, Das Handbuch der ätherischen Öle, a. a. O., S. 129
150 Michael Kraus, Liebeszauber mit ätherischen Ölen, Gaimersheim 1992, Verlag Simon und Wahl, S. 26
151 Nach Monika Jünemann, Verzaubernde Düfte, Aitrang 1990, Windpferd Verlag, S. 121
152 Nach Martin Henglein, Die heilende Kraft der Wohlgerüche und Essenzen, a. a. O., S. 177
153 Michael Kraus, Ätherische Öle für Körper, Geist und Seele, a. a. O., S. 81
154 Nach Martin Henglein, Die heilende Kraft der Wohlgerüche und Essenzen, a. a. O., S. 177

155 Nach Ingrid Heinen-Greubel, Wesen und Anwendung duftender Essenzen, Berlin 1988, Verlag Heinen-Greubel, S. 49/50
156 Nach ebd., S. 52
157 Susanne Fischer-Rizzi / Dennis Savini / Irene Rüfenacht, Duft und Psyche, Sulzberg 1991, Joy-Verlag, S. 65
158 Patricia Davis, Aromatherapie von A–Z, a. a. O., S. 328
159 Nach ebd., S. 328
160 Nach Patricia Davis, Aromatherapie von A–Z, a. a. O., S. 330
161 Michael Kraus, Ätherische Öle für Körper, Geist und Seele, a. a. O., S. 88
162 Nach Martin Henglein, Die heilende Kraft der Wohlgerüche und Essenzen, a. a. O., S. 165
163 Nach Jean Valnet, Aromatherapie, a. a. O., S. 195
164 Nach Patricia Davis, Aromatherapie von A–Z, a. a. O., S. 33
165 Nach Robert Tisserand, Das Aromatherapie Heilbuch, a. a. O., S. 212
166 Nach Patricia Davis, Aromatherapie von A–Z, a. a. O., S. 340
167 Christine Stead, Aromatherapie, Düsseldorf 1989, Econ Verlag, S. 57
168 Nach Martin Henglein, Die heilende Kraft der Wohlgerüche und Essenzen, a. a. O., S. 165
169 Michael Kraus, Ätherische Öle für Körper, Geist und Seele, a. a. O., S. 91/92
170 Susanne Fischer-Rizzi, Himmlische Düfte, a. a. O., S. 154
171 Susanne Fischer-Rizzi / Dennis Savini / Irene Rüfenacht, Duft und Psyche, Sulzberg 1991, Joy-Verlag, S. 69
172 Da der Agrimony-Zustand eine Art Schutzfunktion vor den Inhalten des eigenen Unterbewußtseins hat, die evtl. sogar als bedrohlich angesehen werden, kann es infolge der Einnahme u. U. zu einer schmerzhaften Bewußtwerdung kommen. In diesen Fällen sollte die Einnahme kurzfristig unterbrochen und die Blüte Cherry Plum (in selteneren

Fällen Sweet Chestnut) in Form einer Wasserauflösung eingesetzt werden. Vgl. Neue Therapien mit Bach-Blüten Bd. 1, S. 81 und 218/219.
173 Nach Susanne Fischer-Rizzi, Himmlische Düfte, a. a. O., S. 158/159
174 Nach ebd., S. 160
175 Nach ebd., S. 159
176 Nach ebd., S. 158
177 Nach Susanne Fischer-Rizzi / Dennis Savini / Irene Rüfenacht, Duft und Psyche, Sulzberg 1991, Joy-Verlag, S. 70
178 Nach Dr. med. Beate Rieder und Fred Wollner, Duftführer, a. a. O., S. 54
179 Nach Martin Henglein, Die heilende Kraft der Wohlgerüche und Essenzen, a. a. O., S. 28, 33, 40
180 Michael Kraus, Ätherische Öle für Körper, Geist und Seele, a. a. O., S. 96
181 Ebd., S. 96
182 Erich Keller, Das Handbuch der ätherischen Öle, a. a. O., S. 108
183 Nach Susanne Fischer-Rizzi, Poesie der Düfte, a. a. O., S. 111
184 Nach Erich Keller, Das Handbuch der ätherischen Öle, a. a. O., S. 108
185 Nach Gildemeister/Hofmann, Die ätherischen Öle, Band III, Leipzig 1931, Verlag Schimmel & Co, S. 926
186 Nach Siegrid Schmitt, Durch Bachblüten zu Wohlbefinden und innerer Harmonie, a. a. O., S. 63
187 Nach Brunhilde Bross, Duftstoffe für die Naturkosmetik, Stuttgart 1990, Ulmer Verlag, S. 61
188 Nach Martin Henglein, Die heilende Kraft der Wohlgerüche und Essenzen, a. a. O., S. 180
189 Nach Brunhilde Bross, Duftstoffe für die Naturkosmetik, Stuttgart 1990, Ulmer Verlag, S. 62
190 Nach René A. Strassmann, Duftheilkunde, a. a. O., S. 163
191 Nach Susanne Fischer-Rizzi, Himmlische Düfte, a. a. O., S. 214

192 Nach ebd., S. 214
193 Michael Kraus, Einführung in die Aromatherapie, a. a. O., S. 76
194 Nach Maneka Gandhi, Brahmas Hair – the mythology of Indian plants, Bombay 1991, Verlag Rupa & Co., S. 143
195 Nach Vasant Lad / David Frawley, Die Ayurweda Pflanzen-Heilkunde, Haldenwang 1987, Edition Shangrila, S. 156
196 Nach ebd., S. 156
197 Nach Irmgard Wenzel, Heilen mit Blütenenergien nach Dr. Bach, a. a. O., S. 38
198 Erich Keller, Duft und Gemüt, a. a. O., S. 125
199 Susanne Fischer-Rizzi, Poesie der Düfte, a. a. O., S. 114
200 Michael Kraus, Ätherische Öle für Körper, Geist und Seele, a. a. O., S. 101
201 Nach S. Fischer-Rizzi, Himmlische Düfte, a. a. O., S. 164
202 Ebd., S. 164
203 Erich Keller, Duft und Gemüt, a. a. O., S. 126
204 Monika Jünemann, Verzaubernde Düfte, a. a. O., S. 122
205 Michael Kraus, Einführung in die Aromatherapie, a. a. O., S. 77
206 Nach Patricia Davis, Aromatherapie von A–Z, a. a. O., S. 397
207 Nach Monika Jünemann und Walburga Obermayr, Aromakosmetik, a. a. O., S. 70
208 Nach Patricia Davis, Aromatherapie von A–Z, a. a. O., S. 397
209 Nach Susanne Fischer-Rizzi / Dennis Savini / Irene Rüfenacht, Duft und Psyche, Sulzberg 1991, Joy-Verlag, S. 84
210 Nach Susanne Fischer-Rizzi, Himmlische Düfte, a. a. O., S. 187
211 Nach Dr. med. Beate Rieder und Fred Wollner, Duftführer, a. a. O., S. 67
212 Monika Jünemann und Walburga Obermayr, Aromakosmetik, a. a. O., S. 70
213 Nach Susanne Fischer-Rizzi, Himmlische Düfte, a. a. O., S. 187

214 Nach Christine Stead, Aromatherapie, a. a. O., S. 61
215 Nach Martin Henglein, Die heilende Kraft der Wohlgerüche und Essenzen, a. a. O., S. 185
216 Nach ebd., S. 185
217 Nach S. Fischer-Rizzi, Himmlische Düfte, a. a. O., S. 192
218 Nach ebd., S. 192
219 Michael Kraus, Ätherische Öle für Körper, Geist und Seele, a. a. O., S. 115
220 Nach Dr. med. Beate Rieder und Fred Wollner, Duftführer, a. a. O., S. 67
221 Nach Patricia Davis, Aromatherapie von A–Z, a. a. O., S. 401

Kap. IV, Heilen mit Edelsteinen

1 Nach Shalila Sharamon & Bodo J. Baginski, Edelsteine und Sternzeichen, Durach 1989, Windpferd Verlagsgesellschaft, S. 17
2 Nach Christian Weltler, Ursprung & Geheimnis der Edelsteine, Grafing 1989, Aquamarin Verlag, S. 46
3 Nach Harish Johari, Die sanfte Kraft der edlen Steine, Aitrang 1990, Windpferd Verlagsgesellschaft, S. 82 ff
4 Nach Hl. Hildegard, Heilkraft der Edelsteine, Augsburg 1990, Pattloch Verlag, S. 21 ff.
5 Vgl. Ursula Klinger-Raatz, Die Geheimnisse edler Kristalle, Haldenwang 1987, Edition Shangrila, S. 102
6 Nach Mellie Uyldert, Verborgene Kräfte der Edelsteine, München 1989, Hugendubel Verlag, S. 98
7 Nach Karl Spießberger, Magneten des Glücks, Berlin 1971, Verlag Richard Schikowski, S. 157
8 Nach Hl. Hildegard, Heilkraft der Edelsteine, a. a. O., S. 86/87
9 Shalila Sharamon & Bodo J. Baginski, Edelsteine und Sternzeichen, a. a. O., S. 36
10 Antje und Helmut G. Hofmann, Die Botschaft der Edelsteine, München 1988, Hugendubel Verlag, S. 18

11 Nach ebd., S. 21
12 Nach Daya Sarai Chocron, Heilen mit Edelsteinen, München 1985, Hugendubel Verlag, S. 47
13 Nach Mellie Uyldert, Verborgene Kräfte der Edelsteine, a. a. O., S. 95
14 Nach ebd., S. 96
15 Nach Dr. Gottfried Hertzka / Dr. Wighard Strehlow, Die Edelsteinmedizin der heiligen Hildegard, Freiburg 1987, S. 32–36
16 Nach Shalila Sharamon & Bodo J. Baginski, Edelsteine und Sternzeichen, a. a. O., S. 45
17 Nach Antje und Helmut G. Hofmann, Naturkosmetik mit Edelsteinen, München 1989, Hugendubel Verlag, S. 17
18 Daya Sarai Chocron, Heilendes Herz, Grafing 1988, Aquamarin Verlag, S. 106
19 Nach Michael und Ginny Katz, Die Hüter der Edelsteine, Grafing 1990, Aquamarin Verlag, S. 16
20 Nach ebd., S. 24
21 Nach Evi Laurich, Pfeile des Lichts, Interlaken 1989, Ansata-Verlag, S. 100/101
22 Nach Antje und Helmut G. Hofmann, Die Botschaft der Edelsteine, a. a. O., S. 23
23 Hl. Hildegard, Heilkraft der Edelsteine, a. a. O., S. 79
24 Nach Antje und Helmut G. Hofmann, Die Botschaft der Edelsteine, a. a. O., S. 23
25 Nach Dr. Gottfried Hertzka / Dr. Wighard Strehlow, Die Edelsteinmedizin der heiligen Hildegard, a. a. O., S. 54
26 Shalila Sharamon & Bodo J. Baginski, Edelsteine und Sternzeichen, a. a. O., S. 49
27 Christian Weltler, Ursprung & Geheimnis der Edelsteine, a. a. O., S. 118
28 Ursula Klinger-Raatz, Die Geheimnisse edler Kristalle, a. a. O., S. 52
29 Shalila Sharamon & Bodo J. Baginski, Edelsteine und Sternzeichen, a. a. O., S. 50
30 Ebd., S. 50

31 Nach ebd., S. 51
32 Nach Christian Weltler, Ursprung & Geheimnis der Edelsteine, a. a. O., S. 118
33 Nach Prof. Dr. Walter Schumann, BLV Bestimmungsbuch Edelsteine und Schmucksteine, München, Wien, Zürich 1991, BLV Verlagsgesellschaft, S. 128
34 Christian Weltler, Ursprung & Geheimnis der Edelsteine, a. a. O., S. 120
35 Nach Daya Sarai Chocron, Heilen mit Edelsteinen, a. a. O., S. 88
36 Nach Antje und Helmut G. Hofmann, Die Botschaft der Edelsteine, a. a. O., S. 25
37 Nach Hl. Hildegard, Heilkraft der Edelsteine, a. a. O., S. 80
38 Nach Dr. Gottfried Hertzka / Dr. Wighard Strehlow, Die Edelsteinmedizin der heiligen Hildegard, a. a. O., S. 63
39 Nach ebd., S. 63
40 Nach Prof. Dr. Walter Schumann, BLV Bestimmungsbuch Edelsteine und Schmucksteine, a. a. O., S. 120
41 Nach Daya Sarai Chocron, Heilen mit Edelsteinen, a. a. O., S. 79
42 Nach Irene Schinke und Rolf Schepkowski, Die Heilwirkungen der Edelsteine, Broschüre ohne Verlag, S. 21
43 Nach Reinhard Florek, Heilende Edelsteine, Aitrang 1992, Windpferd Verlagsgesellschaft, S. 130
44 Shalila Sharamon & Bodo J. Baginski, Edelsteine und Sternzeichen, a. a. O., S. 106
45 Nach Evi Laurich, Pfeile des Lichts, a. a. O., S. 109
46 Nach Michael und Ginny Katz, Die Hüter der Edelsteine, a. a. O., S. 187
47 Nach Sergius Golowin, Edelsteine – Kristallpforten zur Seele, Freiburg 1986, Bauer Verlag, S. 254
48 Nach Antje und Helmut G. Hofmann, Die Botschaft der Edelsteine, a. a. O., S. 26
49 Nach Dr. Gottfried Hertzka / Dr. Wighard Strehlow, Die Edelsteinmedizin der heiligen Hildegard, a. a. O., S. 76

50 Ebd., S. 72
51 Nach Harish Johari, Die sanfte Kraft der edlen Steine, a. a. O., S. 189
52 Daya Sarai Chocron, Heilen mit Edelsteinen, a. a. O., S. 53
53 Shalila Sharamon & Bodo J. Baginski, Edelsteine und Sternzeichen, a. a. O., S. 53
54 Nach Ursula Klinger-Raatz, Die Geheimnisse edler Kristalle, a. a. O., S. 91
55 Christian Weltler, Ursprung & Geheimnis der Edelsteine, a. a. O., S. 122
56 Nach Edith Schaufelberger-Landherr, Die Kraft der Steine, Cham 1992, Eigenverlag Boutique Tillandsia, S. 26
57 Christian Weltler, Ursprung & Geheimnis der Edelsteine, a. a. O., S. 123
58 Shalila Sharamon & Bodo J. Baginski, Edelsteine und Sternzeichen, a. a. O., S. 55
59 Nach Antje und Helmut G. Hofmann, Naturkosmetik mit Edelsteinen, a. a. O., S. 103
60 Nach Christian Weltler, Ursprung & Geheimnis der Edelsteine, a. a. O., S. 125
61 Shalila Sharamon & Bodo J. Baginski, Edelsteine und Sternzeichen, a. a. O., S. 54
62 Nach Michael und Ginny Katz, Die Hüter der Edelsteine, a. a. O., S. 296 und 135/136
63 Amandus Korse, Edelsteine als Heilmittel, Hoogland 1988, Verlag Groene Toermalijn, S. 28
64 Katrina Raphaell, Wissende Kristalle, Interlaken 1989, Ansata-Verlag, S. 151
65 Nach Christian Weltler Ursprung & Geheimnis der Edelsteine, a. a. O., S. 129
66 Nach Shalila Sharamon & Bodo J. Baginski, Edelsteine und Sternzeichen, a. a. O., S. 59
67 Nach Prof. Dr. Walter Schumann, BLV Bestimmungsbuch Edelsteine und Schmucksteine, a. a. O., S. 128
68 Nach Antje und Helmut G. Hofmann, Die Botschaft der Edelsteine, a. a. O., S. 30

69 Nach Evi Laurich, Pfeile des Lichts, a. a. O., S. 115
70 Nach Katrina Raphaell, Heilen mit Kristallen, München 1988, Knaur Verlag, S. 222
71 Nach Prof. Dr. Walter Schumann, BLV Bestimmungsbuch Edelsteine und Schmucksteine, a. a. O., S. 154
72 Nach Eliette von Siebenthal, Hilf Dir selbst... mit einem Stein, Bern 1990, Eigenverlag Windrose, S. 44
73 Nach Shalila Sharamon & Bodo J. Baginski, Edelsteine und Sternzeichen, a. a. O., S. 61
74 Ursula Klinger-Raatz, Die Geheimnisse edler Kristalle, a. a. O., S. 31
75 Nach Antje und Helmut G. Hofmann, Die Botschaft der Edelsteine, a. a. O., S. 32
76 Nach Karl Spießberger, Magneten des Glücks, a. a. O., S. 164
77 Nach Prof. Dr. Walter Schumann, BLV Bestimmungsbuch Edelsteine und Schmucksteine, a. a. O., S. 126
78 Nach Dr. Gottfried Hertzka / Dr. Wighard Strehlow, Die Edelsteinmedizin der heiligen Hildegard, a. a. O., S. 94
79 Nach Shalila Sharamon & Bodo J. Baginski, Edelsteine und Sternzeichen, a. a. O., S. 64
80 Nach Katrina Raphaell, Wissende Kristalle, a. a. O., S. 192
81 Ursula Klinger-Raatz, Die Geheimnisse edler Kristalle, a. a. O., S. 38
82 Nach Katrina Raphaell, Wissende Kristalle, a. a. O., S. 157 u. 159
83 Nach Antje und Helmut G. Hofmann; Die Botschaft der Edelsteine, a. a. O., S. 33
84 Nach Katrina Raphaell, Wissende Kristalle, a. a. O., S. 193
85 Nach ebd., S. 193
86 Nach Shalila Sharamon & Bodo J. Baginski, Edelsteine und Sternzeichen, a. a. O., S. 71
87 Nach Evi Laurich, Pfeile des Lichts, a. a. O., S. 121
88 Nach Shalila Sharamon & Bodo J. Baginski, Edelsteine und Sternzeichen, a. a. O., S. 71
89 Nach Karl Spießberger, Magneten des Glücks, a. a. O., S. 176

90 Nach Evi Laurich, Pfeile des Lichts, a. a. O., S. 120
91 Daya Sarai Chocron, Heilen mit Edelsteinen, a. a. O., S. 95
92 Nach Eliette von Siebenthal, Hilf Dir selbst... mit einem Stein, a. a. O., S. 46
93 Nach Karl Spießberger, Magneten des Glücks, a. a. O., S. 190
94 Nach Sergius Golowin, Edelsteine – Kristallpforten zur Seele, a. a. O., S. 187
95 Nach Hl. Hildegard, Heilkraft der Edelsteine, Augsburg 1990, a. a. O., S. 90
96 Nach Karl Spießberger, Magneten des Glücks, a. a. O., S. 189
97 Nach Katrina Raphaell, Wissende Kristalle, a. a. O., S. 195
98 Nach Shalila Sharamon & Bodo J. Baginski, Edelsteine und Sternzeichen, a. a. O., S. 73
99 Nach Antje und Helmut G. Hofmann, Die Botschaft der Edelsteine, a. a. O., S. 35
100 Daya Sarai Chocron, Heilendes Herz, a. a. O., S. 112
101 Nach Ursula Klinger-Raatz, Die Geheimnisse edler Kristalle, a. a. O., S. 56
102 Nach Shalila Sharamon & Bodo J. Baginski, Edelsteine und Sternzeichen, a. a. O., S. 72
103 Irene Schinke und Rolf Schepkowski, Die Heilwirkungen der Edelsteine, a. a. O., S. 14
104 Vgl. Reinhard Florek, Heilende Edelsteine, a. a. O., S. 133
105 Nach Prof. Dr. Walter Schumann, BLV Bestimmungsbuch Edelsteine und Schmucksteine, a. a. O., S. 130
106 Shalila Sharamon & Bodo J. Baginski, Edelsteine und Sternzeichen, a. a. O., S. 77
107 Nach Dr. Gottfried Hertzka / Dr. Wighard Strehlow, Die Edelsteinmedizin der heiligen Hildegard, Freiburg 1987, S. 99
108 Nach ebd., S. 99
109 Nach Hl. Hildegard, Heilkraft der Edelsteine, a. a. O., S. 63
110 Antje und Helmut G. Hofmann, Die Botschaft der Edelsteine, a. a. O., S. 37

111 Ebd., S. 37
112 Evi Laurich, Pfeile des Lichts, a. a. O., S. 129
113 Irene Schinke und Rolf Schepkowski, Die Heilwirkungen der Edelsteine, a. a. O., S. 15
114 Nach A. Korse, Edelsteine als Heilmittel, a. a. O., S. 42
115 Ebd., S. 42
116 Nach Shalila Sharamon & Bodo J. Baginski, Edelsteine und Steinzeichen, a. a. O., S. 57
117 Nach Christian Weltler, Ursprung & Geheimnis der Edelsteine, a. a. O., S. 129
118 Nach Irene Schinke und Rolf Schepkowski, Die Heilwirkungen der Edelsteine, a. a. O., S. 20
119 Nach Evi Laurich, Pfeile des Lichts, a. a. O., S. 132
120 Nach Antje und Helmut G. Hofmann, Die Botschaft der Edelsteine, a. a. O., S. 40
121 Nach Christian Weltler, Ursprung & Geheimnis der Edelsteine, a. a. O., S. 146
122 Nach Antje und Helmut G. Hofmann, Die Botschaft der Edelsteine, a. a. O., S. 42
123 Nach Rainer Rieder und Katharina Wesner, Anatas Kristall-Elixiere, Broschüre ohne Verlag (Copyright by Anatas, Zürich), S. 21
124 Nach Christian Weltler, Ursprung & Geheimnis der Edelsteine, a. a. O., S. 146
125 Nach ebd., S. 146
126 Nach Rainer Rieder und Katharina Wesner, Anatas Kristall-Elixiere, a. a. O., S. 22
127 Ursula Klinger-Raatz, Die Geheimnisse edler Kristalle, a. a. O., S. 64
128 Shalila Sharamon & Bodo J. Baginski, Edelsteine und Sternzeichen, a. a. O., S. 86
129 Ebd., S. 86
130 Nach Eliette von Siebenthal, Hilf Dir selbst... mit einem Stein, a. a. O., S. 22
131 Nach Rupert Hochleitner, GU Kompaß Edelsteine, München 1988, Verlag Gräfe und Unzer, S. 3

132 Nach Prof. Dr. Walter Schumann, BLV Bestimmungsbuch Edelsteine und Schmucksteine, a. a. O., S. 82
133 Nach Shalila Sharamon & Bodo J. Baginski, Edelsteine und Sternzeichen, a. a. O., S. 88
134 Nach Ursula Klinger-Raatz, Die Geheimnisse edler Kristalle, a. a. O., S. 35
135 Nach Michael und Ginny Katz, Die Hüter der Edelsteine, a. a. O., S. 92
136 Prof. Dr. Walter Schumann, BLV Bestimmungsbuch Edelsteine und Schmucksteine, a. a. O., S. 86
137 Nach Rupert Hochleitner, GU Kompaß Edelsteine, München 1988, Verlag Gräfe und Unzer, S. 5
138 Shalila Sharamon & Bodo J. Baginski, Edelsteine und Sternzeichen, a. a. O., S. 90
139 Dr. Gottfried Hertzka / Dr. Wighard Strehlow, Die Edelsteinmedizin der heiligen Hildegard, a. a. O., S. 112
140 Gurudas, Heilung durch die Schwingung, der Edelsteinelixiere Band 1, Neuhausen (Schweiz) 1989, Urania Verlag, S. 265
141 Shalila Sharamon & Bodo J. Baginski, Edelsteine und Sternzeichen, a. a. O., S. 90
142 Nach Michael und Ginny Katz, Die Hüter der Edelsteine, a. a. O., S. 148 ff.
143 Nach Hl. Hildegard, Heilkraft der Edelsteine, a. a. O., S. 67/68
144 Nach Shalila Sharamon & Bodo J. Baginski, Edelsteine und Sternzeichen, a. a. O., S. 91
145 Nach ebd., S. 91
146 Nach Dr. Gottfried Hertzka / Dr. Wighard Strehlow, Die Edelsteinmedizin der heiligen Hildegard, a. a. O., S. 120
147 Nach ebd., S. 121
148 Ebd., S. 121
149 Nach ebd., S. 123
150 Nach Mellie Uyldert, Verborgene Kräfte der Edelsteine, a. a. O., S. 155

151 Christian Weltler, Ursprung & Geheimnis der Edelsteine, a. a. O., S. 151
152 Antje und Helmut G. Hofmann, Die Botschaft der Edelsteine, a. a. O., S. 45
153 Nach Evi Laurich, Pfeile des Lichts, a. a. O., S. 125
154 Nach ebd., S. 125
155 Nach Gurudas, Heilung durch die Schwingung, der Edelsteinelixiere, a. a. O., S. 228
156 Nach Katrina Raphaell, Wissende Kristalle, a. a. O., S. 132
157 Nach Mellie Uyldert, Verborgene Kräfte der Edelsteine, a. a. O., S. 119/120
158 Nach ebd., S. 120
159 Nach Shalila Sharamon & Bodo J. Baginski, Edelsteine und Sternzeichen, a. a. O., S. 93
160 Nach Dr. Gottfried Hertzka / Dr. Wighard Strehlow, Die Edelsteinmedizin der heiligen Hildegard, a. a. O., S. 131 ff.
161 Nach Michael und Ginny Katz, Die Hüter der Edelsteine, a. a. O., S. 70
162 Shalila Sharamon & Bodo J. Baginski, Edelsteine und Sternzeichen, a. a. O., S. 92
163 Daya Sarai Chocron, Heilendes Herz, a. a. O., S. 110
164 Nach Shalila Sharamon & Bodo J. Baginski, Edelsteine und Sternzeichen, a. a. O., S. 92
165 Nach Magda Palmer, Die verborgene Kraft der Kristalle und Edelsteine, München 1991, Heyne Verlag, S. 238
166 Nach Reinhard Florek, Heilende Edelsteine, a. a. O., S. 136
167 Nach ebd., a. a. O., S. 136
168 Nach Karl Spießberger, Magneten des Glücks, a. a. O., S. 146
169 Nach Daya Sarai Chocron, Heilen mit Edelsteinen, a. a. O., S. 77
170 Nach Shalila Sharamon & Bodo J. Baginski, Edelsteine und Sternzeichen, a. a. O., S. 98
171 Nach Hl. Hildegard, Heilkraft der Edelsteine, Augsburg 1990, a. a. O., S. 72/73
172 Nach Prof. Dr. Walter Schumann, BLV Bestimmungsbuch Edelsteine und Schmucksteine, a. a. O., S. 170

173 Nach Daya Sarai Chocron, Heilen mit Edelsteinen, a. a. O., S. 92
174 Nach Ursula Klinger-Raatz, Die Geheimnisse edler Kristalle, a. a. O., S. 67
175 Nach Daya Sarai Chocron, Heilendes Herz, a. a. O., S. 123
176 Nach Evi Laurich, Pfeile des Lichts, a. a. O., S. 149
177 Nach Eliette von Siebenthal, Hilf Dir selbst... mit einem Stein, a. a. O., S. 50
178 Nach Dr. Gottfried Hertzka / Dr. Wighard Strehlow, Die Edelsteinmedizin der heiligen Hildegard, Freiburg 1987, S. 77
179 Nach ebd., S. 77 ff
180 Antje und Helmut G. Hofmann, Die Botschaft der Edelsteine, a. a. O., S. 51

Literaturverzeichnis

Bach-Blütentherapie:
Edward Bach, Die nachgelassenen Originalschriften, Hrsg. Judy Howard und John Ramsell, Hugendubel Verlag, München
Julian & Martine Barnard, Das Bach-Blüten Wunder, Heyne Verlag, München
Judy Howard / John Ramsell, Die Bach-Blüten, Hugendubel Verlag, München
Dietmar Krämer, Neue Therapien mit Bach-Blüten 1, Ansata-Verlag, München
Dietmar Krämer / Helmut Wild, Neue Therapien mit Bach-Blüten 2, Ansata-Verlag, München
Dietmar Krämer, Neue Therapien mit Bach-Blüten 3, Ansata-Verlag, München
Dietmar Krämer / Anne Simons, Neue Therapien mit Bach-Blüten – Das Praxisbuch, Lotos/Ullstein-Taschenbuch, München
Dietmar Krämer / Hagen Heimann, Bach-Blütentypen leicht erkannt anhand markanter Patientenzitate, Libri Books on Demand
Siegrid Schmitt, Durch Bach-Blüten zu Wohlbefinden und innerer Harmonie, Gräfe und Unzer GmbH, München
Nora Weeks, Edward Bach, Hugendubel Verlag, München
Irmgard Wenzel, Heilen mit Blütenenergien nach Dr. Bach, Falken Verlag, Niedernhausen

Aromatherapie:
Brunhilde Bross, Duftstoffe für die Naturkosmetik, Verlag, Eugen Ulmer, Stuttgart
Patricia Davis, Aromatherapie von A–Z, Knaur Verlag, München
Susanne Fischer-Rizzi, Dufterlebnisse, Joy Verlag, Sulzberg
Susanne Fischer-Rizzi / Dennis Savani / Irene Rüfenacht, Duft und Psyche, Joy Verlag, Sulzberg
Susanne Fischer-Rizzi, Himmlische Düfte, Hugendubel Verlag, München
Susanne Fischer-Rizzi, Poesie der Düfte, Joy Verlag, Sulzberg
Ingrid Heinen-Greubel, Wesen und Anwendung duftender Essenzen, Verlag Heinen-Greubel, Berlin
Martin Henglein, Die heilende Kraft der Wohlgerüche, Oesch Verlag, Zürich
Monika Jünemann/Walburga Obermayr, Aromakosmetik, Windpferd Verlag, Aitrang
Monika Jünemann, Verzaubernde Düfte, Windpferd Verlag, Aitrang
Erich Keller, Duft und Gemüt, Fischer Verlag, Münsingen-Bern
Erich Keller, Das Handbuch der ätherischen Öle, Goldmann Verlag, München
Erich Keller, Essenzen der Schönheit, Goldmann Verlag, München
Michael Kraus, Ätherische Öle für Körper, Geist und Seele, Verlag, Simon & Wahl Pfalzpaint
Michael Kraus, Einführung in die Aromatherapie, Verlag Simon & Wahl, Pfalzpaint
Dr. med. Beate Rieder / Fred Wollner, Duftführer, Eigenverlag, Börwang
Christine Stead, Aromatherapie, Econ Verlag, Düsseldorf
René A. Strassmann, Duftheilkunde, AT Verlag, Aarau/Schweiz und Stuttgart/BRD
Maggie Tisserand / Monika Jünemann, Zauber und Kraft aus Lavendel, Windpferd Verlag, Aitrang

Maggie Tisserand, Die Geheimnisse wohlriechender Essenzen, Windpferd Verlag, Aitrang
Robert Tisserand, Das Aromatherapie Heilbuch, Windpferd Verlag, Aitrang
Jean Valnet, Aromatherapie, Heyne Verlag, München

Edelsteintherapie:
Rudolf Börner, Welcher Stein ist das? Kosmos Franckh'sche Verlagshandlung, Stuttgart
Daya Sarai Chocron, Heilen mit Edelsteinen, Irisiana/Hugendubel Verlag, München
Daya Sarai Chocron, Heilendes Herz, Aquamarin-Verlag, Grafing
Reinhard Florek, Heilende Edelsteine, Windpferd Verlag, Aitrang
Gurudas, Heilung durch die Schwingung der Edelsteine Bd. 1+2, Urania Verlag, Neuhausen/Schweiz
Dr. Gottfried Herztka / Dr. Wighard Strehlow, Die Edelsteinmedizin der heiligen Hildegard, Bauer-Verlag, Freiburg i. Br.
Hl. Hildegard, Heilkraft der Edelsteine, Pattloch Verlag, Augsburg
Rupert Hochleitner, GU Kompaß Edelsteine, Verlag Gräfe und Unzer, München
Rupert Hochleitner, GU Naturführer Mineralien und Kristalle, Verlag Gräfe und Unzer, München
Antje und Helmut G. Hofmann, Naturkosmetik mit Edelsteinen, Hugendubel Verlag, München
Antje und Helmut G. Hofmann, Die Botschaft der Edelsteine, Hugendubel Verlag, München
Michael und Ginny Katz, Die Hüter der Edelsteine, Aquamarin Verlag, Grafing
Ursula Klinger-Raatz, Die Geheimnisse edler Steine, Edition Shangrila, Haldenwang
Evi Laurich, Pfeile des Lichts, Ansata-Verlag, Interlaken
Katrina Raphaell, Wissende Kristalle, Ansata-Verlag, Interlaken
Walter Schumann, BLV Bestimmungsbuch Edelsteine und

Schmucksteine, BLV-Verlagsgesellschaft mbH, München, Wien, Zürich
Shalila Sharamon & Bodo J. Baginski, Edelsteine und Sternzeichen, Windpferd Verlag, Aitrang
Eliette von Siebenthal, Hilf Dir selbst... mit einem Stein, Eigenverlag Eliette von Siebenthal, Bern
Mellie Uyldert, Verborgene Kräfte der Edelsteine, Hugendubel Verlag, München
Christian Weltler, Ursprung & Geheimnisse der Edelsteine, Aquamarin Verlag, Grafing

Ergänzende Literatur:
Rüdiger Dahlke, Krankheit als Sprache der Seele, Bertelsmann Verlag, München
Thorwald Dethlefsen / Rüdiger Dahlke, Krankheit als Weg, Bertelsmann Verlag, München
Dietmar Krämer, Neue Therapien mit Farben, Klängen und Metallen, Ansata-Verlag, München
Hubert H. Scharl, Die Organsprache, Marczel Verlag, München
Cyril Scott, Der Junge mit den lichten Augen, Aquamarin Verlag, Grafing
Kurt Tepperwein, Die Botschaft Deines Körpers, Carval Verlag, Triesen
Paul Watzlawick, Anleitung zum Unglücklichsein, Piper Verlag, München

Alphabetisches Verzeichnis der Bach-Blüten

Agrimony *132*, 239
Aspen *128*, 183
Beech *116*, 228
Centaury *142*, 251
Cerato *148*, 244
Cherry Plum *107*, 259
Chestnut Bud *75*, 202
Chicory *70*, 199
Clematis *81*, 242
Crab Apple *101*, 195
Elm *152*, 187
Gentian *104*, 217
Gorse *119*, 246
Heather *79*, 232
Holly *127*, 176
Honeysuckle *91*, 210
Hornbeam *73*, 265
Impatiens *154*, 271
Larch *72*, 236

Mimulus *77*, 215
Mustard *111*, 212
Oak *94*, 205
Olive *140*, 233
Pine *122*, 225
Red Chestnut *105*, 268
Rock Rose *144*, 279
Rock Water *89*, 207
Scleranthus *124*, 248
Star of Bethlehem *121*, 220
Sweet Chestnut *96*, 179
Vervain *138*, 255
Vine *136*, 282
Walnut *115*, 277
Water Violet *146*, 189
White Chestnut *85*, 222
Wild Oat *113*, 192
Wild Rose *87*, 262
Willow *83*, 274

Alphabetisches Verzeichnis der ätherischen Öle

Anis 68
Bayfrüchte 71
Birkenholz 72
Cascarilla 74
Cistrose 75
Clementine 77
Eukalyptus 80
Galbanum 82
Geranium 84
Grapefruit 86
Hyazinthe 88
Immortelle 90
Ingwer 92
Jasmin 95
Lavendel 97
Lemongras 102
Magnolie 105
Meerkiefer 106
Muskatellersalbei 108

Narde 112
Narzisse 114
Opoponax 116
Orange 117
Patchouli 119
Perubalsam 121
Ravensara 123
Rose 124
Rosenholz 127
Sandelholz 129
Schafgarbe 134
Styrax 136
Tabak 139
Thymian 141
Tulsi 143
Vanille 145
Vetiver 147
Zitrone 149
Zypresse 152

Alphabetisches Verzeichnis der Edelsteine

Achat, braun 174
Azurit 177
Bergkristall 179
Chalcedon 184
Chrysokoll 187
Chrysopras 190
Citrin 192
Diamant 196
Epidot 200
Fluorit 202
Hämatit 205
Heliotrop 208
Honigcalcit 210
Jade, grün 212
Jaspis, rot 215
Karneol 218
Kunzit 220
Lapislazuli 223
Magnetit 226

Malachit 229
Milchquarz 232
Moosachat 234
Onyx 236
Pyrop 240
Rauchquarz 242
Rhodochrosit 244
Rhodonit 247
Rosenquarz 249
Rubin 253
Saphir 256
Sarder 260
Schneeflockenobsidian 262
Smaragd 265
Sodalith 269
Topas, gelb 271
Türkis 274
Uwarowit 278
Zirkon, braun 280

Bezugsquellen für Bach-Blütenessenzen

Die Original-Blütenkonzentrate sind in Deutschland, Österreich und der Schweiz über jede Apotheke zu beziehen. Healing Herbs, Blütenessenzen von Julian Barnard, einem Schüler des englischen Bach-Centres, nach der Bachschen Methode hergestellt, sind erhältlich bei:

MEGs Internationaler Bach-Blüten und Essenzenfachhandel SCCI
B.P. 12
F-67161 Wissembourg
Info-Tel. (D) 07244/60 94 86
Info-Fax (D) 07244/60 94 87
E-Mail: megsfairsand@compuserve.com
Internet: www.bach-bluetenessenzen.de

Gaissberg-Versand
Gilbert Walz
Bahnhofstraße 13a
CH-8580 Amriswil
Tel.: (071) 411 30 33
Fax: (071) 411 30 34
E-Mail: gaissberg-versand@freesurf.ch

Bezugsquellen für ätherische Öle und Edelsteine

Wesentlich für den Erfolg der Therapien mit den in diesem Buch vorgestellten Methoden ist die schwingungsmäßige Übereinstimmung der verwendeten ätherischen Öle und Edelsteine mit den ihnen entsprechenden Bach-Blüten. Bei den ätherischen Ölen gibt es – neben objektiven Qualitätsmaßstäben wie z. B. der Art der Gewinnung und der Sorgfalt bei der Verarbeitung der Pflanzenteile – sehr große Unterschiede in bezug auf das Herkunftsland, die Sorte und die Auswahl der Pflanzen (wildwachsend oder kultiviert). Beim Testen der einzelnen Essenzen der gängigsten Anbieter zeigte es sich, daß oftmals nur ein einziges Öl den o. g. Anforderungen genügte. Bei den Steinen ließen sich ebenfalls starke Unterschiede je nach Fundort feststellen. Da außerdem eine ganze Reihe der hier beschriebenen Essenzen und Steine noch relativ unbekannt und daher nur schwer zu bekommen sind, habe ich für die Praxis der Esoterischen Therapien jeweils ein spezielles Set der von mir getesteten Öle und Steine zusammengestellt. Diese sind – einzeln oder komplett – erhältlich bei:

Isotrop-Versand
Frankfurter Str. 155
D-65520 Bad Camberg
Tel. + Fax: 06434/54 55
E-Mail: info@isotrop.de
Internet: www.isotrop.de
(Lieferung zollfrei auch
nach Österreich und
in jedes andere EG-Land)

Gaissberg-Versand
Gilbert Walz
Bahnhofstraße 13a
CH-8580 Amriswil
Tel.: (071) 411 30 33
Fax: (071) 411 30 34
E-Mail: gaissberg-versand@freesurf.ch

Seminare

Seminare zum Thema «Neue Therapien mit Bach-Blüten» werden vom Autor dieses Buches und weiteren von diesem hierzu beauftragten und eigens dafür ausgebildeten Personen regelmäßig angeboten. Auskünfte hierüber erhalten Sie bei:

Internationales Zentrum
für Neue Therapien
Postfach 17 12
D-63407 Hanau am Main
Fax: 0 61 81/2 46 40
E-Mail: info@dietmar-kraemer.de
Internet: www.dietmar-kraemer.de

Ich möchte Sie an dieser Stelle darauf aufmerksam machen, daß unter dem Titel «Neue Therapien mit Bach-Blüten» auch von anderer Seite Seminare angeboten werden, die vom Inhalt meiner Bücher z. T. erheblich abweichen und deren Lehrinhalte ich nicht mittragen kann. Außerdem sind unter dieser Bezeichnung Listen von Entsprechungen zwischen Bach-Blüten, Edelsteinen, ätherischen Ölen, homöopathischen Medikamenten und weiteren, bisher noch unveröffentlichten Zusammenhängen in Umlauf. Hierbei handelt es sich um nicht von mir autorisiertes Arbeitsmaterial, das ohne mein Einverständnis weitergegeben wurde und zudem noch fehlerhaft ist. Informationen über Seminare, die tatsächlich auf meiner Arbeit basieren, sind aus diesem Grunde nur noch über die o. g. Anschrift erhältlich. Früher erwähnte Kontaktadressen verlieren hiermit ihre Gültigkeit.

Dietmar Krämer
Neue Therapien mit Bach-Blüten 1
Beziehungen der Blüten zueinander
Innere und äußere Blüten
Auswertung anhand der zwölf Schienen
Gebunden mit Schutzumschlag,
mit vielen Tabellen, 232 Seiten
ISBN 3-7787-7067-5

Aufgrund seiner reichen praktischen Erfahrung und durch sensitive Forschung eröffnet der Autor der Bach-Blütentherapie absolut neue Möglichkeiten.
   Im ersten Band wird eine neue Einteilung der Bach-Blüten beschrieben, wodurch die Diagnose und die Anwendung erleichtert und verbessert werden. Über die Beziehungen der Blüten zueinander wird gezeigt, welche Blüte mehr die oberflächliche Seite des Gesundheitsproblems und welche die tieferen, inneren Ursachen abdeckt.
   Das Auffinden der in Frage kommenden Blüten wird durch einen neuartigen Fragebogen erleichtert, der schon dem Anfänger ermöglicht, richtige Diagnosen zu erstellen. Das Buch enthält zahlreiche und detaillierte therapeutische Anleitungen.

Dietmar Krämer / Helmut Wild
Neue Therapien mit Bach-Blüten 2
Diagnose und Behandlung über die Bach-Blüten-Hautzonen.
Mit einem topographischen Atlas der Hautzonen
Gebunden mit Schutzumschlag, 320 Seiten,
mit 200 Abbildungen
ISBN 3-7787-7068-3

Mit diesem Band tritt die Bach-Blütentherapie in eine neue Phase ein. Sie kann jetzt einerseits einfacher und wirkungsvoller als Psychotherapie und andererseits als eigenständige Behandlung körperlicher Beschwerden eingesetzt werden.
Die 242 Bach-Blüten-Hautzonen sind auf übersichtlichen Zeichnungen exakt lokalisiert. Durch Umschläge direkt auf die gestörten Zonen läßt sich die Wirkung der entsprechenden Blüten enorm steigern. Seelische Probleme können jetzt genau dort behandelt werden, wo sie sich körperlich manifestieren. Darüber hinaus sind auch vorbeugende Behandlungen über die Hautzonen möglich.
Hunderte von positiven Reaktionen bezeugen das Funktionieren dieses sensationell neuen Therapiekonzepts.

Dietmar Krämer
Neue Therapien mit Bach-Blüten 3
Akupunkturmeridiane und Bach-Blüten
Beziehungen der Schienen zueinander
Bach-Blütenbehandlung von Kindern
Gebunden mit Schutzumschlag, mit vielen
Abbildungen, 328 Seiten
ISBN 3-7787-7069-1

Der Abschlußband der «Neuen Therapien mit Bach-Blüten» zeigt im ersten Teil, wie die Bach-Blütenschienen und Akupunkturmeridiane Manifestationen ein und desselben Prinzips auf zwei verschiedenen Schwingungsebenen darstellen, und gibt eine Fülle von neuen diagnostischen und therapeutischen Praxishinweisen.

Neu gefundene Test- und Therapiepunkte ermöglichen eine objektive Blüten-Diagnose und erleichtern die Wahl der in Frage kommenden Schienenkombinationen. Das Buch gibt erstmals wichtige Hilfestellungen bei der Blütenbehandlung von Kindern – mit einem speziell entwickelten Kinderfragebogen.

Der Autor dokumentiert ferner Zusammenhänge von typischen Träumen nach Einnahme der Blütenmittel und beantwortet viele zusätzliche Fragen zur Bach-Blütenpraxis.

Dietmar Krämer
Neue Therapien mit Farben,
Klängen und Metallen
Diagnose und Therapie der Chakren
Paperback, 284 Seiten, mit 16 Farbtafeln
ISBN 3-7787-7221-X

Der bekannte Autor legt hier die Ergebnisse seiner jahrelangen Forschung auf dem Gebiet der feinstofflichen Energiezentren vor. Er beschreibt wichtige und bislang unentdeckte Aufgaben der Chakren sowie ihre Farbe, Form, Größe, Lokalisation einschließlich der von ihm entdeckten Austrittspunkte. Mit eindrucksvollen Abbildungen werden ausgeglichene Chakren und verschiedene Arten von Chakrablockaden veanschaulicht.

Das Buch enthält zahlreiche völlig neue Therapien; darunter eine Farbtherapie für die 12 Meridiane der Akupunktur, einen Bachblüten-Farbtest, eine Klangtherapie und eine äußerliche Metalltherapie. Detailliert dargestellt werden die sensitive Chakradiagnose und eine einfache Form der Chakrameditation. Außerdem werden eine Fülle von Behandlungsmethoden zur Selbstbehandlung aufgezeigt.

Dietmar Krämer
Neue Therapien mit Bach-Blüten
ätherischen Ölen und Edelsteinen
auf CD-ROM

FÜR PC UND MAC

In Zusammenarbeit mit Dietmar Krämer entstand in über einjähriger Arbeit eine CD-ROM über alle Fragen der Diagnose und Behandlung mit Bach-Blüten, Edelsteinen und ätherischen Ölen.

MIT BEZUGSADRESSEN

SPEZIELL FÜR IHRE BERATUNGSVORBEREITUN[G]

AUS DEM INHALT

Bach-Blüten
  Geschichte
  Herkunft
  Indikationen
  Patientenzitate
  spezieller Kinderteil

Ätherische Öle
  Herkunft
  Körperliche Wirkungen
  Seelische Wirkungen
  wichtige Warnhinweise

Edelsteine
  Herkunft
  Historische Verwendung
  Indikationen
  Tips

Diagnose
  nach Gemütszuständen
  nach körperlichen Symptomen
  Schienen

Therapie
  mit Blüten
  mit Steinen
  mit Ölen

Geschichte
  der Bach-Blüten
  der Aromatherapie
  der Edelsteintherapie
  der Hautzonen

Rezepturteil
  mit Druck-Option

KONZENTRIERTES WISSEN FÜR HEILPRAKTIKER UND THERAPEUTEN
EINFACH ZU BEDIENEN!

Mit Diagnose-Datenbanken
• nach Gemütszuständen
• nach körperlichen Symptomen

Mit interaktiver Diagnose
• nach Bach-Blüten-Hautzonen

Außerdem:
Literaturhinweise, Glossar und Internet-Links zur Homepage von Dietmar Krämer u.a.

Erhältlich bei: Isotrop Versand, Frankfurter Str. 155, 65520 Bad Camberg, Tel. & Fax: 06434/5455